部门整体支出
绩效评价
指标体系研究

陈招娣 著

中国社会科学出版社

图书在版编目（CIP）数据

部门整体支出绩效评价指标体系研究／陈招娣著．—北京：中国社会科学出版社，2022.9

ISBN 978-7-5227-0879-9

Ⅰ.①部… Ⅱ.①陈… Ⅲ.①财政支出—经济绩效—研究—中国 Ⅳ.①F812.45

中国版本图书馆 CIP 数据核字（2022）第 178915 号

出 版 人	赵剑英
责任编辑	孔继萍　高　婷
责任校对	夏慧萍
责任印制	郝美娜

出　　版	中国社会科学出版社
社　　址	北京鼓楼西大街甲 158 号
邮　　编	100720
网　　址	http://www.csspw.cn
发 行 部	010-84083685
门 市 部	010-84029450
经　　销	新华书店及其他书店
印　　刷	北京君升印刷有限公司
装　　订	廊坊市广阳区广增装订厂
版　　次	2022 年 9 月第 1 版
印　　次	2022 年 9 月第 1 次印刷
开　　本	710×1000　1/16
印　　张	16
字　　数	243 千字
定　　价	98.00 元

凡购买中国社会科学出版社图书，如有质量问题请与本社营销中心联系调换
电话：010-84083683
版权所有　侵权必究

中文摘要

财政是国家治理的基础和重要支柱。目前我国财政收支矛盾较大，还存在一定程度上的"重分配、轻管理，重支出、轻绩效"的思想。为加强财政治理，优化配置有限的财政资源，大力推进预算绩效管理尤其重要和必要。实施部门预算支出绩效评价是推进预算绩效管理的一种有效手段。部门整体支出绩效评价作为部门预算支出绩效评价的一种重要类型，是缓解财政收支矛盾、提高财政资金使用效益的关键手段。

部门整体支出绩效评价是一个新的研究主题，现今关于这一主题的理论研究非常少，有关评价指标体系的研究更是寥寥无几。由此，本书以部门整体支出绩效评价共性指标体系的构建与应用为研究主题，积极响应预算绩效评价的实际要求，采用规范研究和实证研究相结合的方法，力求构建一个更为科学适用的部门整体支出绩效评价共性指标体系。

在结构安排上，本书共分为七部分：导论主要阐述研究问题、研究综述与研究设计；第一章介绍部门整体支出绩效评价理论与实践；第二章通过整合逻辑模型和绩效三棱镜模型，参考借鉴其他典型评价框架设计思路，提炼绩效目标管理、综合管理、产出与效果、可持续影响构建评价框架；第三章开发和设计部门整体支出绩效评价的二级、三级指标，形成初始指标库，并对本书的指标进行评估；第四章采用熵权法筛选原始指标，确定最终的部门整体支出绩效评价指标体系；第五章以 X 市科技局为例，将第四章确定的指标体系进行实例应用与分析；第六章结语部分，总结研究结论和创新点，归纳研究不足，提出未来展望。

评价指标体系的构建是开展部门整体支出绩效评价的核心和关键，是整个绩效评价工作的中枢神经。本书依据部门整体支出绩效评价的特点，主要通过整合逻辑模型和绩效三棱镜模型提炼出四个要素的绩效逻辑链，确定分析框架，以此框架为基础构建指标体系是一个全新的尝试，其中可能存在一些不足，在后续研究中有待进一步优化和改进。

关键词： 部门整体支出；绩效评价；评价指标体系

Abstract

Government Finance is the basis and significant support of national governance. At present, China's fiscal revenue and expenditure are in contradiction, and there are still some ideas of "pay attention to distribution, despise management, pay attention to expenditure and despise performance". In order to strengthen fiscal governance, allocate financial resources reasonably, and promote budget performance management vigorously is particularly important and necessary. The implementation of departmental budget expenditure performance evaluation is an effective way to promote budget performance management. As an important type of performance evaluation of departmental budget expenditure, performance evaluation of departmental overall expenditure is a key means to alleviate the contradiction of fiscal revenue and expenditure and improve the efficiency of the use of financial funds.

The performance evaluation of departmental overall expenditure is a new research topic and it is still in the initial stage. There are very few research literatures on this topic. There are also few researches on the index system of performance evaluation of departmental overall expenditure, so it is urgent to strengthen the research on relevant aspects of the departmental overall expenditure performance evaluation. Therefore, this study takes the construction and application of the departmental overall expenditure performance evaluation commonality index system as the research theme, actively responds to the actual requirements of budget performance evaluation, adopts a combination of normative research and empirical research, and we strive to build a more scientific and applicable commonness index system of departmental overall expenditure performance evaluation.

In the structure of the article, this research is divided into seven chapters: the introduction part mainly elaborates the research theme, research status and research design. Chapter 1 introduces the theory and practice progress of departmental overall expenditure performance evaluation. Chapter 2 is based on the Logical Model and Performance Prism Model, the four-level indicators of performance goal management, comprehensive management, output and effect, and sustainable impact are collectively constructed to form an evaluation framework. Chapter 3 mainly focuses on the development and design of the secondary and tertiary indicators for the overall expenditure performance evaluation of the department, constitute the initial evaluation index system. Chapter 4 uses the entropy-weighted method to screen the original index library, and determines the final overall expenditure performance evaluation system. Chapter 5 takes X City's Bureau of Science and Technology as an example to apply and analyze the department's overall expenditure performance evaluation index system. The conclusion part summarizes the research conclusions and innovations, sums up the research insufficiency, and proposes future prospects.

The construction of departmental overall expenditure performance evaluation index system is the core and key to the overall expenditure performance evaluation of the department, and is the central nervousness of the entire performance evaluation work. According to the characteristics of the departmental overall expenditure performance evaluation, this study integrates the Logical Model and the Performance Prism Model to design the department's overall expenditure performance evaluation framework, and builds an evaluation index system based on this framework is a new attempt. There may be some deficiencies which need to be further optimized and improved in the follow-up study.

Key Words: overall expenditure of the department; performance evaluation; evaluation index system

目 录

导 论 …………………………………………………………… (1)
  一 研究问题 ………………………………………………… (1)
  二 研究综述 ………………………………………………… (10)
  三 研究设计 ………………………………………………… (29)

第一章 部门整体支出绩效评价理论与实践 …………………… (38)
  第一节 部门整体支出绩效评价解读 ……………………… (38)
    一 部门整体支出绩效评价的内涵 ……………………… (38)
    二 部门整体支出绩效评价的特征 ……………………… (40)
    三 部门整体支出绩效评价的功能 ……………………… (42)
    四 部门整体支出绩效评价的理论支撑 ………………… (44)
  第二节 部门整体支出绩效评价的比较分析 ……………… (49)
    一 与政府部门绩效评估的关系 ………………………… (49)
    二 与财政支出绩效评价的关系 ………………………… (51)
    三 与项目支出绩效评价的关系 ………………………… (53)
  第三节 部门整体支出绩效评价的实践进展 ……………… (55)
    一 部门整体支出绩效评价实践发展的动因 …………… (55)
    二 部门整体支出绩效评价的实践现状 ………………… (59)
    三 部门整体支出绩效评价实践中存在的问题 ………… (69)
  第四节 部门整体支出绩效评价指标体系的构建逻辑 …… (70)
    一 评价指标的类型 ……………………………………… (70)

  二 评价指标体系的特点及结构设计 ………………………… (71)
  三 部门整体支出绩效评价指标体系设计流程 …………… (74)

第二章 部门整体支出绩效评价框架构建 ……………………… (77)
 第一节 评价框架解析 ………………………………………… (77)
  一 评价框架解读 ……………………………………………… (77)
  二 构建评价框架的方法解析 ………………………………… (82)
 第二节 相关领域典型绩效评价框架解读 ………………………… (87)
  一 已有部门整体支出绩效评价框架阐析 …………………… (87)
  二 相近领域典型绩效评价框架阐析 ………………………… (91)
  三 简要评述 …………………………………………………… (96)
 第三节 基于绩效逻辑链的部门整体支出绩效评价框架构建 …… (98)
  一 部门整体支出绩效评价框架构建思路阐释 ……………… (98)
  二 基于逻辑模型与绩效三棱镜模型的启示 ……………… (100)
  三 基于绩效逻辑链的部门整体支出绩效评价框架设计 …… (107)
  四 基于绩效逻辑链的部门整体支出绩效评价框架的特征 …… (113)

第三章 部门整体支出绩效评价二级与三级指标设计 ………… (116)
 第一节 现有部门整体支出绩效评价指标梳理 ………………… (116)
  一 理论界对部门整体支出绩效评价指标研究 …………… (117)
  二 实践界对部门整体支出绩效评价指标应用 …………… (119)
  三 关于已有部门整体支出绩效评价指标评析 …………… (123)
 第二节 绩效目标管理维度下的指标设计 ……………………… (129)
  一 指标开发思路：战略导向 ……………………………… (129)
  二 三级指标设计：注重目标绩效 ………………………… (131)
 第三节 综合管理维度下的指标设计 …………………………… (135)
  一 二级指标设计：以管理过程为核心 …………………… (135)
  二 三级指标设计：分解管理活动 ………………………… (138)
 第四节 产出与效果维度下的指标设计 ………………………… (144)
  一 职责履行：公共部门的产出转向 ……………………… (144)

二　履职效果：评估公共部门价值 …………………………… (148)
　第五节　可持续影响维度下的指标设计 ……………………………… (153)
　　一　部门能力发展 ………………………………………………… (155)
　　二　部门长效发展 ………………………………………………… (157)
　第六节　部门整体支出绩效评价指标库 ……………………………… (157)
　　一　部门整体支出绩效评价原始指标库 ………………………… (158)
　　二　关于部门整体支出绩效评价指标评析 ……………………… (160)

第四章　基于熵权法的部门整体支出绩效评价指标筛选 ……… (169)
　第一节　指标筛选的原则与方法选择 ………………………………… (169)
　　一　指标筛选的原则 ……………………………………………… (169)
　　二　筛选指标的方法选择 ………………………………………… (170)
　　三　熵权法筛选指标的理论模型 ………………………………… (176)
　第二节　基于熵权法筛选部门整体支出绩效评价指标 ……………… (180)
　　一　研究样本的选取 ……………………………………………… (180)
　　二　指标筛选的具体过程与结果 ………………………………… (185)

第五章　部门整体支出绩效评价指标的应用分析
　　　　　——以 X 市科技局为例 ………………………………… (192)
　第一节　X 市科技局部门整体支出绩效评价指标体系设计 …… (192)
　　一　科技局基本情况 ……………………………………………… (193)
　　二　科技局部门整体支出绩效评价指标体系构建 …………… (194)
　第二节　X 市科技局部门整体支出绩效评价指标权重确定 …… (200)
　　一　层次分析法的基本步骤 ……………………………………… (200)
　　二　各指标权重的计算 …………………………………………… (202)
　第三节　基于模糊综合评价法的科技局部门整体支出绩效
　　　　　评价 ……………………………………………………… (206)
　　一　模糊综合评价法阐释 ………………………………………… (206)
　　二　科技局部门整体支出绩效评价实例分析 …………………… (210)

第六章 结语 ……………………………………………………… (219)

   第一节 研究结论 …………………………………………… (219)

   第二节 创新之处 …………………………………………… (223)

   第三节 研究不足与研究展望 ……………………………… (226)

     一 研究不足 …………………………………………… (226)

     二 研究展望 …………………………………………… (228)

参考文献 ………………………………………………………… (231)

后　记 …………………………………………………………… (243)

导　论

近年来，部门整体支出绩效评价逐渐成为学术界和实践界的研究热点主题。指标是实施绩效评价的重要载体和工具，构建评价指标体系是开展绩效评价工作极其重要的环节。因此，本书将对部门整体支出绩效评价共性指标体系的构建进行探索性研究。在导论部分，主要阐述选题的研究背景和研究意义，界定关键概念，围绕选题进行国内外研究现状的综合述评，以明确研究思路，设计研究路径，概述研究的主要内容，选用合适的研究方法，说明研究中可能会遇到的困难，从而为本研究的顺利开展做好充分的准备。

一　研究问题

明确研究问题是进行科学研究的第一步。研究问题是否科学，直接决定后续研究能否顺利进行，也关系到研究具有何种价值。

（一）研究背景

一个国家的财政，是国家权力实施的物质保障和经济基础，也是制约和监督国家权力的关键领域和核心环节。可以说，"财政与政府、财政与国家治理如影随形、亦步亦趋，细密不可分的统一体"[①]。实施部门整体支出绩效评价可以有效衡量部门支出的绩效情况，是监督制约部门权力的重要手段，反映了国家财政治理的客观趋势。部门整体支出绩效评价是实施财政管理的一种有效方式，"国家治理与财政管理的问题，就是

---

① 高培勇：《筑牢国家治理的财政基础和财政支柱》，《光明日报》2013年11月15日第11版。

'庶政'与'庶政之母'的问题,是国家治理的核心、关键和根本"[①]。财政治理是国家治理的重要内容。"作为国家治理的基础,财政嵌入了国家治理体系(结构)每一个维度的方方面面,就像血管一样分布在生命有机体全身",财政从经济维度、社会维度、中央和地方维度影响国家治理结构的变迁,同时决定了国家治理的成效。[②] 因此,在推进国家治理现代化的这一大背景下,注重财政治理,尤其是强调财政支出绩效则显得尤其必要和重要。目前,我国处于全面深化改革的历史时期,为了有效解决财政治理中遇到的系列现实问题,以部门为依托,实施整体支出的绩效评价是一项重要的举措。可以说,实施部门整体支出绩效评价是推进国家财政治理的重要趋势,是有效推进国家治理体系和治理能力现代化的必然要求。

近年来党中央和国务院高度重视财政治理。在2013年召开的党的十八届三中全会指出"财政是国家治理的基础和重要支柱"。这一论断把财政治理提升到了前所未有的高度。习近平总书记在党的十八大提出要"加强对政府全口径预算决算的审查和监督"[③],在党的十九大报告中则再次强调要"建立全面规范透明、标准科学、约束有力的预算制度,全面实施绩效管理"[④]。党的十八大和十九大报告的论断实际上明确了预算绩效管理在政府运作中的关键地位。国务院则在近年的全国财政工作会议中反复强调建立预算绩效管理制度。2016年12月,在北京召开的全国财政工作会议指出,推进预算绩效管理改革,逐步将绩效管理范围覆盖所有预算资金。2017年12月,全国财政工作会议指出,要更好发挥财政在国家治理中的基础和重要支柱作用,推进资金绩效管理,强化财政管理监督,全面实施绩效管理。2018年3月,李克强总理在政府工作报告中

[①] 张明:《国家治理与财政监督探讨》,《财政监督》2016年第6期。
[②] 刘尚希:《财政与国家治理:基于三个维度的认识》,《经济研究参考》2015年第38期。
[③] 胡锦涛:《坚定不移沿着中国特色社会主义道路前进 为全面建成小康社会而奋斗——在中国共产党第十八次全国代表大会上的报告》(http://cpc.people.com.cn/n/2012/1118/c64094-19612151-9.html)。
[④] 习近平:《决胜全面建成小康社会 夺取新时代中国特色社会主义伟大胜利——在中国共产党第十九次全国代表大会上的报告》,《人民日报》2017年10月28日。

指出,"全面实施绩效管理,使财政资金花得其所、用得安全"①。2022年3月,李克强总理在政府工作报告中再次指出,"深化预算绩效管理改革,增强预算的约束力和透明度"②。

为全面推进预算绩效管理改革,各级财政部门积极开展预算支出绩效评价,尤其是开展部门整体支出绩效评价的试点,更加凸显政府推进预算管理改革的决心。2011年财政部出台《财政支出绩效评价管理暂行办法》指出"部门预算支出绩效评价包括基本支出绩效评价、项目支出绩效评价和部门整体支出绩效评价。有条件的地方可以对部门整体支出进行评价"。同年财政部出台《关于推进预算绩效管理的指导意见》强调"逐步建立以绩效目标实现为导向,以绩效评价为手段,以结果应用为保障,覆盖所有财政性资金,贯穿预算编制、执行、监督全过程的预算绩效管理体系"。借助部门这一载体,针对部门所有财政资金支出进行的绩效评价有利于全面考察财政资金的绩效情况。为促进财政治理改革,保障部门整体支出绩效评价工作的顺利进行,2013年,财政部颁布《预算绩效评价共性指标体系框架》制定部门整体支出绩效评价指标体系,为实践部门设计相应指标体系提供借鉴和启发。

2014年修订的《中华人民共和国预算法》指出"强化预算约束,加强对预算的管理和监督",以提高预算支出绩效。同年颁发的《关于深化预算管理制度改革的决定》进一步强调要"强化支出责任和效率意识,逐步将预算绩效管理范围覆盖各级预算单位和所有财政资金,将绩效评价重点由项目支出扩展到部门整体支出"。

财政部在2015年出台《关于编制中央部门2016—2018年支出规划和2016年部门预算的通知》强调要结合部门实际,将部分下属单位列入评价范围,并按要求填报部门整体绩效目标。2015年出台《中央部门预算绩效目标管理办法》以提高中央部门财政资金的使用效益。2016年,国家林业局《关于编制2017—2019年支出规划和2017年部门预算的通知》

---

① 李克强:《政府工作报告——2018年3月5日在第十三届全国人民代表大会第一次会议上》(http://www.mod.gov.cn/topnews/2018-03/05/content_4805962.htm)。

② 李克强:《政府工作报告——2022年3月5日在第十三届全国人民代表大会第五次会议上》(http://www.gov.cn/gongbao/content/2022/content_5679681.htm)。

提出要积极开展部门整体支出绩效评价试点。

根据党中央和国务院指示，中央各部委以及地方政府陆续开展了预算绩效管理，积累了一批经验。例如在中央部委层面，海关总署开展了事前绩效目标管理、事中绩效跟踪监控、事后绩效评价以及绩效结果应用四个方面的改革；国家质检总局着手探索建立以提升部门财政预算资金绩效为主线、以实现部门的绩效目标为导向、以部门支出绩效评价为主要手段、注重评价结果应用的绩效管理体系。在各地政府层面，全国绝大多数省份也开启了绩效预算管理，典型的有河北、广东、福建、江西等省份。从2014年开始，河北省率先在省级全面推行绩效预算管理改革，印发了《关于深化绩效预算管理改革的意见》，当年111个省级预算部门（除涉密单位）全部按照改革的要求编制了绩效预算；2015年，又进一步将改革推广至全省各市县，各级预算部门（单位）全部按照要求编制绩效预算。广东省已初步建立了第三方绩效评价工作体系，在探索独立、客观、专业的第三方绩效评价方面走出了新路子。福建省依据"统一组织，分级实施，先易后难，由点及面"的原则，围绕提升理念、完善制度、突出特色、健全标准和夯实基础等方面推进预算绩效管理工作，建立和逐步完善全过程预算绩效管理机制。江西省在绩效目标、绩效监控部门、绩效自评三方面实现了全覆盖，制定了《江西省预算绩效管理工作纪律"八不准"规定》以建立内控制度，制定了《江西省财政厅会计类第三方机构库管理暂行办法》《江西省财政厅聘请专家支付咨询服务费用管理办法》以明确第三方参与预算绩效管理工作规则、责任、流程、费用和管理考核，并充分实现信息公开。

从以上实践来看，"随着新预算法的颁布，预算绩效管理成为新一轮预算管理改革的支撑性工作，部门整体支出绩效评价必将成为预算绩效管理领域关注的重点"[1]。部门整体支出绩效评价的推进，是有效推进预算管理的具体要求，是各预算部门在开展重点项目支出绩效评价的基础上，对部门资金支出进行更广范围、更深层次的评价。一般来说，项目支出绩效评价解决的是局部问题，而部门整体支出绩效评价是为了解决

---

[1] 关欣：《部门整体支出绩效评价工作思路初探》，《水利财务与经济》2016年第6期。

部门整体性的问题，关系到部门履行职责的核心。通过对部门财政资金支出实施绩效评价，评价所得结果能够帮助政府改善工作、提高服务质量，也可以优化配置部门的各项资源。

目前，部门整体支出绩效评价虽然越来越受到学术界和实践领域的关注和重视，但是仍旧处于起步的探索阶段。在具体实践领域，为有效提高预算管理的水平和财政资金的使用效益，一些部门先后开展部门整体支出绩效评价的试点工作。这些试点实践，取得了一些成绩，试点的范围也逐步扩大，但还处于初始阶段，面临一系列的问题和挑战。其中，关于部门整体支出绩效评价指标体系的构建就是一大难题。虽然财政部给出的共性指标框架为开展部门整体支出绩效评价提供了方向，但从实践来看，各部门存在很大差异，部门整体支出复杂多样，现有的评价指标体系很难大范围地适用于相应评价对象。从已有理论研究可知，现阶段关于项目支出绩效评价的研究较为成熟，而关于部门整体支出绩效评价的研究则非常少。

事实上，当前我国无论是理论研究还是实践领域有关部门整体支出绩效评价都是一项全新的工作。关于此领域的理论研究较为缺乏，实践中以试点方式进行探索。虽然财政部制定了相应的共性指标体系，部分实践部门还以此框架为基础进行了不同程度的修正，但在评价中哪种指标体系较为合理，并没有形成统一的认识。部门整体支出绩效评价指标体系的科学化之路仍然任重道远。[①]

部门整体支出绩效评价是预算绩效管理的核心内容，能够有效推进财政治理改革，将成为我国今后几年财政治理关注的焦点。构建评价指标体系则是开展部门整体支出绩效评价的核心和关键，是整个绩效评价工作的中枢神经。由于部门整体支出本身涉及部门这一错综复杂的有机整体，需要一套合理适用的指标体系，对其进行有效的综合评价。现有关于部门整体支出绩效评价的理论研究，明显已经无法满足实践工作的需要。在这一背景下，本书尝试构建部门整体支出绩效评价指标体系，

---

① 姜国兵、韩笑：《部门整体支出绩效评价探析：以Y省文化厅的案例为基础》，《广东行政学院学报》2017年第5期。

力图丰富此方面的理论研究,为开展部门整体支出绩效评价实践提供一种新的评价范式,以推进该领域实践工作的开展,从而促进国家财政治理的改革。与此同时,为了更深刻地理解部门整体支出绩效评价的内涵,理清它与财政支出绩效评价、项目支出绩效评价,以及公共部门绩效评价几个相近或相似概念间的关系是本书亟须解决的问题。

(二)研究意义

随着我国财政支出规模的不断扩大,如何提高财政资金使用的效率和效益,是现今面临的巨大问题。本书以部门为依托,重点探索部门整体支出绩效评价指标体系的构建,具有重要的理论价值和现实意义。

1. 理论价值

首先,丰富财政绩效管理的理论研究,促进不同学科间知识的交流和融合。"'财政具有把经济、社会、政治三大社会的子系统连接起来的作用,是它们的媒介'(阿道夫·瓦格纳),财政学与政治学、经济学、管理学、社会学等一脉相承。"[①] 部门整体支出绩效评价是财政绩效研究领域的一个分支,属于财政学、经济学、公共管理学等多学科的交叉领域。部门整体支出绩效评价是政府公共管理的一项重要内容,也是近几年来公共管理学的一个重点研究领域。预算绩效管理在现代财政管理中占据核心位置,部门整体支出绩效评价能够为预算绩效管理提供有效的参考信息和衡量标尺,是国家财政管理的重点内容。本书从公共管理学视角探讨部门整体支出绩效评价这一主题,丰富了财政治理的内容;同时结合管理学、经济学、政治学和财政学等相关学科的知识,促进了学科之间的交流与融合。

其次,为促进政府绩效评估与财政具体领域的有效结合提供契机与路径。众所周知,政府绩效评估所包含的内容众多,涉及的研究领域极广。财政支出绩效评价是政府绩效评估的一个重点领域,而部门整体支出绩效评价又是财政绩效评价的一个重要方面。开展部门整体支出绩效评价能够较为全面地反映部门的财政绩效情况,能够从财政的视角在一

[①] 郑方辉、廖逸儿、卢扬帆:《财政绩效评价:理念、体系与实践》,《中国社会科学》2017年第4期。

定程度上反映政府部门工作的成效。因此，研究部门整体支出绩效评价，不仅可以丰富财政绩效领域的研究内容，而且能够将政府绩效评估与财政绩效研究有效地结合，从而推进政府绩效评估与具体财政领域的研究有机融合，得以进一步丰富、深化政府绩效评估的研究内容。

2. 实践价值

现今我国一些地区陆续以试点方式，推进部门整体支出绩效评价实践。由于这一领域理论研究的匮乏，开展这一主题的理论研究，显然能为实践工作提供些许有益价值。

第一，为实践部门开展相关试点工作提供理论指引。本书可以为实践领域构建部门整体支出绩效评价指标体系提供一个可供参考的研究方向。关于部门整体支出绩效评价的研究还处于起步阶段，有关评价体系的构建正处于探索时期，尚未形成一套成熟的理论体系。已有研究中，关于项目财政支出绩效评价的较多，关于部门整体支出绩效评价的较少。在指标体系的构建方面，虽然财政部制定了部门整体支出绩效评价共性指标体系框架，但是这一框架本身存在不足之处。有些政府部门开展了部门整体支出绩效评价的实践探索，有关评价的重点内容各有不同，有关指标权重的取值也各不相同。总之，由于部门整体支出的复杂多样，目前并没有哪一套评价指标体系得到共同的认可。本书在已有研究的基础上，试图构建一套更具实践价值的部门整体支出绩效评价共性指标体系，为后续研究和实践试点提供些许参考，尽一点绵薄之力。

第二，有助于促进实践部门相应责任的履行和绩效意识的提升。通常，理论研究可以用于指导具体实践。本书以部门整体支出为重点研究对象，力图构建更为综合更为实用的指标体系，为部门整体支出绩效评价实践提供参考，以获得更为准确、客观的评价结果。部门整体支出绩效评价涉及部门所有财政资金支出，通过相应的评价结果可以充分地反映出部门履职情况，准确了解部门各个环节的履职绩效，从而促进部门工作更具透明性，明确部门各岗位的工作责任，督促相应职责的履行，提高部门绩效意识。

实施部门整体支出绩效评价，不仅可以知晓所评价部门的发展情况、工作效率和效益等信息，而且可以充分利用评价结果了解该部门的绩效情况，便于对部门内部出现的管理问题对症下药；同时，也为部门编制预算提供重要的参考依据。建立一套合理且适合部门实际的评价指标体系，是获得准确、客观的绩效评价结果的基础和前提。科学可行的评价指标体系，有利于获得更为准确的评价结果，为部门预算决策和预算管理提供有益的参考信息。

（三）概念界定

界定研究中的关键概念是进行整个研究的基础工作。故此，下文将对本书中几个常用概念进行界定。

1. 部门基本支出、部门项目支出与部门（单位）整体支出

（1）部门基本支出

"部门基本支出是行政事业单位为保障其机构正常运转和完成其日常工作任务所必需的支出"。[1] 通常来说，部门基本支出按其性质可分为人员经费和日常公用经费，主要包括商品和服务支出、工资福利支出、对个人和家庭补助支出等。

（2）部门项目支出

部门项目支出作为一个部门支出的另一主要组成部分，是"部门为完成特定行政工作任务或事业发展而发生的支出，包括基本建设、专项业务费、大型修缮、大型购置、大型会议等"。[2] 项目支出是为了有效实现部门的项目目标而使用的财政资金，具有灵活性、多样性及独特性的特征。[3]

（3）部门（单位）整体支出

"部门是指财政支出部门，即直接与财政发生拨款、领款关系的政府部门"。[4] 由于"预算单位"概念较为混乱，有的称为部门，有的称为事业单位，现今国家统一规定"部门"为一级预算单位。"严格来说，部门与单位有一些差异，部门是指财政管理中定义的一级预算单位，它既直接使用财政经费，又有管理所属二级和基层预算单位财政经费的职能，

---

[1] 包丽萍：《政府预算》，东北财经大学出版社2011年版，第88页。
[2] 包丽萍：《政府预算》，东北财经大学出版社2011年版，第90页。
[3] 陈丽娟：《财政项目支出绩效评价研究》，《财会研究》2009年第9期。
[4] 马国贤：《政府预算》，上海财经大学出版社2011年版，第89页。

但由于两者根本性质较为一致,因此,往往不严格区分部门和单位的差异"①。

由上可知,"部门"与"单位"具有相同的本质属性,因此本书没有将二者进行更为细致的区分。本书所指的"部门"是指与财政部门有预算缴拨款关系的单位或部门。部门整体支出是指一个部门预算年度内使用的全部财政资金,既包括财政预算资金,也包括自有收入的支出,主要为基本支出和项目支出两大类。

2. 绩效评价与绩效管理

(1) 绩效管理

在《现代汉语词典》中,"绩效"表示"成绩;成效"。关于绩效管理的具体含义,学者的理解不一。马国贤(2005)认为"政府绩效管理是公共支出绩效管理的简称,是指政府根据财政效率原则及其方法论,以绩效目标的建立、实施、评价反馈为基本环节的公共资金管理制度"②。张成福、党秀云(2007)认为"绩效管理是收集绩效信息,进行绩效衡量,设计与执行有效管理,推动绩效不断持续改进的整体活动和过程"③。虽然有关绩效管理的定义各有不同,但基本普遍认同绩效管理是包含绩效评估在内的一个综合性体系。

(2) 绩效评价

绩效评价又称为绩效评估或绩效考核。学者由于研究视角、研究对象和研究出发点的不同,对绩效评估的定义也不一致。1983 年颁发的《英国国家审计法》定义政府绩效审计(或评估)为"检查某一组织为履行其职能而使用所掌握资源的经济性、效率性和效果的情况"。范柏乃(2005)认为"政府绩效评估是根据统一评价指标和标准,按照一定的程序,通过定量定性对比分析,对某评估对象一定时期内的业绩做出客观、公正和准确的综合评判的过程"④。卓越(2011)认为"公共部门绩效评估就是对广义的政府组织、非营利性组织以及公共企业等特定的社会组

---

① 朱志刚:《财政支出绩效评价研究》,中国财政经济出版社 2003 年版,第 107 页。
② 马国贤:《政府绩效管理》,复旦大学出版社 2005 年版,第 126 页。
③ 张成福、党秀云:《公共管理学》,中国人民大学出版社 2007 年版,第 276 页。
④ 范柏乃:《政府绩效评估理论与实务》,人民出版社 2005 年版,第 31 页。

织在积极履行公共责任的过程中，在讲求内部管理与外部效应，数量与质量、经济因素与伦理政治因素、刚性规范与柔性机制相统一的基础上，获得的公共产出进行的评审界定"。[①] 虽然国内外学者对绩效评估的内涵存在争议，但是基本都能反映出绩效评估是一个识别、观察、测量与评价绩效的完整过程。

综上，绩效管理与绩效评估是两个不同的概念，这两者之间存在很大的差异，因而不能将两者进行等同。绩效评估是绩效管理的一个重点环节，绩效管理是一个完整的管理过程。绩效评估作为一种管理手段，侧重于事后评估和考察部门的绩效，绩效管理则侧重于信息的沟通及提高部门绩效。绩效管理这一工作伴随组织管理活动的整个过程，而绩效评估只在组织特定的时期内出现，但是绩效管理与绩效评估两者不可分割。如果一个组织仅注重绩效评估而忽视绩效管理的其他环节，那么可能较难取得预期结果。

二 研究综述

部门整体支出绩效是公共财政支出绩效研究中延伸出的一个重要研究方面，是近几年兴起的一个较新的研究主题，有关这一主题的研究资料非常有限。鉴于本书研究的需要，本节主要围绕部门整体支出绩效评价的研究主题，从国内和国外两个视角进行相关文献的综述，并进行简要评述。

（一）国内相关研究综述

由于部门整体支出绩效是公共财政绩效的一种类型，下文将从部门整体支出绩效评价与其相近主题的绩效评价展开文献的梳理与归纳。

1. 部门整体支出绩效评价研究

本书以中国学术期刊网络出版总库、中国硕士博士学位论文全文数据库等为统计源，以"部门整体支出""整体支出""部门整体支出绩效""整体支出绩效评价"等为"篇名/题名"进行检索，其他如时间、期刊类别等检索条件不限，剔除如文件通知、新闻报道等与研究主题关

---

① 卓越：《公共部门绩效评价》，中国人民大学出版社2011年版，第7页。

系不大的文献，共得到部门整体支出绩效评价研究的相关期刊论文有 40 余篇，硕博学位论文十余篇（检索日期为 2022 年 4 月 6 日）。由此可知，目前关于部门整体支出绩效评价的理论研究仍旧较为薄弱，相关的研究文献比较有限。下文将主要梳理现有的部门整体支出绩效评价的相关研究。

（1）关于部门整体支出绩效评价指标体系的研究

在绩效评价研究中，关于评价指标体系的构建与设计自然是研究的重点内容，研究部门整体支出绩效评价也不例外。刘敏、王萌（2015）认为应该从投入、产出、效果和可持续影响四个方面构建部门整体支出绩效评估维度，设有预算配置与执行、资金管理、资产管理、实施管理、职责履行、工作成效、社会效益、能力建设和长效发展 9 个二级指标。[①] 刘敏（2016）还对现有的部门整体支出绩效评价指标体系的不同类型概括为 6 种评价框架：第一种和第二种都是以投入、过程、产出、效果为 4 个评估维度，从目标设定、预算配置、预算执行、预算管理、资产管理、职责履行和履职效益、工作成效和社会效益中选取二级指标；第三种是以部门决策、部门管理、部门绩效为 3 个评估维度，以目标设定、决策过程、资金分配、预算执行、预算管理、绩效管理、资产管理、产出和效果 9 个二级指标；第四种是以预算编制、预算执行、综合管理和履职绩效为评估维度；第五种是以部门编制、部门管理和部门绩效为 3 个评估维度；第六种是包括预算编制、预算执行、预决算管理、绩效评价管理和监督管理 5 个评估维度。[②]

（2）关于部门整体支出绩效其他方面的研究

除了研究如何构建评价指标体系外，也有学者结合案例来分析部门整体支出的绩效。上海闻政管理咨询有限公司（2015）以 A 市高等专科学校 2012 年度整体支出为评价案例，设计投入管理和整体绩效 2 个评估维度，包括资金管理、财务管理、资产管理、师资队伍建设、学生培养、

---

① 刘敏、王萌：《整体支出绩效评价指标体系设计方法初探》，《财政监督》2015 年第 7 期。

② 刘敏：《绩效指标策略——整体支出绩效评价指标体系的设计法则》，《新理财（政府理财）》2016 年第 1 期。

科研发展、公共平台和综合评价共 8 个二级指标，用于评价该校的部门整体支出绩效。① 张晓庆（2015）以 Y 市交通运输管理局部门整体支出绩效评价为例。② 夏和飞（2016）以 X 地区安全生产监督管理局为例，梳理和分解部门职能，从部门决策、部门管理、部门绩效方面设计部门整体支出绩效指标体系。③ 刘红艳（2016）以 X 市城市管理和行政执法部门为例研究该部门的整体支出绩效情况。④ 刘勇辉、郭颖（2016）以交通运输部海事系统某基层航标处为例，对该部门 2015 年整体支出进行绩效评价。⑤ 姜国兵、韩笑（2017）以 Y 省文化厅为例来探讨分析部门整体支出的绩效。刘伟等（2021）对某市水利部门整体支出的绩效评价体系进行重构。⑥

还有学者将部门整体支出绩效评价与其相近或相似概念进行比较辨析。如刘国永等（2014）比较分析了部门支出绩效评价、公共政策绩效评价、项目支出绩效评价三者的相同和差异之处。⑦ 袁圆（2012）也对部门整体支出绩效评价这一概念进行了辨析，以区别于其他相近概念。⑧ 沙秋（2017）将部门整体支出绩效评价与部门行政效能评价进行比较分析，认为两者评价目的和评价的载体相同；在评价对象、评价内容以及评价

---

① 上海闻政管理咨询有限公司：《A 市高等专科学校 2012 年度整体支出评价解读》，《财政监督》2015 年第 10 期。

② 张晓庆：《浅析地方政府部门整体支出绩效评价实践中出现的问题和对策——以 Y 市交通运输管理局部门整体支出绩效评价为例》，《中国资产评估》2015 年第 12 期。

③ 夏和飞：《刍议部门职能、活动、目标、预算的分解与匹配——以 X 地区安全生产监督管理局部门整体支出绩效评价为例》，《财政监督》2016 年第 20 期。

④ 刘红艳：《X 市城市管理和行政执法部门整体支出绩效评价研究》，硕士学位论文，湘潭大学，2016 年。

⑤ 刘勇辉、郭颖：《部门整体支出绩效评价工作实践与探索》，《交通财会》2016 年第 12 期。

⑥ 刘伟、张晋、阳秋林：《新政府会计制度下重构水利部门整体支出绩效评价体系》，《南华大学学报》（社会科学版）2021 年第 4 期。

⑦ 刘国永、赵宝利、王萌：《部门支出、项目支出、公共政策绩效评价的思考》，《财政监督》2014 年第 7 期。

⑧ 袁圆：《关于财政支出绩效评价分类及其评价重点的研究与思考》，《经济研究参考》2012 年第 63 期。

组织形式方面存在很大不同。①

关于部门整体支出绩效目标的研究。胡若痴、武靖州（2014）认为绩效目标的编制是部门整体支出绩效评价的关键和难点，存在未突出财政支出绩效评价的特点、指标不够量化等问题，应提高部门整体支出绩效目标的质量。② 王汉平、殷苏穗（2016）认为应该按相关要求编制部门绩效目标，预算部门负责审核部门本级和下级单位的绩效目标。③

关于部门整体支出绩效评价存在问题及对策的研究。部门整体支出绩效评价所涉及的内容众多，存在较多的问题和难点。张欣（2015）认为部门整体支出绩效评价中存在目标设定不够合理、政策评价功能不够突出、个性指标少等问题，应该优化部门整体支出绩效目标设定，增加个性指标，并进一步突出绩效评价中的政策性评价等。④ 关欣等（2016）认为部门整体支出绩效评价存在绩效目标设定困难、支出效益难以准确计量以及基本支出和项目支出界限不清等难点，应从评价内容、评价指标、服务对象满意度以及外部监督等方面提出改进建议。⑤ 刘瑞乾（2016）认为我国部门整体支出绩效评价存在对其重视程度不够、绩效目标设定不合理、管理措施不到位、预算编制不可行等问题，因而影响了绩效考评的质量，应该采取"提高认识、强化管理、科学设定、注重失效"的对策。⑥

2. 相近领域绩效评价指标体系构建研究

财政支出绩效评价是当今理论界和实践界关注的热点问题。部门整体支出绩效评价是财政支出绩效评价的一种形式。本书设计评价指标体

---

① 沙秋：《部门整体支出绩效评价与部门行政效能评价的比较分析》，《财政监督》2017年第1期。
② 胡若痴、武靖州：《部门整体支出绩效目标编制优化原则研究》，《财政研究》2014年第6期。
③ 王汉平、殷苏穗：《部门整体支出绩效管理探索》，《行政事业资产与财务》2016年第10期。
④ 张欣：《部门整体支出绩效评价探析》，《新理财》2015年第6期。
⑤ 关欣、汪学怡、倪城玲：《部门整体支出绩效评价工作思路初探》，《水利财务与经济》2016年第6期。
⑥ 刘瑞乾：《部门整体支出绩效评价中存在的问题与对策》，《交通财会》2016年第12期。

系或多或少能够从财政支出绩效评价指标体系的构建中获得一些参考和启发。

（1）关于财政支出绩效评价指标体系研究

财政资金绩效管理是财政改革的重要内容，是加强财政支出管理的重要环节。[①] 探讨财政支出绩效评价指标体系的研究文献众多。卢千里（2007）认为财政支出绩效评价指标设计需要考虑系统性、层次性、可得性和牵引性等原则。[②] 章磊等（2008）认为构建财政支出绩效评价指标体系应该明晰评价对象和定位、阐释绩效形成机理、识别绩效指标、分析指标关联度4个步骤。[③]

王宏利、龚瀛（2009）从合规类、管理类、经济性、效率性和效果性5个方面构建财政支出绩效评价指标体系。[④] 王雁（2011）认为公共财政支出绩效评价框架包括财政支出总量评价、结构评价和贡献3个层面，并设计行政支出水平、行政支出弹性等14个二级指标。[⑤] 2011年颁发的《财政支出绩效评价管理暂行办法》中关于财政支出绩效评价指标体系框架包括项目决策、项目管理和项目绩效3个评估维度。郑方辉等（2017）针对财政支出管理全过程，从资金投入、过程监管、目标实现与社会满意度方面设计财政支出绩效评价通用指标体系。[⑥] 王国玺等（2022）以投入、过程、产出、发展为评价框架，构建一套立足乡村教育振兴目标的财政支出绩效评价指标体系。[⑦]

关于地方财政支出绩效为主题的研究。牛富荣（2008）按照地方公

[①] 陈工：《加快构建财政支出绩效评价体系》，《中国财政》2008年第8期。
[②] 卢千里：《财政支出绩效评价主体和评价指标设置新探》，《企业经济》2007年第6期。
[③] 章磊、张艳飞、李贵宁：《财政支出项目绩效评价指标体系设计框架及其应用研究》，《当代财经》2008年第8期。
[④] 王宏利、龚瀛：《论财政支出绩效评价指标体系的构建》，《地方财政研究》2009年第10期。
[⑤] 王雁：《公共财政支出绩效评价体系的构建》，《西北师大学报（社会科学版）》2011年第4期。
[⑥] 郑方辉、廖逸儿、卢扬帆：《财政绩效评价：理念、体系与实践》，《中国社会科学》2017年第4期。
[⑦] 王国玺、邱玉、李金泽：《乡村教育振兴财政支出绩效评价指标体系的构建》，《财政监督》2022年第3期。

共财政绩效指标的内容分类,从财政运行质量、财政收支状况、财政管理水平以及财政法治建设4个维度构建了地方公共财政绩效评价指标体系,包括地方公共财政收入规模、地方公共财政收入结构、地方公共财政支出规模、地方公共财政管理效率等二级指标。[①] 张清廉等(2009)认为应该将全面性、可操作性、结果和过程相结合设置经济指标、基础设施指标、社会管理指标、环境指标。[②] 孙继辉、梁秀翡(2016)认为地方财政支出绩效评价框架应该包括经济发展、社会保障、居民生活、教育科技、生态环境5个方面。[③]

学者围绕教育、农业、社保、交通等诸多部门,构建多种不同类型的财政支出绩效评价指标体系。比如,吴建南、刘佳(2007)认为现有的评价指标没有对财政支出的整个过程进行评价,因而将逻辑模型引入指标体系设计中,从投入、产出、中短期结果和长期结果维度架构农业财政支出绩效评价指标体系,以更好地体现评价的经济性、效率性和效果性。[④] 孙婕等(2012)认为农业财政支出的绩效应包括经济效益、社会效益和生态效益。[⑤]

有关教育财政支出绩效评价指标的研究。丛树海、周炜(2007)从经济性、效率性和有效性方面设计教育支出评价框架。[⑥] 吕炜、王伟同(2007)认为教育支出绩效指标应该包括投入类绩效、使用效率过程、配置结构过程、管理效率过程、产出结果、产出效率、产出质量、外部经济和外部社会绩效9个维度。[⑦] 肖海翔、葛薇(2007)认为农村义务教育

[①] 牛富荣:《地方公共财政绩效评价指标的构建》,《山西财经大学学报》2008年第2期。

[②] 张清廉、于传岗、于长立:《我国地方财政支出绩效评价研究——以因子分析法为基础的分析》,《河南社会科学》2009年第6期。

[③] 孙继辉、梁秀翡:《地方财政支出绩效评价研究——以辽宁省为例》,《会计之友》2016年第17期。

[④] 吴建南、刘佳:《构建基于逻辑模型的财政支出绩效评价体系》,《中南财经政法大学学报》2007年第2期。

[⑤] 孙婕、李彤、师俊巧:《农业财政支出绩效评价指标体系探讨》,《财会通讯》2012年第20期。

[⑥] 丛树海、周炜:《中国公共教育支出绩效评价研究》,《财贸经济》2007年第3期。

[⑦] 吕炜、王伟同:《中国公共教育支出绩效:指标体系构建与经验研究》,《世界经济》2007年第12期。

财政支出绩效评价框架包括投入、过程、产出和结果 4 个维度。[①] 刘国永（2007）利用逻辑分析法从资源投入、产出与效果、发展能力 3 个方面设计高等教育财政支出绩效评价指标。[②] 任晓辉（2010）从资源教育投入、教育产出和效果、教育发展能力出发，设计出一套包括 10 项二级指标和 39 项三级指标的中等职业教育财政支出绩效评价指标体系。[③]

崔军、杨琪（2013）以"3E"为理论依据，从合理性、效益性、效率性 3 个角度构建应急财政支出绩效评价的 19 项指标。[④] 此外，也有学者将平衡计分卡应用于财政支出绩效评估中。彭国甫等（2004）通过修正整合平衡计分卡的指标内容及其结构关系，设计地方政府绩效评价体系。[⑤] 伊安红（2011）采用平衡计分卡理念，从财务、业务、权重满意度以及学习提高 4 个维度构建了一套共有 24 个二级指标的绩效评估指标体系。[⑥] 刘安长（2013）认为由于政府与企业服务对象和服务内容的不同，将平衡计分卡的 4 个维度调整为财务、公众、业务优化以及学习与成长来设计财政支出绩效评价指标。[⑦] 王瑞华、靳来月（2017）认为财政支出绩效评价框架应调整为社会公众、财务经济、内部组织流程、学习与成长。[⑧]

（2）关于项目支出绩效评价指标体系研究

测评项目支出的逻辑过程，从投入、产出、过程和结果 4 个方面或

---

① 肖海翔、葛薇：《构建我国农村义务教育财政支出绩效评价指标体系》，《经济导刊》2007 年第 S3 期。

② 刘国永：《高等教育财政支出绩效评价指标设计原理、方法及运用》，《教育与经济》2007 年第 3 期。

③ 任晓辉：《中等职业教育财政支出绩效评价指标设计与应用——基于上海 A 区案例分析》，《华中师范大学学报》（人文社会科学版）2010 年第 6 期。

④ 崔军、杨琪：《应急财政支出绩效评价指标体系构建研究——基于模糊层次分析法的考察》，《财贸经济》2013 年第 3 期。

⑤ 彭国甫、盛明科、刘期达：《基于平衡计分卡的地方政府绩效评估》，《湖南社会科学》2004 年第 5 期。

⑥ 伊安红：《基于平衡计分卡的绩效评价指标体系构建》，《财政监督》2011 年第 12 期。

⑦ 刘安长：《关键绩效指标设计在财政支出绩效评价中的应用——以某市义务教育支出为例》，《地方政府研究》2013 年第 6 期。

⑧ 王瑞华、靳来月：《基于平衡卡的地方政府财政支出绩效评价研究》，《财会通讯》2017 年第 13 期。

对其加以改进构建评价指标体系是较为常用的一种指标构建方法。陈丽娟（2009）结合项目支出的特点，将项目支出分为投入、使用、产出和结果4个过程，并设计与之相应的4类评价指标。① 田景仁（2012）通过考察高校基本职能，从投入、产出、效益和满意度维度设计高校项目支出绩效评价指标。② 苏建宏等（2013）指出应以绩效目标为基础设计项目支出绩效评价指标体系。③

一些学者将平衡计分卡的4个维度进行改进，来构建项目支出绩效评价指标体系。如王淑慧等（2011）从公众、业务、财务与改进维度构建评价指标体系。④ 吕幸丰等（2017）认为高校资助类项目绩效评价指标应从财务、学生及家长满意度、资助管理、学工人员学习与成长4个方面设计。⑤ 高宝森（2012）认为科技项目支出绩效评价指标包括业务和财务两个方面。⑥

也有学者从经济性、效率性和效益性等方面构建项目支出绩效评价指标体系。如章磊等（2008）认为项目支出绩效产生过程可以分解为资源、输入、活动、输出、成果及影响等过程要素，可以从经济性、效率性、效益性和公平性4个方面构建评价框架。⑦

由于项目支出种类繁多，学者需要根据项目支出的具体特征，制定与之相符合的绩效评价指标体系。比如，俞学慧（2012）对科普项目支出绩效进行了考察，从项目管理、财务管理和科普工作效果3个维度构

---

① 陈丽娟：《财政项目支出绩效评价研究》，《财会研究》2009年第9期。
② 田景仁：《高校项目支出绩效目标及其评审的指标体系构建》，《会计之友》2012年第24期。
③ 苏建宏、付申才、吴纯俊：《探索构建项目支出预算绩效指标体系》，《中国财政》2013年第20期。
④ 王淑慧、周昭、胡景男、李辉：《绩效预算的财政项目支出绩效评价指标体系构建》，《财政研究》2011年第5期。
⑤ 吕幸丰、李田香、李辉莉：《基于平衡积分卡理念的高校资助类项目绩效评价研究》，《经济研究参考》2017年第47期。
⑥ 高宝森：《内蒙古自治区财政科技项目支出绩效评价研究》，《科学管理研究》2012年第5期。
⑦ 章磊、张艳飞、李贵宁：《财政支出项目绩效评价指标体系设计框架及其应用研究》，《当代财经》2008年第8期。

建评价指标体系。① 房巧玲等（2010）以绩效目标核心为主线，从合规性、环保效果和资金使用效率方面构建环保项目财政支出绩效评价指标体系。②

（二）国外相关研究综述

在英美等西方国家，财政支出通常被称为公共支出。在20世纪80年代开始重视结果导向的预算，不断推进绩效预算，使得公共支出绩效评价逐步成为一个重要的研究主题。美国、英国和澳大利亚在公共支出绩效评价实践方面取得了较为显著的成绩。

在美国，尼克松政府于1973年出台的"联邦政府生产率测定方案"极大促进了公共支出绩效评价在实践层面的规范化、常态化和制度化。在新公共管理思潮的助推下，20世纪90年代之后公共支出绩效评价开始关注效率、效益和效能，并对"顾客满意"这一价值目标给予了充分的实践和理论地位。美国的《政府绩效与结果法案》（GPRA）通过实施绩效预算，制定公共支出绩效目标，并借助绩效评价将实际结果与绩效目标进行比较，提高公共支出的效益和政府工作效率，以增强联邦政府的公共责任意识。关于项目支出绩效评价，美国制定项目评价体系（Program Assessment Rating Tool，"PART"）。③

英国绩效预算改革始于1997年颁布的《综合支出审查》，倡导各部门要有财政支出的绩效意识。《综合支出审查》为开展公共财政支出绩效评价提供了政策保障，不仅要求全面评审各政府部门的预算和支出绩效情况，而且要求签订《公共服务协约》以明确各部门的绩效目标。

澳大利亚的公共支出绩效评价是以项目支出绩效评价试点逐步推进的。1997—1998年澳大利亚开始施行公共支出预算改革，之后两年大规模推进该项改革。澳大利亚颁发的《辨析目标和产出》《澳大利亚政府以权责发生制为基础的目标和产出框架：审查指南》和《目标与产出框

---

① 俞学慧：《科普项目支出绩效评价体系研究》，《科技通报》2012年第5期。

② 房巧玲、刘长翠、肖振东：《环境保护支出绩效评价指标体系构建研究》，《审计研究》2010年第3期。

③ 财政部财政科学研究所《绩效预算》课题组：《美国政府绩效评价体系》，经济管理出版社2004年版，第301页。

架》，形成了以产出和结果为框架的评价指标体系。澳大利亚公共支出绩效评价的基本制度框架是结果导向的，对公共产品质量投入极大的关注。就改革效果而言，澳大利亚施行的公共支出绩效评价改革极大降低了公共支出的数量，优化了公共支出的配置效率。

就理论研究方面，国外学界也没有"部门整体支出绩效评价"的概念，但存在如"公共支出绩效评价"这样的相近概念。因此，下文主要从部门整体支出绩效的相近领域展开，即对公共支出绩效评价研究进行综述。现代意义的公共支出绩效评价的理论与实践最早出现于20世纪早期，并逐渐在20世纪70年代后成熟起来。沃尔多所言的"行政国家"（政府行政职能的不断扩大的特点）最初是在凯恩斯构造的宏观经济理论框架下演变的。在此过程中公共支出绩效评价也得到发展，其不仅具有基础的审计功能，而且也关注公共支出的经济效能和政策作用。就公共支出绩效的概念而言，美国纽约城市研究院曾经从公共支出活动投入产出、运作费用与成本、支出结果3个维度来解释和实行"绩效预算"，并将公共支出绩效评价作为一个基础方法和手段运用在公共管理领域。之后，一系列关于公共支出绩效评价的著作和研究应运而生。其中受到关注的莫过于1938年由Ridley和Simon合著的《市政活动评价》一书，该书明确解释了公共支出绩效的基础概念，并对如何改进公共支出绩效评价提供了许多有益的意见。

1. 公共支出绩效评价指标体系构建

有关公共支出绩效评价的理论研究，大多围绕指标体系、评估方法、影响因素、绩效结果等方面展开。其中，指标体系的构建研究一直以来都是备受关注的热点主题。Lauth（1985）通过梳理美国评价公共支出绩效的指标，发现这些指标大多是从产出、活动、效率3个维度进行设计的。[1] T. Fenrick（1995）提出应该从经济性、效率性和有效性3个方面构建公共支出绩效评价框架。[2] 在实际公共支出绩效评价中，也有学者对T.

---

[1] Lauth T. P., "Performance Evaluation in the Georgia Budgetary Process", *Public Budgeting & Finance*, Vol. 5, No. 1, Mar. 1985, pp. 67–82.

[2] T. Fenrick, *An Overiew of The Performance Indicators in Local Government*, Oxford: Black well Publisher, 1995.

Fenrick（2003）的评价框架进行改进，从经济性、效率性、效果性、社会效益以及环境影响维度设计指标框架。Carl（2003）则从财务、顾客、内部经营过程、人力资源、技术和革新、合作以及政策结果 7 个维度构建绩效评价指标体系。① Angelopoulos 等（2008）结合公共支出的特征，从政府管理、稳定性、教育及基础设施建设 4 个方面构建评价指标来评价公共支出的绩效情况。②

2. 公共支出绩效评价方法

关于公共支出绩效评价方法的研究，已有许多学者在这方面获得了丰盛的研究成果，不仅对原有的评价方法进行了反思与修正，而且也提出了"基准价值模型""超越预算""数据包络分析法""大数据技术""模糊资本预算"等新方法和新技术。Sandra Cohen（2008）研究了公共部门的财政比率评估方法，他们认为使用该方法需谨慎，因为公共部门的评估涉及对复杂的社会，组织和财务因素相互作用的判断；通过使用希腊当局 2002—2004 年期末财务报表数据来计算 9 个常用的绩效评估财政比率，结果表明希腊政府控制的外生因素，如财富和规模，对比率值有显著的影响。③ Chang L.（2008）认为政府绩效评估作为一种先进的管理体系和新型公共治理的战略工具，需要财务报告作为信息平台和基础系统；并提出了以绩效为导向的政府财务报告目标、实体和准备基础的改进；还设计了包括绩效报告在内的多层次、综合性的政府财务报告制度。④ J. L. Zafra-Gomez 等（2009）认为使用财政绩效是评估地方政府管理绩效的好工具，并提出了一个能最大化使用财政绩效所提供的基准价

---

① Carl G. Thor, "How to Find, Select and Display Performance Measures in Government", *Journal of Cost Management*, Vol. 17, No. 3, 2003, pp. 31 – 38.

② Angelopoulos K., Tsionap P. E., "Does Public Sector Efficiency Matter? Revisiting the Relation between Fiscal Size and Economic Growth in a World Sample", *Public Chioce*, Vol. 137, No. 1, Feb. 2008, pp. 245 – 278.

③ Sandra Cohen, "Identifying the Moderator Factors of Financial Performance in Greek Municipalities", *Financial Accountability & Management*, Vol. 24, No. 3, Aug. 2008, pp. 265 – 294.

④ Chang L., "New Public Governance, Government Performance Measurement and Improvement on Government Financial Reporting", *Accounting Research*, Vol. 21, No. 4, Apr. 2008, pp. 19 – 24.

值的模型。① Thomas Heupel（2015）对"超越预算"这一新方法的使用进行了深入的探讨，试图回答"为什么超越预算"在知识型的现代产业中没有传播的问题，以及什么可能是成功方法的影响因素。② S. Bandyopadhyay（2014）深入分析了财政模式和效率，并评估其相互关系，以提供一种能够全面估计政府效率及其财政绩效的政府方法。③ Seog-Chan Oh 和 Jaemin Shin（2015）对如何选择绩效预算评估模型进行了分析，其目的在于探究基于绩效预算编制的绩效评估的准确性；在此他们所考虑的边界估计模型是随机前沿分析（SFA）和数据包络分析（DEA）。④ Giovanna 等（2017）采用数据包络分析法评估2015年欧洲国家在中学教育方面的财政支出的相对效率，结果表明此类公共支出的效率较高。⑤ Ben Angelo 等（2018）以大学燃煤为例，认为高校绩效预算可利用大数据技术作为基础，采用预算策略。⑥ Sampaio 等（2018）讨论了基于财务文献中提出的"修正确定性方法"的模糊资本预算的统一解决方案，这种方案强调改进方法的优势，同时绕开了传统资本预算方法的个别冲突和弊端。⑦

---

① Zafra-Gomez J. L., Lopez-Hernandez A. M., Hernandez-Bastida A., "Evaluating Financial Performance in Local Government: Maximizing the Benchmarking Value", *International Review of Administrative Science*, Vol. 75, No. 1, Mar. 2009, pp. 151 – 167.

② Thomas Heupel, "Beyond Budgeting-A High-hanging Fruit The Impact of Managers' Mindset on the Advantages of Beyond Budgeting", *Procedia Economics & Finance*, Vol. 26, Dec. 2015, pp. 729 – 736.

③ S. Bandyopadhyay, "Some New Thoughts on Performance Evaluation of Governments: An Application to Indian Cities", *International Center for Public Policy Working Paper*, Vol. 448, No. 3, Feb. 2014, pp. 255 – 260.

④ Seog-Chan Oh, Jaemin Shin, "The Impact of Mismeasurement in Performance Benchmarking: A Monte Carlo Comparison of SFA and DEA with Different Multi-period Budgeting Strategies", *European Journal of Operational Research*, Vol. 240, No. 2, Jan. 2015, pp. 518 – 527.

⑤ Giovanna D. Inverno, Laura Carosi, Letizia Ravagli, "Global Public Spending Efficiency in Tuscan Municipalities", *Socio-Economic Planning Sciences*, Vol. 61, Mar. 2018, pp. 102 – 113.

⑥ Ben Angelo, Douglas Ayres, Jason Stanfield, "Power from the Ground Up: Using Data Analytics in Capital Budgeting", *Journal of Accounting Education*, Vol. 42, Mar. 2018, pp. 27 – 39.

⑦ Sampaio, Filho, et al., "A Unified Solution in Fuzzy Capital Budgeting", *Expert Systems with Application*, Vol. 98, May 2018, pp. 27 – 42.

3. 公共支出绩效评价的影响因素

学术界对于公共支出绩效评价的研究呈现多视角的特征，许多学者从政治学、公共管理学等角度研究影响公共支出绩效评价水平的治理实践、税收、府际关系、政府规模等相关因素。Holmstrom 和 Milgrom（1991）认为委托人的公共支出绩效水平严重受到代理人的贡献可测量的可能性大小，及其测量信息是否具备公共属性的影响。[①] Albrecht 和 Hingorani（2004）以异常回报作为风险调整财务绩效的内在价值指标，研究了治理实践和投资策略对国家和地方政府养老基金财政绩效的影响。[②] O. Blanchard 和 R. Perotti（1999）通过使用混合结构 VAR/事件研究方法，发现税收增加和政府支出增加都对投资支出产生了强烈的负面影响。[③] Knight 和 Brian（2002）对府际财政支出绩效评估进行研究，认为美国联邦政府的拨款不会挤占州政府的开支。[④] Elena 和 Sharipova（2001）从宏观经济问题、资源分配和技术效率三个方面分析了俄罗斯公共支出的效率。[⑤] Gupta 等（2001）分析了非洲 37 个国家在 1984—1995 年的政府教育和卫生支出的绩效情况，经过对比分析发现，非洲国家公共支出的效率明显低于亚洲及西方国家。[⑥] Afonso 等（2005）比较分析 23 个国家的公共支出绩效情况，发现支出规模偏小的国家的公共支出效率却相对偏高。[⑦] Sri Rahayu

---

[①] Holmstrom B., Milgrom P., "Multitask Principal-Agent Analyses: Incentive Contracts, Asset Ownership, and Job Design", *Journal of Law, Economics & Organization*, Vol. 7, Jan. 1991, pp. 24 – 52.

[②] Albrecht W. G., Hingorani V. L., "Effects of Governance Practices and Investment Strategies on State and Local Government Pension Fund Financial Performance", *International Journal of Public Administration*, Vol. 27, No. (8 – 9), Aug. 2004, pp. 673 – 700.

[③] O. Blanchard, R. Perotti, "An Empirical Characterization of the Dynamic Effects of Changes in Government Spending and Taxes on Output", *The Quarterly Journal of Economics*, Vol. 117, No. 4, Nov. 2000, pp. 1329 – 1368.

[④] Knight, Brian, "Endogenous Federal Grants and Crowd-out of State Government Spending: Theory and Evidence from the Federal Highway Aid Program", *American Economic Review*, Vol. 92, No. 1, Jan. 2002, pp. 71 – 92.

[⑤] Elena, Sharipova, "The Efficiency of Public Expenditure in Russia", *Russian Economic Trends*, Vol. 10, No. 2, June 2001, pp. 27 – 33.

[⑥] Sanjeev Gupta, Marijn Verhoeven, "The Efficiency of Government Expenditure: Experiences from Africa", *Journal of Policy Modeling*, Vol. 23, No. 4, May 2001, pp. 433 – 467.

[⑦] Antonio Afonso, Ludger Schuknecht, Vito Tanzi, "Public Sector Efficiency: An International Comparsion", *Public Choice*, Vol. 123, No. (3 – 4), June 2005, pp. 321 – 347.

等（2015）探讨了印度尼西亚公立基础教育机构学校运营辅助（SOA）基金预算编制过程中存在的问题，认为家长和社区参与不足、问责制和透明度差、监督成本高是印度尼西亚公立学校基金预算编制中存在的主要问题。① Klaus Derfuss（2016）对参与式预算与绩效之间的关系进行了分析，通过利用荟萃分析法探究分析水平、样本选择和绩效衡量等参与主体作为自变量，以绩效为因变量，来探究绩效与参与式预算的关系；结果发现，总体参与式预算——绩效关系是积极的和显著的。② 之后，Gomez J. 等（2016）认为参与式预算有助于绩效的提升，参与式预算的基本思路是让公民参与来决定分配部分市政预算，这种方法在许多城市越来越受欢迎。③ Hariyanti W. 等（2015）基于动机和自主性的理论来解释复杂动机影响预算参与。④

4. 公共支出绩效评价的作用及其效果

关于公共支出绩效评价的作用及其效果，一方面，国外学者首先认为科学合理的公共支出绩效评价将提高公众的政治意识和塑造良好的政治参与氛围，从而有利于维护公共利益的实现。Ernst F. 和 Urs F. （2002）认为公共支出绩效水平的改善与公共产品对象的满意度、合作度呈正相关关系，这种正相关关系将促进公共利益的实现，反过来将对激发公共产品对象的消费欲望，从而形成一个良性的相互促进的循环改善状态。⑤ Fehr E. 和

---

① Sri Rahayu, Unti Ludigdo, Gugus Irianto, Nurkholis, "Budgeting of School Operational Assistance Fund Based on The Value of Gotong Royong", *Procedia-Social and Behavioral Sciences*, Vol. 211, Nov. 2015, pp. 364 – 369.

② Klaus Derfuss, "Reconsidering the Participative Budgeting-performance Relation: A Meta-analysis Regarding the Impact of Level of Analysis, Sample Selection, Measurement, and Industry Influences", *The British Accounting Review*, Vol. 48, No. 1, Mar. 2016, pp. 17 – 37.

③ Gomez J., Insua D. R., Alfaro C., "A Participatory Budget Model under Uncertainty", *European Journal of Operational Research*, Vol. 249, No. 1, Feb. 2016, pp. 351 – 358.

④ Hariyanti W., Purnamasari P., Magnaz L. O., "Pluriform Motivation as Antecedent and its Relationships to Budgeting Participation and Managerial Performance (Empirical Study on Manufacturing Companies Listed on Indonesian Stock Exchange)", *Procedia-Social and Behavioral Sciences*, Vol. 211, Nov. 2015, pp. 836 – 843.

⑤ Ernst F., Urs F., "Why Social Preferences Matter-The Impact of Non-Selfish Motives on Competition, Cooperation and Incentives", *Economic Journal*, Vol. 112, No. 478, Mar. 2002, pp. C1 – C33.

Karla H. （2011）认为科学合理的公共支出评价体系和公共预算执行规则有助于公民进一步理解政府行为，从而可能规避公众盲目性带来的行动成本和认知错位。① Martinsson 等（2013）认为科学合理的公共支出评价体系可促进公民对公共产品真实的需求偏好的政治表达。②

另一方面，国外学者肯定了绩效预算对政策实施的促进作用，绩效是经济实体的重要目标，绩效预算是可能有助于提高经济实体绩效的工具。比如 R. J. Barro（1990）使用了内生增长模型假设不断回归广义资本概念，并将这些模型扩展到影响生产或效用的税收资助的政府服务，发现经济增长和储蓄率随着公用事业支出的增加而下降。③ Fan S. 等（1999）研究了发展中国家决策者面临的一个重要政策问题：如何更有效地分配公共资金，以实现农村地区的增长和减贫目标。④ D. Diakosavvas（1990）研究了政府支出（农业）对农业部门业绩的影响，他对 35 个发展中国家的样本估计了一个国家间生产函数，汇集了 1974—1984 年期间的横截面和时间序列数据，并评估了政府支出不稳定对农业和农业增长的影响，发现政府支出政策对于影响农业部门的绩效至关重要，政府支出的不稳定对农业产出增长起到了阻遏作用。⑤ Lidia, Gabriela T. （2015）运用计量经济学模型，认为公共支出是一种能够有效提升经济绩效的工具。⑥ Arnold 和 Gillenkirch（2015）探讨了与绩效评估任务相冲突的计划任务如何影响预算谈判中的行为及其结果，并分析一个预算是否可以有

---

① Fehr E. and Karla H. , "Tastes, Castes, And Culture: The Influence of Society on Preferences", *Economic Journal*, Vol. 112, No. 556, Nov. 2011, pp. F396 – F412.

② Martinsson P. , N. Pham-Khanh, C. Villegas-Palacio, "Conditional Cooperation and Disclosure in Developing Countries", *Journal of Economic Psychology*, Vol. 34, Feb. 2013, pp. 148 – 155.

③ R. J. Barro, "Government Spending in a Simple Endogenous Growth", *Journal of Political Economy*, Vol. 98, No. 5, Jan. 1990, pp. 103 – 125.

④ Fan S. , Hazell P. , Thorat S. , "Linkages between Government Spending, Growth, and Poverty in India and China", *Research Report of the International Food Policy Research Institute*, Vol. 82, No. 4, Jan. 1999, pp. 1038 – 1051.

⑤ D. Diakosavvas, "Government Expenditure on Agriculture and Agricultural Performance in Developing Countries: An Empirical Evaluation", *Journal of Agricultural Economics*, Vol. 41, No. 3, Feb. 1990, pp. 381 – 389.

⑥ Lidia, Gabriela T. , "An Analysis of the Existence of a Link Between Budgets and Performance in Economic Entities", *Procedia Economics and Finance*, Vol. 32, Dec. 2015, pp. 1794 – 1803.

效地用于两个不同目的的项目，他们认为在预算用于计划和绩效评估时，会影响下属在谈判过程中与谈判后的表现；该研究结果增加了对相互矛盾的预算目的的相互依赖关系的理解，并有助于解释单位在实现多种目的时为何会使用单一的预算。① Mikkel Bruun 和 Pascal Laumet（2016）以公路维护为例，提出公路修建预算应该根据公路维护状况调查和质量评估作为依据，这些绩效评估往往被用来作为今后通过和执行前一年工作活动的理由，并确定改进的领域；其评估指标是根据在维护状况调查期间收集的数据计算得出，并采用期望的服务水平（LOS）的分析模型，以及基于整数规划的优化模型，这有助于确定在预算有限的情况下可以达到性能目标的最佳维护活动。② Maria Violeta Cimpoeru 和 Valentin Cimpoeru（2015）认为预算透明对腐败控制和经济绩效的提升因素有着显著影响，公开预算指数是影响政策制定者采取政策来可靠地优化公共财政的主要动力；此外他们研究了腐败控制与绩效预算信息公开的关系，其实证研究的中心论点表明，高预算透明度分数既可以减少腐败，改善政府政策，也可以为公众提供重要的信息。③ Sijuola 等（2017）分析了尼日利亚卫生领域的公共支出绩效，发现所得结果可以更为准确地评估不同政府体制下医疗卫生政策的实施情况。④ Andrea Caravaggio 等（2018）研究了环境公共支出与私营部门之间相互作用的后果，认为经济活动依赖于对自由获取的自然资源的开发。⑤ Dewit Gerda 等（2017）构建了一个企业税收

---

① Arnold M. C., Gillenkirch R. M., "Using Negotiated Budgets for Planning and Performance Evaluation: An Experimental Study", *Accounting Organizations and Society*, Vol. 43, No. 1, Feb. 2015, pp. 1 – 16.

② Mikkel Bruun, Pascal Laumet, "Managing Asset Maintenance Needs and Reaching Performance Goals within Budgets", *Transportation Research Procedia*, Vol. 14, May 2016, pp. 2976 – 2984.

③ Maria Violeta Cimpoeru, Valentin Cimpoeru, "Budgetary Transparency-An Improving Factor for Corruption Control and Economic Performance", *Procedia Economics and Finance*, Vol. 27, Nov. 2015, pp. 579 – 586.

④ Sijuola Orioye Olanubi, Oluwanbepelumi Esther Osode, "The Efficiency of Government Spending on Health: A Comparison of Different Administrations in Nigeria", *Journal of Policy Modeling*, Vol. 39, No. 1, Jan. 2017, pp. 79 – 98.

⑤ Andrea Caravaggio, Mauro Sodini, "Multiple Attractors and Dynamics in an OLG Model with Productive Environment", *Communications in Nonlinear Science and Numerical Simulation*, Vol. 58, May 2018, pp. 167 – 184.

竞争模型，政府可通过增加公共基础设施投资来提高外国直接投资，从而提高其税基。① Hidalgo-Hidalgo M. 和 Iturbe-Ormaetxe I.（2018）研究了公共支出是否对降低成人的贫困概率以及在多大程度上有长期影响，发现教育方面的公共支出对减少成年期的贫困发生率具有较强的长期影响。②

（三）文献评论

结合上述文献综述情况，下文将对其进行简要评述。

1. 相近领域绩效评价研究评析

国外关于部门整体支出绩效评价的研究基本处于空白状态，但是关于公共支出方面的研究较为成熟，而且制定了一些较为典型的评估框架模型和相应的评价指标体系，为本书带来很大的参考借鉴。从已有研究情况来看，国外关于公共支出绩效领域的研究历时已久，在绩效评价体系与实证研究方面都取得了非常丰硕的研究成果。将公共支出绩效评价实践与理论研究结合起来，更能促进两者的有效融合，不仅通过具体实践促进理论研究，而且运用理论研究指导实践。有关公共支出绩效评价指标体系的构建，不仅能够体现政府基本的使命和职能，而且能够反映政府运作的基本过程，注重公共支出的产出和结果导向。

从国内关于财政资金支出的绩效评价研究情况来看，大多数研究集中在宏观层面上的财政支出绩效评价和相对微观层面上的具体项目支出的绩效评价上，而对于处在两者之间以部门为依托的部门整体支出绩效评价的研究非常少，这也就凸显有关预算支出绩效评价领域研究的残缺不全。

总体来看，国内关于财政支出或项目支出的绩效评价框架构建主要分为三类：一是以经济性、效率性和效益性等基本要素提炼评估维度，也有学者把公平性、责任性、合法性、回应性等纳入其中；二是以财政资金输入、过程、输出、结果等基本环节为基础，设计包括投入、过程、

---

① Dewit Gerda, Hynes Kate, Leahy Dermot, "Corporate Tax Games with Cross-broder Externalitites from Pulblic Infrastructure", *Economic Inquiry*, Vol. 56, No. 2, Nov. 2017, pp. 1047 – 1063.

② Hidalgo-Hidalgo M., Iturbe-Ormaetxe I., "Long-run Effects of Public Expenditure on Poverty", *The Journal of Economic Inequality*, Vol. 16, No. 1, July 2017, pp. 1 – 22.

产出和结果等评估维度;三是引入或改进平衡计分卡设计评估维度。随着我国绩效预算管理改革的不断推进,实施绩效预算更加强调以政府业绩为核心的评价模式,要求更有针对性地评价财政支出绩效,以提高财政资金的效率和效益。通过借助政府部门这一载体,可以较好地反映财政资金的绩效目标导向,有利于实现财政资金的精细化管理。因此,部门整体支出绩效评价逐渐走向人们的视野,受到越来越广泛的关注和重视。

2. 关于部门整体支出绩效评价研究的评析

综合已有研究情况可知,关于部门整体支出绩效评价的研究还处于起步的探索阶段,是一个较新的研究主题。有关部门整体支出绩效评研究的文献资料非常有限,可以说该领域的理论研究基础极为薄弱。有关部门整体支出绩效评价的研究,大多是围绕评价中存在的问题和难点、相近概念的比较辨析、绩效目标的设定以及评价指标体系的设计等方面展开探讨。所以有关部门整体支出绩效评价的理论研究的深度和广度都有待进一步扩展和延伸。总的来说,目前关于部门整体支出绩效领域的研究还处于萌芽期,并未形成一套系统的部门整体支出绩效评价的理论体系。

(1) 部门整体支出绩效评价指标体系的系统性和衔接性不强

事实上,在实践应用中,部门整体支出绩效评价也主要以评价试点的形式推进相关工作的进行。但是不可否认,无论在理论研究还是实践领域,部门整体支出绩效评价都越来越受到更多的关注和讨论。评价指标体系的构建作为部门整体支出绩效评价的关键和核心,也是被关注的焦点问题,但目前为止始终没能达成一个统一的认识。2013年财政部印发的《预算绩效评价共性指标体系框架》给出了部门整体支出绩效评价共性指标体系框架,但该框架存在一定程度的片面性,强调了资金运作"过程"的重要性,但是在"结果"方面的重视程度却显得远远不够,比如资金支出的效益和长期影响方面的指标都有待进一步深化讨论。还有关于部门整体支出绩效目标的制定与管理研究,也较为缺乏。

从已有的部门整体支出绩效评价指标体系来看,仍旧存在一些问题,例如有些指标体系之间系统性与逻辑性不够充分,直接影响着各指标间的衔接性；指标量化不足以及部门指标设计过于具体，并没有突出部门整体支出评价的综合性。尤其是在具体实践中关于部门整体支出绩效评价指标体系的设计，一些实践部门往往是对共性指标的选取或细化，缺乏依据评价对象的特点设计相应个性指标，因而难以体现部门职能的实际特征，进而影响评价结果的准确性。关于部门整体支出绩效评价指标的设置，应该充分考虑财政资金使用部门的绩效目标和职责履行等多种影响因素，指标的选取设置需要具有较强的针对性和兼容性，并充分把握好共性指标与个性指标之间的衔接性。由于受到主观和客观因素的限制，一些指标的数据无法取得，因此在设置具体指标时还需考虑可操作性。总之，构建部门整体支出绩效评价指标体系是一项极其重要的工作，面临着一系列的困难和挑战。

（2）定量研究方法的使用较为有限

在研究方法的选择上，学者大多倾向于选择定性研究方法展开评价，定量的研究方法使用较少。虽然也有学者采用如 DEA 法、成本效益分析法等进行部门整体支出的绩效评价，但与财政支出和项目支出绩效评价相比，在这一领域使用定量研究方法比例并不高。尤其在评价指标的筛选和确定环节中，定量研究方法的使用较为有限。目前一些学者通过采用德尔菲法、问卷调查法等进行评价指标的筛选，因此具有一定程度上的主观性和随意性。事实上，采用定量的研究方法，如主成分分析法、因子分析法、云重心评价法、结构方程模型、模糊综合评价法等都可以实现对指标的定量筛选，进而有利于获得更为合理、科学的评价指标体系，并确保评价结果的客观、准确。

（3）关于评价标准与指标权重的研究欠缺

在部门整体支出绩效评价的评价标准的选择方面，迄今为止关于此方面的理论研究十分欠缺。事实上，评价标准也是绩效评价中一个非常重要的问题，在绩效评价中占据极其重要的地位，没有标准也就无法进行合理的比较，没有比较也就无法知道好坏、优劣。故此，关于评价标准方面的研究，也是笔者在未来的研究中想要深化的主题和内容。再者，关于评价指标权重的设计，财政部的共性指标框架没有给出各指标权重的参考值，指标权重的确定千差万别。从实践试点来看，各部门考察的侧重点有较大差异，由此指标权重也各有不同。而指标权重的大小，直接影响评价结果，所以说，指标权重的确定也是值得研究的一个重要问题。由于部门整体支出绩效评价的复杂多样，各个具体部门的职能千差万别，难免存在很多个性化指标，因此评价指标权重的设计，毫无疑问也是需要重点研究的问题。限于能力和时间，本书重点研究评价指标体系的构建，关于评价标准和评价指标权重等方面的问题，笔者在后续研究中将进行更为深入、更为详细的研究。

综上，目前我国部门整体支出绩效评价实践还处于试点阶段；现有的理论研究相对缺乏，尚未形成系统的理论体系。由于部门职能的多样，部门财政支出规模大且方向多元，部门整体支出绩效评价的主要特点在于综合性。部门整体支出绩效评价不仅涉及内容多元，而且不同性质的部门实施评价的重点和内容也不相同，因而评价难度明显更大，需要的基础性条件更多，面临的阻力也更大。

虽然部门整体支出绩效评价的开展遇到重重的阻力，但是因为仅仅开展项目支出绩效评价已经较难实现预算绩效管理的现实要求。部门整体支出绩效评价是以项目支出评价为基础，涉及内容更广、评价层次更深，评价资金范围包括部门人员支出、日常公用经费支出以及项目支出的评价工作。部门整体支出绩效评价不仅关注专项资金的绩效，而且重视考察部门所有财政资金的效率效果以及部门绩效目标的实现情况。简言之，项目支出绩效评价注重单个项目的产出和效果，部门整体支出绩效评价关注部门所有财政支出所得到的产出和结果。部门整体支出绩效评价是财政支出绩效评价的重要内容和未来发展方向，将逐步成为各地方各部门下一步预算绩效管理领域关注的重点。故此，本书选取部门整体支出绩效评价为研究的主题，以建构部门整体支出绩效评价指标体系为研究的主线。

三　研究设计

在研究设计部分，主要阐明文章的研究思路、方法、难点、技术路线等内容。

(一) 研究思路和方法

关于本书的研究设计,首先说明研究思路和拟采用的研究方法。

1. 研究思路

研究思路是对本书的研究主题、分析视角、分析方法、分析技术以及如何推进研究等内容进行简明扼要的阐述。本书从当前我国着力推进预算绩效管理的实际需求出发,引出研究主题——部门整体支出绩效评价指标体系构建研究。具体而言,本书以部门整体支出绩效评价指标体系的构建为研究主题,回应当今提高财政资金的使用绩效,并促使部门更好地履行职责的现实需求。从绩效评估的视角,运用规范与实证相结合的研究方法。在提出研究问题、界定关键概念、梳理已有的研究成果、理清不同类型财政资金绩效评价之间的联系与区别并确定研究方法等内容的基础上,通过对部门整体支出绩效评价的理论基础的阐释、评估框架的构建、初始指标库的设计、指标的理论与实证筛选等环节确定评价指标,力图构建一个更为合理实用的部门整体支出绩效评价共性指标体系。并将所构建的共性指标体系应用于具体实例中,以进一步说明该指标体系的可行性。

2. 研究方法

"研究方法是人们在长期对自然和对自我的认知过程中发明和创造的认知工具,目的在于帮助我们客观真实地认识我们的物理、心理和伦理世界"[1]。"公共管理学研究方法经历了从演绎到归纳、从理论到实证、从定性到定量,研究规范性从不规范到逐步规范,数据分析方法从简单到复杂,统计变量从单元到多元,统计手段从手工到信息化的演进过程"[2]。研究方法种类多样,每一种方法都有其优点和缺点,选用哪一种方法,需考虑研究问题的类型,研究者对研究对象的控制能力和关注的重心。[3] 科学的研究方法对于认识和解释社会现象至关重要。就本

---

[1] 蓝志勇:《也谈公共管理研究方法》,《中国行政管理》2014 年第 1 期。

[2] 范柏乃、楼晓靖:《我国公共管理研究方法的统计分析及演进路径研究》,《公共管理学报》2013 年第 2 期。

[3] [美] 罗伯特·K. 殷:《案例研究:设计与方法》,周海涛等译,重庆大学出版社 2010 年版,第 2 页。

书而言，将理论与实践结合起来，主要采用规范和实证相结合的研究方法。

(1) 规范研究方法

在公共管理学中，规范研究和实证研究是两种主要的研究方法。"规范研究通常从不言自明的公理出发，按照严格的数理逻辑和设定规则推演出世界应该如何；这些推演和对于应然状态的判断再反过来用实证的方法进行研究"①。规范研究在财政支出绩效评价研究中具有重要的作用，本书遵循演绎与归纳相结合的方式，主要采用文献研究法和比较研究法。

①文献研究法

文献研究法是借助文献资料来考察历史事件或社会现象的研究方法。对文献资料的收集、分析贯穿整个研究过程。具体而言，在选取、确定研究主题以及制定研究设计的过程中，研究者通过收集、研究文献来掌握该领域的最新进展，以避免一些重复性研究，减少研究中的曲折和弯路，从而确保研究方向的明确清晰，研究内容的系统、全面和前沿。文献研究法是一种非常重要的研究方法，它可以作为一种独立的研究方法来使用同时，也是任何社会科学研究不可缺少的研究方法或必要阶段，尽管这时它可能只是被当做一种辅助的研究方法来使用。②

文献研究法作为一种探索性的研究方法，是研究者对所需资料的检索、收集、鉴别、整理、分析并进行研究的一种科学研究方法。文献资料的检索，是进行部门整体支出绩效评价在准备阶段最常用的研究方法之一，既可以将检索所得到的资料作为研究主题的背景或参阅、借鉴参考他人的研究成果，也可以将同类研究资料经过整理，编写成"汇编""述评"或者"综述"之类的专门性资料，以供全面了解该主题的研究现状、实践进展和未来发展趋势。本书通过查阅有关部门整体支出绩效评价、项目支出绩效评价、财政支出绩效评价以及绩效预算等方面的研究资料，可以大致了解部门整体支出绩效评价研究的现实背景、研究中遇

---

① 周强：《公共管理中的规范研究探析》，《中国行政管理》2014年第2期。
② 周璐：《社会研究方法实用教程》，上海交通大学出版社2009年版，第245—246页。

到的问题、研究进程、发展趋势以及所用研究方法等各种信息,为开展部门整体支出绩效评价提供重要铺垫。

②比较研究法

"有比较才能有鉴别"。① 比较分析方法是自然科学、社会科学以及日常生活中常用的一种分析方法。不做比较的思考令人匪夷所思。社会科学家的研究无论是明显地或隐晦地使用比较,抑或是比较遍及社会科学家工作的每一个角落,或是从一开始工作就使用比较,都不应令人惊奇。② "比较研究法是对两个或两个以上的事物或对象加以比较,以找出它们之间的相似性与差异性的一种分析方法"。③

在本书中对部门整体支出绩效评价与项目支出绩效评价、财政支出绩效评价、公共部门绩效评价进行分析比较,以帮助我们更为准确地理解部门整体支出绩效评价。与此同时,通过比较分析国内外相近领域已有的绩效评价指标体系,借鉴其构建评价指标框架的逻辑思路、设计方法,力图建构一个更为合理可行的部门整体支出绩效评价框架。在具体指标的设计环节,通过比较本书的指标与现有指标的相同与不同,以突出本书在丰富现有指标方面的价值与贡献。在具体指标的筛选和确定环节,通过比较分析结构方程模型、隶属度分析、粗糙集理论等几种常用的指标筛选统计分析方法,最后选取熵权法筛选本书的初始指标。

(2) 实证研究法

实证研究与规范研究相对应,是以观测事实为基础,借助一个或几个具体实例或证据归纳得出研究结论。实证研究包括实验研究和非实验研究,其中,非实验研究又分为统计调查研究(包括问卷法、访谈法)、实地研究和无干扰研究(包括文本分析、现有统计数据分析和历程比较

---

① 张红梅、马强:《比较分析法在国际结算教学中的应用》,《山西财经大学学报》2014年第S1期。

② [美]劳伦斯·纽曼:《社会研究方法:定性和定量的取向》,郝大海译,中国人民大学出版社2007年版,第512页。

③ 林聚任、刘玉安:《社会科学研究方法》,山东人民出版社2004年版,第151页。

分析)。① 本书采用问卷法、访谈法等来设计部分指标和收集数据,借助统计方法来筛选和检验指标。

①问卷法

问卷法是社会科学研究中最为常用的收集资料的方法之一。"问卷法是指研究者用统一、严格设计的问卷对研究对象的行为、意见、态度和兴趣等进行调查与测量的一种研究方法"②。本书以部门整体支出绩效评价指标体系构建为研究主题,由于设计的评价指标或多或少会存在定性指标,因此,可以借助问卷法,通过设计科学合理的问卷,采用邮寄、个别分送或集体分发、访问等多种方式发放问卷,从而收集到有关调查对象对某一问题的意见和态度,然后对问卷进行数据资料的统计,以服务于后续指标的筛选分析。

②访谈法

访谈法也称为访问法,是一种古老且普遍的资料收集方法。"访问法是访问者通过对被访问者进行访问而对社会现象进行调查的方法"③。"访谈法致力于迂回和间接的方式深入挖掘实践本身的意义内涵及其历史轨迹,是科学的推论不可或缺的环节"④。将访谈法与问卷法相结合使用,更能发挥两者的优势。在本书中,尤其是在指标框架的构建、评价指标的设计与筛选等环节,都可以采用访谈法,通过对相关领域的专家、学者以及实践工作者进行访谈咨询,获取与研究主题有关的重要信息,以帮助我们架构部门整体支出绩效的评价框架模型,以及从原始指标库中筛选和确定最终的评价指标。

③统计分析方法

为了获得更为准确、直观的研究结果,采用定量分析方法进行实证研究成为一种受到普遍欢迎的常用方法。近年来,量化研究中数理统计的应用更为广泛,统计分析方法也得到广泛的推广应用,它通过使用大量的数据资料以及运用数理统计模型进行统计假设检验,获得更为客观、

---

① 李怀祖:《管理研究方法论》,西安交通大学出版社2004年版,第125页。
② 李志、潘丽霞:《社会科学研究方法导论》,重庆大学出版社2012年版,第144页。
③ 李志、潘丽霞:《社会科学研究方法导论》,重庆大学出版社2012年版,第185页。
④ 郑震:《社会学方法的综合——以问卷法和访谈法为例》,《社会科学》2016年第11期。

准确的结果。统计分析方法最大的优点在于可以避免研究中人为主观因素的影响，通过采用相关的客观数据资料等获取研究结论。本书通过问卷法和访谈法获得调查数据信息，选取熵权法对理论遴选出的部门整体支出绩效评价的指标体系进行实证的筛选，将模糊综合评价法应用于具体实践部门的整体支出绩效评价。

(二) 研究内容与技术路线

界定研究内容是研究工作的起点，明确研究的技术路线是顺利开展研究工作的基本要求。

1. 研究内容

要确定研究内容，首先就要清晰了解研究的具体问题，明确研究问题，也就意味着确定了研究内容。提出研究问题，确定研究内容是研究工作的起点，研究问题的好坏直接影响该研究的意义和价值、用途及影响。[1] 故此，本书自始至终都是围绕研究问题开展具体内容的分析，即以构建部门整体支出绩效评价指标体系及其应用展开分析。本书遵循既定的研究思路，篇章安排如下：

"导论"部分，主要阐述本书的研究背景、意义，提出研究问题；根据所要研究的核心问题进行相关文献资料的梳理及简要评论，找出研究的主要落脚点，并在此基础上阐明研究思路、方法、内容、技术路线以及研究难点。

第一章为"部门整体支出绩效评价理论与实践"。首先，对部门整体支出绩效评价的内涵、特征、理论基础等进行阐述，并通过比较辨析部门整体支出绩效评价与其他几个相近或类似概念之间的区别与联系，便于更为准确地了解部门整体支出绩效评价的研究定位。其次，阐述部门整体支出绩效评价实践进程，分析实践中存在的问题，提出本书评价指标体系的构建逻辑。

第二章为"部门整体支出绩效评价框架构建"。在阐述评价框架相关理论知识的基础上，进一步介绍一些较为常见的代表性评价框架，尝试

---

[1] 杨菊华：《社会统计分析与数据处理技术：STATA 软件的应用》，中国人民大学出版社 2008 年版，第6—7页。

借鉴参考已有的典型评价框架的构建思路和方法。通过引入逻辑模型与绩效三棱镜模型，将二者有效结合起来，并吸取其他典型模型的优点，提炼出绩效目标管理、综合管理、产出与效果、可持续影响 4 个要素形成的绩效逻辑链来构建本书的评价框架。

第三章为"部门整体支出绩效评价二级与三级指标的设计"。首先梳理已有的理论研究与实践中的部门整体支出绩效评价指标。其次对绩效目标管理、综合管理、产出与效果、可持续影响 4 个一级指标进行细化和分解成相应的二级指标、三级指标，从而确定部门整体支出绩效评价的初始指标库。

第四章为"基于熵权法的部门整体支出绩效评价指标的筛选"。通过比较分析灰色关联分析法、结构方程模型、隶属度分析等几种较为常用的指标筛选统计方法，选取熵权法用于本书的指标筛选，从而确定最终的部门整体支出绩效评价共性评价指标体系。

第五章为"部门整体支出绩效评价指标体系的实例应用"。本章以 X 市科技局为例，将第四章构建的共性指标体系应用于该局的部门整体支出绩效评价实践中。通过共性指标的选取和个性指标的设计，构建完整的 X 市科技局部门整体支出绩效评价指标体系。并将模糊综合评价法用于 X 市科技局的部门整体支出绩效评价中。

第六章为"结语"。本书构建的由绩效目标管理、综合管理、产出和效果、可持续影响 4 个维度组成的评价框架，是一个系统的绩效逻辑链。本书构建部门整体支出绩效评价指标体系是一个完整的、符合规范的过程。运用熵权法筛选指标可知，熵权法是一种客观的可行的指标筛选方法。将本书构建的共性指标体系应用于 X 市科技局的实例中，说明了这一指标体系的适用性。但是碍于时间、笔者能力等多种因素的限制，研究中也存在一些不足，有待进一步改进和完善。

2. 研究技术路线

由本书的篇章结构安排可知，技术路线如图 0—1 所示。

（三）研究难点

本书以绩效评估为切入点，围绕部门整体支出的"绩效"展开讨论，在实际研究中存在一些难点。

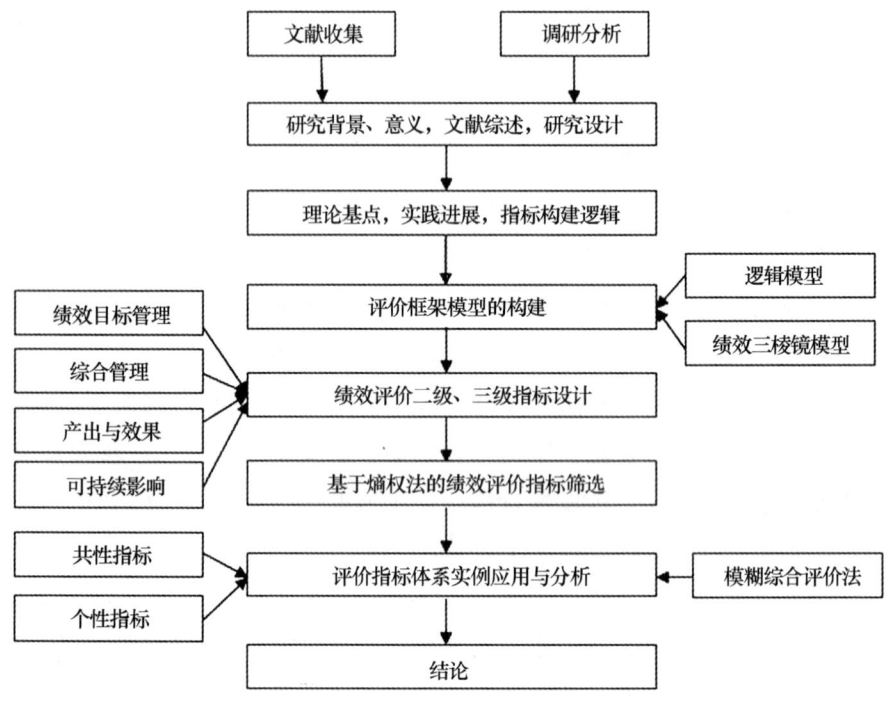

图0—1 研究技术路线

第一，部门整体支出绩效评价的理论研究与实践经验不足。笔者通过查阅已有的关于部门整体支出方面的文献资料，发现这一研究主题是近几年来才兴起，与之相关的理论研究非常少，尤其是探讨这一主题的指标体系构建的研究更是"凤毛麟角"。可以说至今为止，关于部门整体支出绩效评价这一主题的理论研究仍旧处于起步阶段，相关的理论体系并不成熟，并且尚未形成完整的评价体系。由此可知，关于部门整体支出绩效评价研究的历时之短、理论基础的薄弱等，无形中增加了研究的难度。从具体实践来看，现阶段开展的部门整体支出绩效评价实践主要以"试点"为主，积累的实践经验非常有限；考虑到各实践部门具体特征与条件的差异，在实践中积累的有限经验难以进行较大范围的推广。可见，理论基础的薄弱与实践经验不足，提升了相关研究的阻力与难度。

第二，不同部门财政资金支出的具体用途复杂多样。从部门整体支出的具体结构来看，依据支出功能分类主要包括基本支出、项目支出。基本支出分为人员经费和公用经费两类。目前人员经费主要是"养人"的支出，其支出情况与所得绩效很难判断是否存在直接关系，因而有关这一部分支出的指标设计存在一定的难度。由于部门之间存在较大的差异，公用经费本身包罗万象，对公用经费进行绩效评价也存在一定的困难。其一，因为公用经费的种类多样，不可能对每一种类的公用经费支出进行绩效评价，而且可能引起部门工作人员的反感，增加评价工作的难度。其二，有些公用经费支出与提供的公共服务或产品不存在直接联系，或者难以确定它们之间的因果关系。因此，构建一套合理可行的部门整体支出绩效评价指标体系，需要考虑的影响因素诸多，面临着重重阻碍。总的来说，部门整体支出差别较大，设置评价指标各有不同，不仅体现为共性指标还需设计个性指标。由此，在设置评价指标时需考虑的因素较多，给研究带来不小挑战。

第三，各部门的投入与产出可能难以直接量化与测量。政府部门使用财政资金提供公共产品和服务，其投入和产出本身就难以直接度量，抑或投入与产出难以在短时间内得到体现。因为政府部门的职能多样，且追求多元化的目标。与企业重点追求经济效益相比，政府部门还需考虑社会效益、环境效益、公平等多个方面。因此，在实施部门整体支出绩效评价中，难以将部门的投入与产出进行对应分类，在指标设计中也就难以归纳提炼出相应的关键指标。

第一章

部门整体支出绩效评价理论与实践

本章从理论和实践两个层面阐述部门整体支出绩效评价的相关内容，主要包括部门整体支出绩效评价的内涵、特征、理论基础与实践进展。在理论分析部分，试图厘清部门整体支出绩效评价与其他几个相近概念的联系与区别，以更清晰地了解研究对象的本质特征。在实践阐释部分，重点梳理部门整体支出绩效评价的实践进展，总结实践中存在的问题。通过理顺相关的理论研究和实践现状，以利于研究工作的顺利进行。

第一节 部门整体支出绩效评价解读

解读分析研究对象，是开展研究的首要工作，可以帮助我们更清楚地理解所要研究的内容。只有清晰界定研究对象的内涵，了解其本质特征，才能更为容易地找出最适合的研究方法，从而确保后续研究工作沿着科学的轨道前进。本节主要探讨部门整体支出绩效评价的内涵，归纳其主要特征，阐述其功能和理论支撑。

一 部门整体支出绩效评价的内涵

《财政支出绩效评价管理暂行办法》第八条将预算支出绩效评价划分为基本支出绩效评价、项目支出绩效评价和部门整体支出绩效评价3类。这是"部门整体支出绩效评价"这一概念第一次出现在官方正式文件中。但是这些中央部委层面的政策未明确界定"部门整体支出绩效评价"的内涵，致使当前国内关于这一概念仍未有统一的解释。虽然有地方层面的政策试图对此概念进行定义和界定，比如《厦门市财政重点评价管理暂行办法》指出，"部门整体支出绩效评价是对预算部门（含其下属单位）所有财政支出（包括基本支出和项目支出）的全过程及其履行职责的经济性、效率性、效果性和公平性进行客观、公正的综合评判"。《北京市市级预算部门整体支出绩效评价操作规范（试行）》指出，"部门整体支出绩效评价是市财政局根据设定的绩效目标，运用科学、合理的绩效评价指标、评价标准和评价方法，对市级预算部门整体支出的绩效目标完成情况、产出与效果、预算管理水平进行客观、公正的评价"。但是这些概念界定并未将"部门整体支出绩效评价"的核心内涵及其特点完整地表述出来，为此本书将结合学术界的研究与政府政策的内容，为"部门整体支出绩效评价"整合一个系统而又完整的概念理解框架。

部分学者对该概念进行了研究。胡若痴、武靖州（2014）认为，"部门整体支出绩效评价是指一般预算支出的绩效评价，是在确定一定时期内政府机构运用财政资金所要达到的成果目标的基础上，制定恰当且详细的衡量标准以评估各机构的工作进展情况和目标完成情况"[1]。关欣等（2016）侧重于部门整体支出绩效评价的科学、合理的绩效评价指标、标准和方法。[2] 无疑，在他们的研究中认为"部门整体支出绩效评价"是结果导向和方法导向的。在此意义上，"部门支出绩效评价是围绕部门整体战略目标和职能实现程度的综合评价"[3]。而刘敏的研究则更加侧重于"目标导向"的维度，她认为"部门整体支出绩效评价是根据预算部门设定的部门战略目标，对预算部门整体支出的绩效目标完成情况、部门履职情况、预算管理水平进行客观、公正的评价"[4]。也有学者研究了"部门整体支出绩效评价"的价值导向。比如吴蓉（2017）认为部门整体支

---

[1] 胡若痴、武靖州：《部门整体支出绩效目标编制优化原则研究》，《财政研究》2014年第6期。

[2] 关欣、汪学怡、倪城玲：《部门整体支出绩效评价工作思路初探》，《水利财务与经济》2016年第6期。

[3] 刘国永、赵宝利、王萌：《部门支出、项目支出、公共政策绩效评价思考》，《行政事业资产与财务》2014年第4期。

[4] 刘敏：《绩效指标策略——整体支出绩效评价指标体系的设计法则》，《新理财（政府理财）》2016年第1期。

出绩效评价能够有效改善预算管理效率和公共支出水平。[1] 而童伟和田雅琼从"行为过程"导向研究部门整体支出的事前评估。[2] 由此可知,"部门整体支出绩效评价"涵盖了预算财政支出的事前、事中和事后整个完整的过程。

综上可知,有关部门整体支出绩效评价的内涵,学界并没有一个公认的权威定义。实践领域的概念界定更是多种多样。以上几种定义虽然表述不一,但所表达的核心思想基本相同或相近。即开展部门整体支出绩效评价涉及的资金范围为部门所有的财政预算支出;评价的重点是部门的履职情况和绩效目标的实现程度;评价要充分体现经济性、效率性、效果性和公平性等基本要素的要求。但是,上述定义并未对"部门整体支出绩效评价"中的"部门"进行界定,致使其具体的施行对象未得到明确表达。在狭义上,预算领域的部门仅指代"政"这一范围内的部门,而广义的内涵则是指代"党、政、军、法、事业单位、公有制企业、社会团体"等系统。因此,本书认为部门整体支出绩效评价的部门是指与财政预算部门具有直接的财政预算关系的广义和狭义上的工作单位。基于上述分析,本书认为"部门整体支出绩效评价"的定义必须涵盖"目标""过程""方法""作用""结果"5个维度。因此,"部门整体支出绩效评价"是指预算部门围绕部门整体战略目标和职能实现程度的综合评价,以政府综合效能评价为核心,采用合理适用的评价指标体系、评价方法和评价标准,为查找预算管理过程中的薄弱环节,督促其改进和完善预算资金管理,提高预算资金决策及使用效率,对部门在一定时期内所有财政支出的事前、事中和事后整个完整的过程、目标完成情况及职责履行情况进行综合性的考评。

二　部门整体支出绩效评价的特征

由上述相关内涵的分析,结合部门整体支出绩效评价的实际情况,

---

[1] 吴蓉:《浅析部门整体支出绩效评价》,《经济师》2017年第8期。
[2] 童伟、田雅琼:《部门整体支出事前绩效评估方法及路径探讨》,《地方财政研究》2018年第1期;童伟、田雅琼:《部门整体支出事前绩效评估:方法及实施路径研究》,《经济研究参考》2017年第51期。

可以归纳出部门整体支出绩效评价具有如下4个主要特征：

（一）综合性

从内容上看，部门整体支出绩效评价是一个综合性的范畴。"综合性体现为公共部门为实现其职能所确定的绩效目标的程度，以及为实现这一绩效目标所安排预算的支出结果而进行的一项综合性评价"[1]。对于部门整体支出绩效而言，既有可以直接衡量的经济效益，也存在无法直接测量的政治效益、社会效益和环境效益。对于政治效益、社会效益和环境效益的绩效测量，要比评价经济绩效复杂得多。

部门整体支出是政府部门在履行提供公共产品和公共服务职能的过程中，所产生的所有预算资金的支出。各个部门职能的不同，使得部门间的绩效目标存在较大的差异。从财政资金支出用途来看，部门整体支出可谓复杂多样、包罗万象。部门整体支出不仅体现为维持机构正常运转的基本支出，更体现为履行特定职责的项目支出，是以部门为依托，对部门全部预算支出的绩效综合评价。基本支出的产出可以看作部门履职，项目支出的产出则可以看作对重点工作任务的完成。由此可知，部门整体支出绩效评价本身更复杂且更综合。

（二）完整性

从资金范围角度来看，部门整体支出绩效评价是围绕部门一定时期内所有财政预算支出的整体性评价。从评价程序来看，它则是一个系统的评价过程。财政部在2013年出台的《部门支出管理绩效综合评价方案》指出实施部门整体支出绩效评价包括部门自评、开展评价和撰写报告3个步骤。具体来说，首先，各个部门应按照有关要求进行自评，将部门支出管理绩效综合评价的自评报告上报给同级财政部门。其次，财政部门成立评价工作小组对其进行绩效评价。最后，评价小组对部门评价结果进行分析整合，形成综合评价报告。由此可见，从程序上来看，实施部门整体支出绩效评价是一个系统的评价过程。事实上，关于绩效评价本身就是一个系统，包括设计评价指标、选择评价方法、确定评价主体、安排评价时间、调配相关资源等各个方面。

---

[1] 姜国兵：《政府绩效评估》，暨南大学出版社2016年版，第166页。

（三）宏观性

部门整体支出绩效评价具有宏观性。也就是说，对部门整体支出开展绩效评价不能仅仅从项目到项目，从财政到财政，而是要在重视部门履职的基础上，更加注重结果导向、公众满意度以及社会公平等理念，努力提高部门的公共服务水平，体现财政支出的经济性、效率性、效益性和公平性等方面内容。

从计算投入和产出的范围来看，部门整体支出绩效评价所涉及的成效和可持续影响范围尤其广泛。通常，在评价部门整体支出绩效时，计算其投入和产出的范围不仅包括那些直接可测量的、有形的、现实的投入和产出，而且包括那些间接的无法直接测量的、无形的、预期的投入和产出。此外，部门整体支出绩效还包括那些对社会、公众等产生的可持续性影响。

（四）政策性

部门整体支出绩效评价具有政策性，主要体现为所得评价结果能够影响整个部门的预算，对公共政策的制定或调整也具有一定的指导意义。它能够为政府决策部门在财政资源分配、政策调整或优化的过程中提供有效的参考信息和依据，从而一定程度上影响政府部门的决策。公共政策是政府选择做与选择不做的事情。[①] 部门整体支出绩效评价结果可以为政府追求何种公共政策提供有用的决策信息，为政府决定应该做什么、如何去做以及在行动上应该做出何种变化提供指导性的参考建议。通常，政府制定和执行一项公共政策，需要对政策进行全面的分析，包括政府做了什么，为什么要这样做，以及这样做会产生何种作用和影响。通过对部门预算支出的绩效进行科学的评价，所得评价结果可以反映出部门相关政策或决策的实施情况，进而有利于为部门政策制定提供参考。

三 部门整体支出绩效评价的功能

对部门财政资金支出实施绩效评价不仅在一定程度上影响部门财政

---

① ［美］托马斯·R. 戴伊：《理解公共政策》，谢明译，中国人民大学出版社2010年版，第1页。

预算安排，也将影响部门员工的工作积极性。部门整体支出绩效评价具有以下两大功能：

第一，有利于促进部门职责的履行，提高部门的管理水平

部门整体支出绩效评价是对一个部门一段时期内的工作情况的综合反映，将评价结果与部门事先设定的绩效目标比对，可以知晓目标的实际完成情况，知晓该部门具体职责的履行程度。与此同时，绩效评价所得评价结果也可以用来与其他部门的绩效情况进行比较，通过部门之间的横向、纵向的比较，形成各个部门相互之间的竞争压力，从而促进部门工作人员自觉提高工作效率和服务水平。事实上，绩效评价本身就是一种有效的监督工具和管理手段，可以将评价结果与部门工作业绩考核直接挂钩，实施奖优罚劣。

部门整体支出绩效评价的目的之一就是考察部门职责履行情况。在开展部门整体支出绩效评价时，其中评价标准的选择对政府部门应该如何履职，如何进一步提高部门的服务意识和服务水平都具有一定程度上的导向性作用。可以将评价结果视为评价员工工作绩效的一种有效参考，进而对员工起到良好的监督作用，引导员工自觉或不自觉地提高工作效率和服务水平。实施部门整体支出绩效评价结果形成的评价报告，将其反馈给相关部门，有利于这些部门及时找出存在的问题，为部门进行有效整改提供清晰的方向，最终得以"对症下药"，及时解决问题，并实现部门责任的落实和工作效率的提高。

总之，通过测量部门支出的实际绩效，可以强化部门对财政资金支出的精细化管理和责任，督促部门职责的履行，提高部门的管理水平和资金效益，以促使政府部门提供更优质、高效的公共产品和公共服务，从而不断适应现代经济社会发展对政府部门财政改革的迫切要求。

第二，有利于促进政府财政资源的优化配置

将部门整体支出绩效评价结果与部门预算的有效结合，实现政府财政资金的安排与部门工作绩效的优劣直接挂钩，使得评价结果成为下一年度部门预算资金安排的重要参考依据。由于部门资金的有限性，对于部门绩效不高的专项资金，可以调整或取消相应资金配置，通过调整支出的结构，使得政府财政资金的使用更为合理、更为有效。从这一意义

上来讲，部门整体支出绩效评价有利于优化配置政府部门的财政资源，并提高部门预算规划的精准度和透明度，避免"暗箱操作"，进一步增强预算绩效管理的要求。

部门整体支出类型复杂多样，准确衡量部门整体支出的绩效虽然存在一定程度的挑战，但是对于促进财政资源的合理利用、提升政府财政资金使用的经济性、效率性和效益性具有至关重要的作用。

四　部门整体支出绩效评价的理论支撑

指标体系的构建依赖理论基础的支撑。本节主要从利益相关者理论、目标管理理论和管理控制理论进行分析说明，为实施部门整体支出绩效评价研究做好理论铺垫。

（一）利益相关者理论

利益相关者（stakeholder）一词最先出现在 1929 年的通用电气公司的一位高级管理人员的演讲稿中，然而最初提出来时这个词并没有明确的内涵。斯坦福研究院受 1963 年的一部名为《股东》（*Stakeholder*）的戏的启发，正式提出"利益相关者"一词以表述与企业具有非常密切关系的相关人员。至此，"利益相关者"这一词正式作为一个具有自身内涵的概念提出来，并在斯坦福研究中心的一篇学术论文中被视为"没有它们的支持组织就不能继续存在的团体"[①]。

起源于西方国家的利益相关者理论（stakeholder theory）自提出以来，便受到学术界和实践者的密切关注。R. 爱德华·弗里曼（R. Edward Freeman）在 1984 年所著的《战略管理——利益相关者方法》一书是利益相关者理论发展的里程碑。该书第一次对利益相关者理论进行了全面研究。该书整合了利益相关者的概念，并且进行了利益相关者理论与公司战略管理之间关系的研究。[②] 就其范围而言，弗里曼的研究极大拓展了利益相关者的概念，他将其表述为"任何能够影响公司目标的实现，或

[①] R. Edward Freeman, *Strategic Management: A Stakeholder Approach*, New York: Cambridge University Press. 2010, p. 32.

[②] Ronald W. Clement, "The Lessons from Stakeholder Theory for U. S. Business Leaders", *Businee Horizons*, Vol. 48, No. 3, May 2005, pp. 255 – 264.

者受公司目标实现影响的团体和个人"①。弗里曼对利益相关者概念的界定是较为经典的表述,一直以来为学术界所追捧。

利益相关者理论与部门整体支出绩效评价联系密切的原因主要在于,部门财政资金支出的绩效最终是由利益相关者所共同创造的。因此,对部门整体支出绩效的评价本质上是对利益相关者之间的关系的评价。从利益相关者理论的演变脉络来看,其发展过程可以概述为从利益相关者的"影响"到"参与"再到"治理"的内在逻辑。② 最开始,利益相关者理论是意图颠覆传统意义上的股东至上的意识形态的一种全新的企业治理的意识形态。该理论的元问题可表述为"谁对企业来讲最重要",该阶段的所有研究几乎都是围绕此元命题而展开的。就弗里曼的研究而言,他在利益相关者的内涵及其类型上的贡献可谓是前无古人的。③ 他认为利益相关者的研究必须要弄清利益相关者是谁,这些人具有什么样的利益诉求,然后应该用什么样的方式来管理他们,如何处理公司的战略目标与利益相关者的利益诉求之间的关系。

就此意义而言,利益相关者理论的第一个核心要点在于如何平衡不同利益相关者的利益,第二个核心要点在于如何平衡战略目标与利益相关者利益之间的平衡。由此看来,利益相关者理论始终提醒我们,任何价值的创造都不是单向的,而是以事件为中心的多方利益相关者所共同创造的。评价部门整体支出绩效只有建立在这一基本观念之上才能够保证绩效评价的客观与科学,才能够发挥其应有的作用。

对利益相关者如何分类也是该理论重要命题之一。米切尔对于利益相关者治理的研究标志着该理论新的一个研究高度。④ 后来普斯特从社会

---

① [美] R. 爱德华·弗里曼:《战略管理:利益相关者方法》,王彦华、梁豪译,上海译文出版社 2006 年版,第 30 页。

② 王身余:《从"影响"、"参与"到"共同治理"——利益相关者理论发展的历史跨越及其启示》,《湘潭大学学报》(哲学社会科学版) 2008 年第 11 期。

③ Thomas M. Jones, "Instrumental Stakeholder Theory: A Synthesis of Ethics and Economic", *Academy of Management Review*, Vol. 20, No. 2, Apr. 1995, pp. 404 – 437.

④ Ronald K. Mitchell, Bradley R. Agle, Donna J. Wood, "Toward a Theory of Stakeholder Identification and Salience: Defining the Principle of Who and What Really Counts", *Academy of Management Review*. Vol. 22, No. 4, Oct. 1997, pp. 853 – 886.

经济环境、产业结构和资源基础 3 个维度对利益相关者分类进行了研究。① 这一问题实际上是利益相关者的识别问题。对部门整体支出绩效的评价也必须首先识别利益相关者。本书认为，这既包括了公共部门服务的对象，又包括公共部门自身的员工，同时还应当包括更广泛的社会公众。

（二）目标管理理论

目标管理理论由管理学家彼得·F. 德鲁克在《管理实践》中首先提出。目标管理理论不仅注重管理目标，将组织的所有职务指向组织的总体目标；而且强调管理的内部控制，即通过目标导向的内部控制让管理者追求组织共同的目标。② 目标管理具有以下三个特点：一是运用行为科学理论，主要体现为自我控制和参与式管理；二是引导管理者从重视管理制度、管理流程等方面转为重视组织的目标；三是强调不同层级管理者具有不同的职责。③ 目标管理理论是根据所设目标进行的管理，其过程可以分为三个阶段，即目标制定、实现目标以及检查和评价结果。

目标管理理论对财政管理的实践产生了深刻影响。在 20 世纪 60 年代的美国开始实行项目—计划预算，目的是为了由传统年度预算准备逐渐转变成重视长远的公共政策的目标。绩效预算是强调以目标为导向，它与目标管理理论在某种层面上存在逻辑的吻合。部门预算支出绩效评价的一种重要类型就是部门整体支出绩效评价。由于目标管理理论主张根据组织目标实行有效的管理，而部门实施整体支出绩效评价是依据部门的绩效目标来考评一段时期内评价对象是否达到相应的结果，可以说绩效目标是部门开展整体支出绩效评价的指南针。"从目标管理的基本流程来看，绩效预算基础理论可以分解为预算绩效评价目标驱动，预算绩效

---

① James E. Post, Lee E. Preston, Sybille Sachs, "Managing the Extended Enterprise: The New Stakeholder View", *California Management Review*, Vol. 45, No. 1, Oct. 2002, pp. 6–28.

② Peter F. Drucker, *The Practice of Management*, New York: Harper Press, 1954, pp. 128–129.

③ 许一：《目标管理理论述评》，《外国经济与管理》2006 年第 9 期。

评价过程实现以及预算绩效评价结果激励三个要素"①。目标驱动的主要目的在于解决评价过程中的目标制定和目标分解，也是开展绩效评价的指引性要素；过程实现体现的是达成绩效目标的程序或手段，以获得评价结果；结果激励则是重视将评价结果作为部门员工奖罚的重要参考信息，以促进评价结果的后续有效使用。在部门整体支出绩效评价的框架构建中，尤其是关于绩效目标管理这一评估维度的设计，充分体现了目标管理理论的思想和精髓。

M. 麦克雷戈指出，目标管理力图将管理重点由寻找弱点转为绩效分析，以区别人的能力和潜力；为达成目标，每一个体需要制定短期的目标和工作方案，以便于个体自身进行绩效考量。② 目标管理的最大优点在于促使管理者自我控制成绩，这种自我控制能够更好地推动其尽全力做好自己的工作，提高工作效率。对部门的支出进行绩效评价，也可以对工作人员起到约束和监督的作用，将评价结果与员工绩效考核结合起来，建立奖惩机制，更能促使员工自觉提高工作效率，实现自我约束。从这一角度来说，无论是目标管理理论还是部门整体支出绩效评价，都可以通过对员工的自我约束，实现自我监督管理，从而努力实现组织的目标。

"绩效是组织一切管理实践的指向所在"③。目标管理理论注重组织的绩效，关注管理行为所达到的结果，而不仅仅是对行为过程的监控。目标管理理论被引入政府的组织绩效管理中，对于考察衡量政府员工的工作绩效，促进其管理效能的提高，具有重要的作用。目标管理包括目标制定与分解、目标执行、目标评价与反馈等几个基本环节。绩效评价是绩效管理的一个极其重要的环节，对某一部门的整体支出实施绩效评价，需要借助具体的评价指标。开展部门整体支出绩效评价也是考评部门资金支出所产生实际绩效的一项重要活动。从这个意义上讲，侧重于结果导向，是实施部门整体支出绩效评价所关注的焦点和核心。在整体支出

---

① 吴勋：《绩效预算改革的理论支撑：一个整合视角的解析》，《地方财政研究》2013年第6期。

② Douglas M. G., Smith M. M., "An Uneasy Look at Performance Appraisal", *The Journal of Nursing Administration*, Vol. 5, No. 7, Sep. 1975, pp. 27–31.

③ 王艳艳：《绩效管理的理论基础研究：回顾与展望》，《现代管理科学》2011年第6期。

绩效评价中，可以参考借鉴目标管理理论，以组织目标的设定、目标完成以及目标评价为核心，由重视过程向重视结果的转变。所以，在下文构建评价指标体系过程中，是以目标管理理论为理论指导，不仅需要评价部门绩效目标制定的科学性与可行性，而且需要紧密围绕部门的绩效目标，来设计其他评价指标以评价部门绩效目标的实现程度。

（三）管理控制理论

早在1928年，法约尔（Fayal）就提出控制是组织的基本职能之一，此后管理学对控制的研究陆续展开。特别是，20世纪60年代，管理控制理论开始丰富起来，控制作为管理职能被划分为运营控制、管理控制、战略规划3个主要方面。[①] 在哈佛商学院、美国会计学会以及安东尼（Anthony）、卡普兰（Kaplan）、奥特利（Otley）以及西蒙（Simons）等学者的努力下，管理控制理论不断发展，在企业的实践过程中也得到应用和验证。

安东尼把管理控制定义为经理用来保证资源在组织目标中有效获得和使用的过程，及其用来影响组织的其他成员以实现组织战略的过程。[②] 安东尼提出了会计控制式的管理控制运行原理。他认为企业预期绩效是确定的，必须用一种方法来了解组织中发生的事情，即获得信息，同时将信息反馈到控制单元。在此基础上，控制单元将信息与设定的标准相比较，如果两者不符，则用财务手段提供纠错，以实现预期绩效。西蒙把管理控制定义为管理人员为了保持或改变组织活动模式所采纳的正式的、基于信息的程序。[③] 西蒙把管理控制系统划分为4个部分：信仰系统、边界系统、诊断系统以及交互系统。与安东尼的反馈纠错系统不同的是，西蒙强调企业战略并非由管理者事前确定，而是在交互系统中由管理者和下属共同参与制定的。奥特利反对安东尼将战略规划、管理控

[①] Anthony, R. N., *Planning and Control Systems: A Framework for Analysis*, Boston: Harvard Business School, 1965, pp. 169–176.

[②] Anthony, R. N., *Planning and Control Systems: A Framework for Analysis*, Boston: Harvard Business School, 1965, pp. 169–176.

[③] Simons R., *Levers of Control: How Managers Use Innovative Control Systems to Drive Strategic Renewal*, Boston: Harvard Business Press, 1995.

制与任务控制分开，提出了一个综合的管理控制框架，包括组织目标、计划与评价方式选择、业绩评价、激励和信息。①

管理控制理论为部门整体支出绩效评价奠定了重要的理论基础。管理控制理论基于信息，提出为实现组织战略目标进行行为控制。这为部门整体支出绩效评估的基本运作原理提供了说明。部门整体支出绩效评估的目的就在于实现公共部门的组织战略目标，其方式是通过收集多方与绩效有关的信息，并依照这些信息评价战略目标实现程度，为下一阶段作出调整提供坚实的基础。

第二节 部门整体支出绩效评价的比较分析

将相近或类似概念进行比较辨析，有助于我们找出它们间的同中之异，异中之同。也就是说，通过比较分析，找出事物之间的区别与联系，便于将它们进行区分，从而有利于准确理解、认清某一事物的内涵与特征，把握其本质。为清晰地理解部门整体支出绩效评价，本节借助比较辨析的方法，主要探讨它与政府部门绩效评估、财政支出绩效评价、项目支出绩效评价之间的关系，并找出它们之间的联系与区别。

一 与政府部门绩效评估的关系

政府部门绩效评估是政府部门绩效管理的一个核心环节，也是许多国家政府改革与发展的强有力的工具。"政府部门绩效评估是对政府部门的工作效率、能力、服务质量、公共责任等的考评，并评定其管理过程中投入产出的绩效情况"②。政府部门绩效评估应以公众需求和结果为导向，尤其强调政府部门的公共责任和公共服务质量。通过开展政府部门绩效评估，可以帮助政府组织提高工作效率和效能，建设高效政府；改善政府与公众的关系，提升政府的声誉和公信力；强化政府社会管理和

---

① 张先治、顾水彬：《西方管理控制学派梳理与观点述评》，《审计与经济研究》2012 年第 1 期。

② 江易华：《政府部门绩效评估初探》，《行政论坛》2005 年第 1 期。

公共服务职能，推进服务型政府的建设。总的来说，政府部门绩效评估是依据部门的绩效目标，选取科学的评价方法，借助适用的指标，对政府部门的实际绩效情况进行考核，旨在测量其工作的实际效果，奖优罚劣，以改进政府工作，提升政府管理水平和服务质量。

部门整体支出绩效评价与政府部门绩效评估两者存在一些异同。两者的主要联系在于，第一，两者评价目的相同。两者都是以结果为导向，目的在于通过借助绩效评价这一工具，优化配置政府资源，提高政府工作效率、提升服务质量和服务绩效，改善政府形象。第二，两者借助的评价工具相同。"考评指标体系是整个政绩考评活动的中心与纽带，它把考评客体、考评对象、考评主体、考评方法与考评结果联为一体，同时也成为整个政绩考评工作指向的中心。"[1] 可见，指标是对评价具体内容的体现，是实施绩效评价的实际工具和载体，是衡量、监测和评价组织绩效的量化手段。第三，两者都关注公共责任。由于两者都是以"部门"为依托，体现为公共部门的性质特征，关注公共责任的实现程度和效果也是两者开展绩效评价的核心。

两者的主要区别表现在评价对象、评价内容、评价主体以及具体评价指标体系设计等方面。

其一，两者评价对象和评价内容不同。部门整体支出绩效评价是政府部门绩效评估的一个领域，其评价对象所涉及的范围自然更为狭小。部门整体支出绩效评价是以被评价部门所有财政资金支出为评价对象，关注部门资金支出效益的发挥，主要体现为对部门基本支出和项目支出的考评。评价的内容主要包括部门绩效目标的实现程度、职责履行及履职效果等方面。政府部门绩效评估的评价对象为政府各级行政部门，评价内容更为多样，包括政府部门的工作效率、工作能力、依法行政、服务水平和服务质量等多方面。

其二，两者的评价主体不同。部门整体支出绩效评价的评价主体主要是各级财政部门、各预算主管部门。通常，由财政部门负责组织实施部门整体支出绩效评价的具体实践。财政部门的主要工作包括负责拟定

---

[1] 肖鸣政：《正确的政绩观与系统的考评观》，《中国行政管理》2004 年第 7 期。

具体工作方案，委托第三方评估机构开展绩效评价，组织专家评审绩效评价报告，以及将评价结果汇报给各级人大，具有外部监督的特征。而政府部门绩效评估包括内部主体和外部主体两类，其中内部评估主体分为上级政府、下级政府的职能部门和下级政府；外部评估主体包括权力机关、司法机关、大众传媒、专门评估组织、公民等。[1] 由此可知，政府部门绩效评估与部门整体支出绩效评价相比，其评价主体更为多元化。与此同时，政府部门绩效评估是政府部门实施内部管理的重要内容，体现出更强的内部监督管理的特征。

其三，两者的评价指标体系截然不同。评价指标的构建是开展绩效评价的核心要件，两者在评价指标的设计方面存在显著的差异。"评价指标反映的是特定对象的评估范围和内容，往往针对评估对象工作职能的某些方面或全部内容进行设计，并反映评估对象的绩效产生和形成激励"。[2] 由于两者评价对象差异明显，所以部门整体支出绩效评价和政府部门绩效评估在评价指标体系设计中存在很大的差异。

政府部门绩效评估和部门整体支出绩效评价，两者都以部门为依托，强调对部门开展绩效评价。由于政府部门的工作行为是一项投入高、产出也高的社会管理活动。政府部门开展工作，要投入制度、物力、财力、人力等多种资源，政府部门绩效评估的目的就是对其产出、效果的监测和促进。部门整体支出绩效评价是对部门所有财政资金支出的产出和效果的测量。因此，实施部门整体支出绩效评价，实质上也有利于推进政府部门绩效评估，更有利于政府部门从整体上把握部门工作的绩效情况。

二 与财政支出绩效评价的关系

根据2011年财政部颁发的《财政支出绩效评价管理暂行办法》的规定，"财政支出绩效评价是指财政部门和预算部门（单位）根据设定的绩效目标，运用科学、合理的绩效评价指标、评价标准和评价方法，对财

---

[1] 高小平、刘悦：《我国地方政府部门绩效评估研究》，《江苏行政学院学报》2010年第5期。

[2] 吴建南、杨宇谦、阎波：《政府绩效评价：指标设计与模式构建》，《西安交通大学学报》（社会科学版）2007年第5期。

政支出的经济性、效率性和效益性进行客观、公正的评价"。部门整体支出属于财政支出的一个方面,是以部门为依托和载体编制的预算支出。

部门整体支出绩效评价与财政支出绩效评价两者的联系表现为:一是两者都是对政府财政资金支出进行绩效评价,注重资金支出的产出和效果;二是在管理理念方面,两者都强调以结果为导向,重视公众满意度;三是前者是后者的一种重要评价类型,两者的最终目的都是为了提高财政支出所产生的效益。

两者的区别主要表现为:其一,两者的评价对象不同。部门整体支出绩效评价的对象为一个部门的所有财政资金支出的绩效。由于财政支出范围广泛、项目众多、种类复杂,依据不同的分类标准其分类也就不同。财政支出,某种程度上,也可以称为预算支出。依据评价对象来分,财政支出绩效评价可以分为财政支出项目绩效评价、单位财政支出绩效评价、部门财政支出绩效评价和财政支出综合绩效评价。[①] 可见,财政支出绩效评价的对象要视财政支出的分类而定。具体而言,以上四者的评价对象依次为财政支出项目的效益、主管部门所属二级和基层预算单位的财政支出效益、各个政府部门(使用财政经费的一级预算单位)的财政支出效益以及财政支出的整体效益。

其二,两者的评价主体不同。部门整体支出绩效评价的评价主体主要是各级财政部门和各一级预算部门。而财政支出绩效评价的主体也因其分类的不同而各有不同。通常来说,财政支出绩效评价的主体主要有政府、各级人民代表大会、政府监督机构、财政部门、项目主管部门、项目实施单位、财政政策研究机构等。

其三,两者评价的侧重点不同。部门整体支出绩效评价的重点为部门职责的履行和部门财政管理的效率,旨在提高部门财政管理效率和服务质量。根据财政支出绩效评价分类的不同,其评价的侧重点也有所不同。单位、部门财政支出绩效评价的重点在于财务管理的效率评价,部门财政支出绩效评价侧重于测量部门财政资源是否得到优化配置,其使用是否获得相应的产出与效果以及部门自身的工作绩效如何。财政支

[①] 朱志刚:《财政支出绩效评价研究》,中国财政经济出版社 2003 年版,第 11 页。

综合绩效评价则更多体现为一种政策评价,它侧重于从宏观层面来反映财政支出的规模效益和结构效益,旨在说明财政支出总规模和结构是否合理,是否有利于财政目标的实现以及与经济发展和财政政策的目标是否相符合。

综上,部门整体支出绩效评价属于财政支出绩效评价的一种类型。目前,关于财政支出绩效评价的 4 种类型,项目支出绩效评价无论是理论研究还是具体实践,都比较成熟。随着预算绩效管理的不断推进,项目支出绩效评价越来越难以反映政府财政支出绩效评价的要求,故此,关于部门整体支出绩效评价的理论研究和实践试点开始受到广泛的关注。研究部门整体支出绩效评价,也是从一个较新的视角研究财政支出绩效情况,从而有利于推进财政支出绩效评价的改革。事实上,部门整体支出绩效评价和财政支出绩效评价这两者具有相互促进的作用,研究其中任何一种,都可以为另外一种评价的开展提供参考和借鉴。

三 与项目支出绩效评价的关系

"在部门预算中,项目支出反映预算年度特定活动的经费需求,是部门行使行政职能、实现事业发展目标的重要保障。项目支出具有数额大、周期长、项目间差异大的特点,是部门预算编制和执行的重点和难点"。[①] 部门整体支出主要由基本支出和项目支出两类组成,所以综合来看,部门整体支出绩效评价则囊括了项目支出和基本支出这两类绩效评价所具有的特征和属性。

项目支出绩效评价和部门整体支出绩效评价既有联系又存在区别。两者的联系主要表现为以下几个方面:其一,项目支出是部门整体支出的一部分,项目支出绩效评价是部门整体支出绩效评价的基础;其二,两者都关注公共责任,强调政府职责的履行;其三,两者都注重资金支出的效率和效果,评价的核心问题都是财政资金是否得以有效使用;其四,尊重公众满意度导向的评价原则,强调社会公平的价值理念。

---

① 石英华:《完善预算管理的深层次思考——项目支出预算执行的问题与对策》,《财贸经济》2012 年第 10 期。

两者的区别主要表现在以下几个方面：

其一，两者评价对象的不同。项目支出绩效评价是围绕项目专项资金而展开的评价，其评价对象是某一具体项目，评价具体内容是为实现特定目的的项目资金支出。而部门整体支出绩效评价是对整个部门使用的财政资金效益的全面评价，评价资金除了项目支出，还包括维持部门正常运转的基本支出等。从具体实践情况来看，开展部门整体支出绩效评价，是各个预算部门在对重点项目进行绩效评价的基础上，对部门支出进行覆盖面更为广泛、评价层次也更为深入的绩效评价。

其二，两者评价侧重点不同。评价对象的不同自然导致两者评价侧重点的差异。部门整体支出绩效评价主要侧重于考察衡量一个政府部门存在的价值，找出其核心职能是什么，并评价部门核心职能的实现情况和部门绩效目标的实现程度。总的来说，其评价的核心目的在于部门履职情况，以及部门绩效目标的完成程度。在前期准备环节，部门整体支出绩效评价尤其强调绩效目标，绩效目标对后续绩效评价影响意义深远；但是项目支出绩效评价则关注的是项目的前期论证，在项目论证环节是否可行、是否科学。项目支出绩效评价侧重关注的是某项资金是否需要设立以及对项目产生何种影响。项目支出绩效评价通过考察项目资金的设立、使用以及其产出和效果这一链条，来衡量项目资金支出的绩效。其评价目的是为了解决资金本身的问题。

其三，两者所得效益与资金投入的相关性强度不同。一般来说，项目支出预算都具有较为明确的目的和标准要求，因此其支出绩效与资金的投入之间的相关性较强。而基本支出主要包括人员经费和公用经费两类。人员经费是用于"养人"的经费支出，它与部门支出的产出和结果绩效基本不存在直接相关性。而部分公用经费的支出（如部门会议经费）与政府部门提供的公共服务也没有直接的关系，或者可以说难以确定它们之间的因果关系。可见，部门整体支出的绩效与其投入之间的相关性与项目支出相比，则相关性更弱。

综上可知，部门整体支出绩效评价和项目支出绩效评价两者之间联系密切，但也存在许多区别。在预算绩效管理不断深化的背景下，不管是项目支出还是部门整体支出，都需强调将绩效管理理念贯穿支出预算的全过程。故此，不管是实施部门整体支出绩效评价还是项目支出绩效评价，都有利于完善预算管理，提高财政资金使用的效率和效果。目前，项目支出绩效评价无论是理论研究还是具体实践评价，都取得了丰硕的成果，为开展部门整体支出绩效评价奠定了深厚的理论和实践基础。而部门整体支出绩效评价是对项目支出绩效评价的进一步的深化和扩展，资金范围由项目支出扩大到部门的所有预算支出，因此，部门整体支出绩效评价也是对项目支出绩效评价的一种完善和补充，能够弥补项目支出绩效评价的不足，从而真正实现对部门全部支出的全过程监控和考察。

第三节 部门整体支出绩效评价的实践进展

由实践倒逼理论，是部门整体支出绩效评价领域的基本现状。实践部门以试点的方式逐步推进部门整体支出绩效评价，但相关理论研究却表现为相对缺乏。实质上，理论能够指导实践，实践也可以促进理论的发展。为了更好地把握部门整体支出绩效评价的本质属性，对其实践进展进行总结概括就显得尤其必要和重要。故此，本节主要阐述推进部门整体支出绩效评价实践发展的现实动因，梳理这一领域的实践进展，分析实践中存在的问题。

一 部门整体支出绩效评价实践发展的动因

推进部门整体支出绩效评价实践发展的因素众多，本书将重点从公共财政建设与政府治理改革、财政收支矛盾以及财税体制改革3个方面展开论述。

（一）适应公共财政建设与政府治理改革的必然趋势

"注重绩效是深化预算改革的必然要求，旨在提高政府管理效能和财政资金的有效性；财政部积极建立绩效评估体系，将绩效预算的理念和方法引入我国财政支出管理中"[1]。现今，一些部门积极以试点方式实施

---

[1] 贾康：《公共财政建设应突出改革管理服务三大导向》（http：//finance.people.com.cn/n/2012/1119/c70846 – 19622039.html）。

部门整体支出绩效评价,并总结各试点部门的实践经验,进而逐渐增加试点的部门,力图将评价结果用于相应部门预算安排的参考依据,提高评价结果利用率。

公共财政是为了满足公共需要,即为了有效解决难以通过市场机制配置资源来满足社会公共需要的财力。公共财政建设的本质要求最终实现高效、科学地利用公共资源模式,进而提升全社会的公共福利水平。[①]公共财政建设以政府预算为主要载体,要有效实现其目标,就要持续改善政府预算支出的绩效。因此,部门整体支出绩效评价强调结果导向,注重提升部门财政支出使用效益和部门工作效率,有利于推进公共财政建设。

另外,我国积极加强公共财政建设,客观上推动了我国政府治理的改革,也进一步强化了公共财政预算绩效管理的重要性,凸显部门整体支出绩效评价的关键作用。"政府治理是政府联合多方力量对社会公共事务的合作管理和社会对政府与公共权力的约束的规则和行为的有机统一体,其目的是维护社会秩序,增进公共利益,保障公民的自由和权利"。[②] 政府治理理念也由以往重视效率转变为注重公众满意度和社会公平。

近年来,我国积极倡导建设服务型政府、高效型政府、节约型政府的改革。其本质都是为了提高政府工作效率和服务能力,最大限度地实现社会公众的实际需要。然而,政府工作的低效、责任不清、财政资源使用效率不高以及贪污腐败等现象时有发生,面对这些困境,政府必须采取必要且有效的措施对其加以处理。部门预算支出具体承担了政府提供公共服务和公共产品的职责,因此要求政府部门提供优质、高效的公共产品和服务就逐渐转变成如何有效增强部门财政支出的绩效问题。实施绩效评价在其中起着重要作用,"测量能推动工作;若不测量,就不能辨别成功还是失败;看不到成功,就不能给予奖励和从中学习;看不到

---

① 张克竞:《政府部门预算支出绩效管理研究》,东北财经大学出版社 2012 年版,第 103 页。

② 何增科:《政府治理现代化与政府治理改革》,《行政科学论坛》2014 年第 2 期。

失败，就不能纠正失败；展示成果，能赢得公众的支持"[①]。所以，开展部门整体支出绩效评价对于促进部门财政资金使用效益和部门工作效率的提高都具有至关重要的作用。

(二) 有效缓解财政收支矛盾的迫切需要

近年来，我国的财政收入呈现高速增长的态势。与此同时，财政赤字的现象基本每年都发生，财政收支矛盾严峻。尤其是我国地方政府，其财政收支差距更大。由于我国地方政府的财政收支矛盾凸显，由此形成的地方财政债务规模更不容忽视。政府履行其职能，为社会公众提供公共产品或服务，连年的财政赤字，着实给政府有效履行其职能带来巨大的压力。而且随着人们生活水平的提高，对政府提供的公共产品或服务无论是质量还是数量都有更高的要求，不言而喻这也给政府增加了很大的压力。

为了缓解政府财政压力，又最大限度地满足社会公众的公共需求，政府不得不寻求解决这一问题的方式。其中，通过开展政府部门预算支出绩效管理改革，实施部门整体支出绩效评价就是一种很好的解决途径。通过部门整体支出绩效评价，以结果和社会公众为导向，注重提高财政预算资金的使用效果，改善财政收支状况，对于缓解财政收支的紧张关系作用重大。

有效减轻政府财政收支的紧张关系，有利于政府全面履行其职能，提供优质的公共产品和服务，从而有利于经济的健康、稳定、快速发展。开展部门整体支出绩效评价是高度重视支出绩效，旨在提高财政支出的使用效益，是转变我国以往财政支出重投入而轻结果的惯性思维的一种有效方式。部门整体支出绩效评价所倡导的以结果为导向以及公众服务满意度的思想理念，注重从财政资金运行各环节要效率和效果，对于缓解财政收支矛盾意义重大。

(三) 大力推进财税体制改革的客观要求

公共财政是"取众人之才，办众人之事"的财政，其本质是为了满

[①] [美] 戴维·奥斯本、特德·盖布勒：《改革政府：企业家精神如何改革着公共部门》，周敦任等译，上海译文出版社2006年版，第102—109页。

足社会公共需求。即政府凭借其财政权力从社会获取财政收入,并将这些收入用于提供公共产品或公共服务,旨在有效满足社会公众的需要。近年来,随着公共财政支出规模的不断扩大,导致收支矛盾的加剧,公共财政越来越难以满足社会公共需求的增长需要。公众委托政府来管理财政资源,自然有权了解财政资金的来龙去脉。事实上,随着公民意识的觉醒和社会公共需求的增长,公众对于公共资金的来源、用途、效果等方面都极为关注。也就是说,对于财政资金的来龙去脉及其合规性,财政资金的使用效益,政府各项职能的履行情况都是社会公众关注的焦点问题。

由于财政资源具有稀缺性的特征,为最大限度地满足社会公众需要,提供优质的公共产品与服务,必须最大限度地实现财政资源的效益。政府是财政资金的管理者和使用者,对其使用财政资金履行各项职能的情况进行绩效评价就显得极为必要。为了扩大财政资金的使用效益,满足社会公众对公共产品和服务的各项合理需求,政府积极倡导推进财政体制改革。2016年12月29日,全国财政工作会议上明确指出,"推进预算绩效管理改革,逐步将绩效管理范围覆盖所有预算资金"。

政府通过积极推进预算绩效管理,将"绩效"理念逐步深入各个部门。政府推进预算绩效管理改革的一个有效工具就是实施部门整体支出绩效评价。通过以预算部门为依托,对部门使用财政资金提供公共产品和服务进行经济性、效率性和效果性的评价,旨在提高财政支出的使用效益和部门的工作效率。部门整体支出绩效评价是对预算部门所产生的包括人员经费、"三公"经费以及项目支出等在内的资金进行整体性综合性的绩效评价,从而得以清晰了解部门财政资金的使用效益和部门的履职情况,这也是优化财政支出结构,推进预算绩效管理的必然要求。实施部门整体支出绩效管理是深化政府体制改革和财政体制改革的重要内容之一。

事实上,自改革开放以来,我国的财政预算收入增长显著,财政预算支出规模也不断扩大,但在很长一段时间内我国基本偏向于注重获取财政资金,而忽略财政资金的使用效率和效果,造成财政资金的严重浪费和损失。随着公民意识的觉醒以及民主理财思想逐渐深入人心,社会公众越来越关注公共部门财政支出的绩效情况。为更好地满足日益增长的公众需求，关注部门预算支出的绩效成为各级政府关注的焦点问题，因此，加强部门整体支出绩效评价，推进预算管理改革也是政府财政改革的迫切要求。

二 部门整体支出绩效评价的实践现状

关于部门整体支出绩效评价的实践试点，从中央政府层面来看，开展的评价试点数量不多，中央有关部门主要是制定相关政策制度，以确保其下属单位或地方政府试点工作的顺利进行。从地方政府层面来看，越来越多的部门开始积极探索部门整体支出绩效评价的实践试点。

（一）中央政府层面的政策探索

自2000年起，我国开始正式推行部门预算改革。为改善资金使用效益，财政部自觉转换其角色，从制定具体改革措施逐渐转向对资金运作的规范管理，统筹规划与政策引导。财政部积极探索绩效评价与预算改革的有效结合，并将改革的主动权交给各部门预算单位。事实上，由于中央部门整体支出尤其复杂和多样，现今实行部门整体支出绩效评价的实践较多地体现为地方政府部门的试点，而中央部门在此方面则更多地表现为制定和颁发相关的政策性文件用于引导、规范各试点部门的实践工作。

为有效推进财政支出的绩效管理改革，2000年财政部积极推进以部门预算为核心的改革，提出"积极探索建立财政支出绩效评价体系"。2003年，党的十六届三中全会通过的《中共中央关于完善社会主义市场经济体制若干问题的决定》中强调"推进财政管理体制改革、健全公共财政体制、改革预算编制制度、建立绩效评价体系"。同年，政府出台《中央级行政经费项目支出绩效考评管理办法（试行）》，2004年，出台《中央经济建设部门预算绩效考评管理办法（试行）》要求实施中央部门预算绩效考评，采用"点面结合，突出重点"的方法，选择具有代表性或预算数额较大的单位，对其部门工作情况、财政资金支出情况以及部门绩效目标完成情况等进行重点评价。《中央部门预算支出绩效管理考评管理办法（试行）》这一文件标志着我国财政支出绩效评价迈上了一个新的台阶,财政管理改革得以深化。

《财政支出绩效评价管理暂行办法》明确部门预算支出绩效评价包括基本支出绩效评价、项目支出绩效评价和部门整体支出绩效评价。为有效推进实践评价工作的顺利进行,2013年出台的《预算绩效评价共性指标体系框架》制定了部门整体支出绩效评价共性指标框架。2015年,《中央部门预算绩效目标管理办法》将预算支出绩效目标分为基本支出绩效目标、项目支出绩效目标和部门(单位)整体支出绩效目标。

在中央层面,为有效了解财政资金支出的产出和效益,也积极进行部门整体支出绩效评价实践探索。如2014年水利部选取黄委三门峡水文水资源局和淮委水环境中心2家部署三级预算单位开展部门整体支出绩效评价的试点工作,并组织填写《部门整体支出绩效目标表》,从而进一步拓展评价试点模式。2015年,水利部的试点评价则扩大到9家部署三级预算单位,取得了一些成绩和经验。由于部门层级越高,所涉及的财政资金就越多,开展部门整体支出绩效评价就越复杂,所以目前关于中央层面的部门整体支出绩效评价实践试点较为有限。

(二) 地方政府层面的实践试点现状

相对于中央政府部门,地方政府则以试点形式探索部门整体支出绩效评价,且这些年来试点部门数量逐渐增多。截至2015年,共有19个省(自治区、直辖市)开展了部门整体支出绩效评价试点。[①] 事实上,近三年以来,为有效提高财政资金的使用效益,优化支出结构,更多的地方政府选取试点单位开展部门整体支出绩效评价工作。在各地方政府的试点评价中,使得"绩效"的理念更深入政府部门,而且不同地方政府部门的实践试点为我国全面推进部门整体支出绩效评价积累了宝贵的经验和有益的启示。下文主要是选取一些具有代表性的试点部门,按其呈现的明显特点进行分类阐述。

1. 围绕绩效原理,以"投入—产出"逻辑构建评价框架

"通过'投入—产出'的路径设立指标体系框架,形成从投入到产出

---

① 关欣:《部门整体支出绩效评价工作思路初探》,《中国水利》2016年第6期。

的清晰框架"①。围绕"投入—产出"的资金运作链条提炼评价框架,构建评价指标体系是一种较为常用的方法。这一方法,也得到实践部门的广泛采用。如湖南省是我国开展部门整体支出绩效评价试点实践较早的省份之一。2012 年,该省政府颁发《关于全面推进预算绩效管理的意见》。2014 年,湖南省株洲市财政局探索实行部门整体支出绩效评价工作。该市财政局首先确立了"用钱必问效、无效必问责"的原则,并从一级预算单位中选取 30 多家单位作为部门整体支出绩效评价试点单位。该市财政局通过发布《关于开展部门整体支出绩效评价试点工作的通知》,明确评价的对象、内容、依据以及相关工作要求,而且以投入、过程、产出、效果 4 个方面为评估维度构建评价框架,共设置目标设定、预算配置、预算执行、预算管理、资产管理、职责履行、履职效益 7 个二级指标及 21 项三级指标。

随着部门整体支出绩效评价试点的不断推进,湖南省积累了许多宝贵的评价经验。在此基础上,该省关于部门整体支出绩效评价的试点范围逐渐扩大。如 2015 年该省体育局成立部门整体支出绩效评价小组,并委托第三方评估机构评价体育局 2014 年度的整体支出绩效。该局还制定《部门整体支出绩效评价指标及评分标准》和《部门整体支出绩效评价实施方案》,下发《湖南省体育局关于开展省级财政资金绩效自评工作的通知》。2016 年湖南省颁发《湖南省财政厅关于开展 2015 年度省级财政资金绩效自评工作的通知》,对省财政厅、省文化厅、省质量技术监督局、省长株潭两型实验区管委会、省工商行政管理局、省农业局等部门开展 2015 年度的部门整体支出绩效评价。2016 年,湖南省质量技术监督局从投入、过程、产出及效率方面对其省直本级 14 个预算单位实施部门整体支出绩效评价,共设置预算配置、预算执行、预算管理、职责履行和履职效益 5 个二级指标,其中包括在职人员控制率、"三公经费"变动率、预算完成率等 16 个三级指标。此外,湖南省工商行政管理局、农业局对其 2015 年度包括基本支出、项目支出、"三公"经费支出开展整体性的

---

① 刘敏、王萌:《整体支出绩效评价指标体系设计方法初探》,《财政监督》2015 年第 10 期。

综合评价。由上可知，湖南省实施部门整体支出绩效评价实践，试点范围逐渐扩大，评价资金涉及量也增多。评价实践试点在湖南省呈现"由点到线，由线到面"的特征。

海南省也是较早开始部门整体支出绩效评价试点的省份之一。为了有效推进财政改革，提高财政资金的使用效率和效益，海南省积极探索部门整体支出绩效评价的试点，从中积累实践经验。海南省2013年颁布《海南省财政厅关于印发部门整体支出绩效评价方案的通知》。该评价方案对评价内容、评价指标、评价程序以及评价方法等进行了明确规定。评价范围仅包括本级各预算部门，评价指标框架包括投入、过程、产出和效果4个评估维度，并构建具体评价指标，设计职责履行、工作成效、社会效益等8个二级指标，其中包括活动合规性、活动合理性、基础信息完善性、资产管理完整性、固定资产利用率、项目实际完成率、项目质量达标率、活动关键指标达标率、部门预算绩效管理工作评价以及社会公众满意度等20个三级指标。2014年海南省财政厅还发布《海南省财政厅关于组织市县开展部门整体支出绩效评价试点工作的通知》，要求该省各市县（区）财政部门认真开展2013年本地区评价试点工作。鉴于部门整体支出的复杂性，在试点评价初期，为保证评价工作的顺利进行，海南省部门整体支出绩效评价主要针对其本级各预算部门的财政预算支出，暂时不涉及其下属单位。评价框架的构建也基本遵循部门财政资金支出的运作逻辑，从投入—产出这一链条中提取评估维度。2017年，海南省财政厅发布《海南省财政厅开展2016年度部门整体支出绩效评价的通知》，更加强调结果应用，对排名靠前的单位在下一年预算中安排激励性奖励资金，而对排名靠后的单位则核减预算资金并约谈负责人。

江西省根据《江西省人民政府关于全面推进预算绩效管理的实施意见》及《关于深化预算管理制度改革的决定》的相关规定，制定《江西省省直部门整体支出绩效评价工作方案》给出了有关评价报告的提纲、相关佐证材料清单、评价体系评分表以及公众满意度问卷调查表。省政府从投入、过程、产出和效果4个维度构建了完整的部门整体支出绩效评价指标体系，以供各个具体部门开展实践试点评价提供参考和启发。2016年，江西省财政厅发布《关于开展2015年度省直部门整体支出绩效评价工作的通知》，选择省政府办公厅本级、省发改委本级、省高级人民法院本级、省文联本级、江西广播电视台本级、省经济管理干部学院、省红十字会、省血液中心、省福利彩票发行中心、省农科院、省林科院、省财政绩效管理局12个部门开展2015年度部门整体支出重点评价。该项评价设立了投入、过程和部门产出3项一级指标，部门目标设置情况、部门预算配置、部门会计核算管理、部门预算管理、部门资产管理、部门履职产出、部门履职效果等7项二级指标。2015年赣州市安远县和瑞金市、宜春市靖安县等先后实施部门整体支出试点评价。

综上可知，上述各地有关部门整体支出绩效评价的实践，基本都是先以一两个部门率先开展试点评价，在总结经验和教训的基础上，再进一步扩大试点范围。关于指标体系的设计，大多参考借鉴财政部制定的共性指标，并结合所评价部门的具体特征属性，设计有针对性的个性指标，以体现所要评价的具体内容。考虑到评价资金涉及范围的复杂、数额大等特点，实践试点大多只针对本级各预算部门开展整体支出绩效评价，待经验更为丰富或评价条件更为成熟时，再进一步扩展到各部门的下属单位。总体来看，实践试点部门逐年增加，在实践中取得了丰硕的成果，为进一步开展部门整体支出绩效评价积累了丰富的实践经验，也有利于推动理论研究的发展。

2. 以预算管理为核心构建评价框架

一些地方政府的部门整体支出绩效评价框架是以预算管理为核心构建的。"政府预算管理是政府预算实现的途径，通过预算管理的合规性控制保障政府资金安全性，而通过预算绩效管理提升资金使用有效性"。[①] 广西壮族自治区为有效提高部门整体支出绩效，推进预算绩效管理，2013年选择15个部门作为试点开展部门整体支出绩效评价。为确保评价工作的顺利进行，财政厅还出台《2013年区直部门整体支出管理绩效综合评价工作方案》对评价目的、评价范围、评价内容、评价对象、评价方式、相关工作要求和程序等方面进行了规定。财政厅颁发的《2013年区直部门整体支出管理绩效综合评价指标体系》设置了预算编制、预算

---

① 王秀芝：《从预算管理流程看我国政府预算管理改革》，《财贸经济》2015年第7期。

执行、预决算管理、绩效评价管理和监督管理5个一级指标，并设计若干具体指标。此外，财政厅还颁发了《关于开展2013年区直部门整体支出管理绩效综合评价工作的通知》，以确保相关工作的按时按质完成。2015年自治区财政厅选取41个区直部门对2014年度的部门整体支出进行绩效评价，比上一年增加了26个。广西在开展部门整体支出绩效评价试点中，以预算管理的各个环节为核心，对部门资金运作的环节进行指标的提炼。其中，预算编制是整个政府预算管理的起点和基础，预算执行则贯穿预算管理的始终，预决算管理、监督审查以及绩效评价管理等是对资金合规性和绩效性的考评，评价结果可以为下一年预算提供主要依据，因此呈现一个预算管理的循环。

浙江省在部门整体支出绩效评价试点过程中，取得了丰富的成果和实践经验。事实上，近年来，浙江省所辖市整体支出绩效评价的试点范围不断扩大。下文将选取几个比较有代表性的试点介绍其相应情况。2015年，义乌市选取4家单位实行整体支出绩效自评，构建了完整的评价指标体系，包括制定完整的三个层级的评价指标，并附有详细的指标说明、评价标准和各指标权重的参考值。一级指标有4项，下设二级指标共14项，三级指标共28项。在评价指标权重方面，预算编制质量、编制执行严肃性、预算管理规范性以及整体支出绩效性等指标所占权重较大。2015年，诸暨市选择市档案、统计、安监等5个部门开展部门整体支出绩效评价试点，在部门自评的基础上，委托中介机构复查相应部门，以确保评价结果的真实准确性。2015年，衢州市也选取市文化广电新闻出版局、质量技术监督局、粮食局3家单位作为评价试点。总体来看，浙江省开展部门整体支出绩效评价的试点范围逐渐扩大，由刚开始的几个有限的试点部门逐渐扩大至各个市、区的相应部门。从预算管理的环节上，找出关键影响因素，提取评价指标，能够较大程度上反映资金支出的绩效情况。

安徽省部门整体支出绩效评价试点也是其实行预算绩效管理的一大亮点。2014年该省将省级124个一级预算部门全部纳入评价试点范围，对部门整体支出开展绩效评价。安徽省不断总结试点经验，优化评价标准，从目标设定、预算执行、预算管理、资产管理、职责履行等方面进一步改进评价指标体系。该省逐步将由最初简单的事后绩效评价转向对预算资金使用全过程的考评，重视评价结果的应用。安徽省选取部门整体支出绩效评价的试点，其力度是非常大的，基本囊括所有的省级一级预算部门。

3. 注重部门整体绩效目标的编制，强调绩效目标管理

"预算绩效目标管理工作是我国当前公共预算改革的重点，在实施过程中取得了积极的进展"[1]。《关于推进预算绩效管理的指导意见》中指出了预算绩效目标的重要价值。对部门绩效目标实施有效的管理，有利于增强政府的服务意识和执政能力。为此，预算绩效目标的管理工作逐步得到中央和地方政府的重视。部门绩效目标的管理对评价实践工作以及评价结果的影响都是巨大的。如上海市积极探索部门整体支出绩效评价，积累了丰富的实践经验。2013年上海市颁发的《关于全面推进预算绩效管理意见》中强调"预算编制有目标、预算执行有监控、预算完成有评价、评价结果有反馈、反馈结果有应用"的预算绩效管理机制。2014年，上海市财政局出台《上海市预算绩效管理实施办法》，该文件规定了实施绩效评价的组织管理、目标管理等内容，也特别强调要制定能够反映部门整体支出与实现本部门事业规划的关联性、经济性、效益性和效率性的部门整体支出绩效目标。2016年，上海市政府印发的《上海市财政改革与发展"十三五"规划》指出，"积极推进部门整体支出绩效目标管理试点，将部门整体支出绩效评价试点范围从部分预算主管单位扩大到主要预算主管部门和预算单位"。

上海市所辖各区积极实施整体支出绩效评价。为科学编制预算支出绩效目标，嘉定区专门召开关于部门整体支出绩效目标编报会议。2015年，嘉定区选取区环保局、区安监局两个单位，从预算部门职能定位、人员配置、资金使用和资产管理等方面考核部门整体绩效。2016年，嘉定区扩大试点范围，除以上两个单位之外还包括了区广播电视台、区救助管理站、区工商业联合会和区市容环境卫生管理署4家预算单位。青

---

[1] 张帆、张友斗：《预算绩效目标管理在我国的实践与探索》，《财政研究》2013年第12期。

浦区也积极开展部门整体支出绩效评价试点，在 2015 年选择区统计局和区残联两个评价试点。青浦区注重整体目标的编制，选取若干部门作为绩效目标编制试点，为实施部门整体支出绩效评价奠定基础。总之，上海市尤其注重部门绩效目标的管理，侧重于目标的制定和申报审核。上海市关于部门整体支出绩效评价，在评价指标构建、绩效目标编制、评价程序、组织管理、评价结果应用等方面都能够为其他地方政府开展此类评价提供有益的参考和借鉴。

广东省和江苏省政府也高度重视对部门整体支出绩效评价的探索。广东省积极推进部门整体支出绩效评价实践试点，重视部门绩效目标的编制、申报和管理。2016 年，广东省依据《省级部门整体支出绩效评价暂行办法》等相关规定，以省国土资源厅、省残联、省食品药品监管局、省林业厅、省质监局、省知识产权局 6 个部门为评价试点，考核各试点部门 2015 年度内部门全部资金支出的整体绩效，重点评价部门绩效目标合理性、部门申报项目的可行性与充分论证、"三公"经费是否严格控制、专项资金编制的细化程度、功能分类以及经济分类编制是否准确 5 个方面的内容，同时规定 2017 年所有省直部门都需要申报部门整体支出绩效目标，由省财政厅负责重点评审绩效目标。2015 年，江苏省财政厅绩效管理处拟定工作要点时，提出试点省级部门整体支出绩效评价，拟选取 1 个省级部门开展部门整体支出评价，努力推动财政综合工作取得新成效。

由上可知，将绩效目标贯穿管理的全过程，做到预算管理各个环节的有效衔接，对于促进财政资金的有效配置和效益的全面发挥具有重大的实质意义。在部门整体支出绩效评价中，重视部门绩效目标的管理和监控，包括资金整个运行过程的全面监控，有利于提高财政资金使用的有效性。

4. 评价范围由本级预算部门扩展至其下属单位

由于政府各个部门职能多样，各个部门的支出虽然在结构上有相似但在具体项目上不尽相同。部门整体支出包括基本支出和项目支出，涉及的资金量通常数额较大。因此，很多实践部门仅仅对其本级一级预算单位开展绩效评价，而暂时不对其下属预算单位进行评价。而随着部门整体支出绩效评价试点的逐渐推进，积累了相对丰富的实践经验，一些实践部门逐渐把评价范围扩大至其下属单位，所以评价的资金范围不仅包括部门本级一级预算单位的财政资金支出，而且也扩展至其下属单位的资金支出。

比如，江苏省镇江市于2015年率先在该省实行部门整体支出绩效评价试点，实现对所有使用2015年度政府性专项资金的部门、单位，全面实施绩效目标管理和部门整体支出绩效评价。该省徐州市睢宁县为有效推进部门整体支出绩效评价工作，颁发《关于2014年县直机关和单位经费绩效考评的通知》。通知要求2014年该县88个县级部门预算单位全部开展试点评价，实现县直单位的全覆盖，评价范围包括本部门机关及下属单位的人员支出、公用经费支出和项目支出。评价指标体系包括目标设定、执行与管理、专项评价3项，设有预算编制完整性、在职人员控制率、财政直接支付比重、"三公经费"变动率、小额现金账户余额增长率以及资金使用合规性等具体评价指标。该县还将预算绩效融入政府绩效考评，由县财政局综合评价部门整体支出绩效情况，将评价得分算入县直机关单位政府绩效考核中，并对评价结果进行一定范围内的公开。2015年，睢宁县也继续实施全县范围内的部门整体支出绩效评价工作。2015年，新沂市选取市商务局作为试点评价部门，结合部门特点，从目标设定、预算管理、资产管理、职责履行、履职效益等展开评价。该市在总结经验的基础上，在2016年增加信访局作为试点，首次引进第三方评价机构，采取部门自评和财政部门再评价的方式，推进评价试点实践。在各地试点的基础上，江苏省财政厅发布了《绩效管理处2017年工作要点》，明确提出要加大部门整体支出的评价力度，选取支出类别较全的省级部门实施试点评价。

2016年，宁夏回族自治区对2015年度部门整体支出实施绩效评价，实现了全覆盖。该自治区财政厅对自治区本级部门及所属单位共112个单位实施整体支出的绩效综合评价，从预算绩效目标编报、预算执行、预算管理3个方面构建评价指标展开评价，主要探讨了部门（单位）取得的成效、存在的问题以及下一步改进的思路3个方面的内容。

总之，将部门整体支出绩效评价范围扩展至部门本级预算单位的下属单位,从某种意义上来说,也是评价工作的一个新的发展和一大跨越,是对这一领域评价制度的推广和细化,更有利于对各级政府部门的整体支出进行监督和考评,有利于提高国家整体财政支出的使用效率和效益。

此外,近年来我国其他省份也结合自身的特点,开展了部门整体支出绩效评价的试点工作,试点部门也逐步呈现"由点及面,由面及线"的发展特征。湖北省高度重视部门整体支出绩效评价试点,其试点单位逐年增加。例如,宜都市颁发《关于全面推进预算绩效管理的意见》和《宜都市预算绩效管理操作规程》等。该市在2014年选择姚家店镇政府和市法院2个单位实施部门整体支出绩效评价的试点。同年孝感市选取7个区直单位首次开展整体支出评价试点。2015年,京山县选取民政、公安、人武部、文体新局等9个部门开展试点评价。2016年,十堰市的部门整体支出绩效评价试点单位有12家,评价金额1.8亿元,涉及23家预算单位。截至2016年为止,湖北省有22家单位开展了部门整体支出绩效评价。2017年,该省财政厅出台的《关于开展2017年省级财政支出绩效评价工作的通知》,明确指出2017年在省直部门开展部门整体支出绩效评价的试点,试点单位包括省委统战部、省委政法委、省老干局、省政协、省教育厅、省科学技术厅、省公安厅、省民政厅等41家单位。福建省在总结省科技厅、省环保厅等部门整体支出绩效评价经验的基础上,2015年扩展了试单范围,选取54家省级预算单位实施评价工作试点,重在评价试点单位的部门履职情况和绩效目标完成情况,并注重对经济效益、社会效益、环境影响以及可持续影响等方面的考评。云南省2015年将省林业厅和省旅发委作为部门整体支出绩效评价的试点,进行积极探讨评价。

综合来看,近年来,我国地方政府为有效推进绩效预算管理,提高财政资金的使用效益,以优化配置财政资源和财政支出结构,积极探索开展部门整体支出绩效评价的试点工作。部门整体支出绩效评价也逐渐得到众多省市的高度重视,开始实践试点评价的省市越来越多。在总结相关经验和成果的基础上,各相关省市不断扩大部门整体支出绩效评价的试点范围,逐步形成"由点到线,由线到面"的新局面。部门整体支出绩效评价实践的不断推进,也有利于进一步推进预算绩效管理的改革和发展，以实现财政资金的优化配置和效益的最大化。

三 部门整体支出绩效评价实践中存在的问题

我国是以试点方式逐步推进部门整体支出绩效评价实践工作的，在这方面积累了一些经验和成绩，但是也面临很多问题，主要体现为以下几点：

(一) 部门整体支出绩效评价相关法律法规的缺失

从西方国家开展公共支出绩效评价实践来看，为保证此项工作的顺利进行必须要得到有关法律法规的支持。比如美国1993年的《政府绩效与结果法案》，英国1997年的《支出综合审查》等都为确定财政支出绩效目标和实施绩效评价提供了制度的保障。但我国目前为止，有关财政支出绩效评价方面的法律制度基本是一片空白，追求部门预算支出的效益缺乏法律法规的约束与保证。部门整体支出的监督是由财政部门、预算单位等组成，目前我国财政监督仍旧存在一系列的问题，导致预算支出缺乏有效的监督环境。相关法律法规的缺失，以及财政监督管理的不足，给评价工作带来巨大的困难与挑战。再者，从现有部门整体支出绩效评价实践情况来看，评价结果的利用率不高，这是导致各评价部门不够重视部门整体支出绩效评价的直接原因。相关法律法规的缺失，使得被评价部门不够重视部门整体支出绩效评价工作，造成评价工作中的阻力大且困难多。

(二) 绩效目标设定不够科学以及绩效指标不够合理

在部门整体支出绩效评价试点中，一些部门的预算绩效管理意识还完全没有或基本没有树立起来，在设定部门绩效目标时，不仅没有进行较为充分的调研论证，而且也没有依据具体的评价工作的实际要求设定目标，因此导致评价工作缺乏充足的依据，从而容易使绩效评价工作发生偏离。比如，有的部门在制定部门绩效目标时，直接将本部门的年度工作总结或计划作为绩效目标，或者选取工作总结或计划中的部分重点内容作为绩效目标等，诸如此类的原因直接导致设计的评价指标难以有效和科学。

在绩效指标的设计方面，部分指标间难以有效地衔接。比如，一些部门在制定指标时,所构建的产出数量指标是对应于某项具体工作或项目,而产出质量、时效等指标则对应于其他具体工作或项目,导致指标间的系统性不够充分。在效益指标的相关性方面也存在很大问题。由于部门整体支出所产生的效益难以清晰地界定,使得有些部门在制定效益类指标时,要么只是理论上推断得出结论却难以在实际中找到依据;要么"眉毛胡子一把抓",把所有效益都囊括进去,因此使得本部门预算支出的效益一定程度上会得到夸大。还有部分指标过于具体化,因为有的部门直接沿用或简单堆积项目支出的绩效指标,导致部门绩效目标中包含过多的无法反映部门整体支出绩效情况的单个指标,而忽略了一些关键的综合性指标。

(三)部门整体支出绩效评价缺乏合理规范的评价体系

实施部门整体支出绩效评价实践工作实际上非常复杂,是一个完整的系统工程。它涉及的范围广、资金数额多、工作量大、程序复杂、技术性强。开展部门整体支出绩效评价工作,必须制定科学可行的评价指标体系、采用适合的评价方法、选择合理的评价标准,建立规范统一的财政支出绩效评价规章制度等。目前,我国开展此类绩效评价存在的主要问题有:一是相关领域绩效评价法律法规的缺乏,导致评价工作的法律强制性不足,难以保障评价工作的顺利进行;二是评价范围、层次与重点不够清晰;三是缺乏规范且可以适用于不同职能部门需要的评价方法、评价指标体系及其评价标准体系;四是评价结果的实际应用情况并不理想,仍旧停留在评价层面,没有发挥评价结果应有的反馈和约束作用。

第四节 部门整体支出绩效评价指标体系的构建逻辑

评价指标体系是对部门所有预算支出的产出和效果进行测量的具体内容。评价指标体系的构建,是开展绩效评价工作的关键环节。

一 评价指标的类型

依据部门整体支出绩效评价指标的范围、量化程度、细分程度等可以将指标进行不同的分类。

依据部门整体支出绩效评价指标的使用范围不同,可以将其分为通用指标和个性指标。针对不同的被评价对象,将通用指标和个性指标结合起来构建指标体系,能够更为有效地测量评价对象的实际绩效。通用指标反映的是部门整体支出绩效评价对象的共同属性,是能够适用于开展部门整体支出绩效评价的所有部门的共性指标。个性指标是根据实施部门整体支出绩效评价的实践部门的具体特点制定和设计的,是反映某一部门特有绩效情况的个性指标。个性指标仅适用于特定的部门整体支出绩效评价部门,具有一定程度的针对性和特殊性。

依据指标的量化程度来分,可以将其分为定性指标和定量指标两类。通常,定性指标是难以直接通过数量分析得到评价结果的指标,需要通过客观的描述和定性分析来反映评价结果;定量指标是可以直接通过数据分析来得到数量化的评价结果。在构建部门整体支出绩效评价指标体系中,有定性指标,也有定量指标,部分指标可以进行定量的分析测量,有些却只能通过定性的描述进行考评。

依据指标的细分程度,可以将其分为评估维度(一级指标)、基本指标(二级指标)、指标要素(三级指标)或具体指标等。评估维度是对部门整体支出绩效所要评价范围的类型进行划分。基本指标是一种概括性的评价指标,是处于评估维度下的一种较为具体化的形式,总体上还不直接触及量化手段,真正需要量化的是在指标要素,尤其是具体指标部分。指标要素或具体指标是对部门整体支出的实际绩效情况的具体反映。结合已有的部门整体支出绩效评价理论与实践,为构建一个合理精简、易于操作的评价指标体系,有关部门整体支出绩效评价指标体系大多包含三个层级结构。

二 评价指标体系的特点及结构设计

借助指标可以测量被评价对象各方面的价值,同时也是评价目的的一种体现方式。评价指标体系是否合理对绩效评价结果影响极大,因此,如何设计评价指标体系是一个非常重要的问题,应当慎重对待。

(一)部门整体支出绩效评价指标体系的特点

第一,完整性。部门整体支出绩效评价指标体系所衡量的内容要能够反映部门财政支出产生绩效的所有重要方面。因此,评价指标体系必须是一个完整的系统,需要根据实践评价部门的特点设计评价指标,使得选取出的各指标共同构成一个多层次且具有内在联系的指标系统。最终确定的部门整体支出绩效评价指标体系要从不同的角度反映部门履职情况和部门绩效目标的完成程度,从而能够从整体上对部门所有财政支出的绩效进行完整的综合性评价。

第二,合理科学性。任何评价指标体系的构建都必须遵循科学的依据,构建的具体指标要能够客观真实地反映被评价对象的绩效情况,部门整体支出绩效评价指标体系也不例外。构建部门整体支出绩效评价指标体系不仅要符合所评价部门的客观实际,符合评价目的的要求,而且要能够经得起部门整体支出绩效评价实践的检验。实践是检验真理的唯一标准,将部门整体支出绩效评价指标体系应用于具体案例中,可以检验指标体系的合理性与可行性。

第三,可操作性。部门整体支出绩效评价指标体系中各指标应该是可操作、可比较的,也就是说,评价指标必须要能够进行定性或定量的测评。若评价指标难以有效测量,再好的指标也只能是"纸上谈兵",无法反映部门整体支出的绩效情况。所以,在选取指标的过程中,重点需要考虑的就是指标是否容易测量。

第四,精简性。在部门整体支出绩效评价工作中,评价指标体系并不是越大越好,评价指标也不是越多越好,当然也不是越少越好。由于开展部门整体支出绩效评价工作本身具有一定的难度,如果评价指标过多,不仅会淹没一些重要指标和关键影响因素,而且会增加评价的难度,甚至使得评价工作寸步难行或毫无意义。过少的指标,则难以全面反映部门财政支出的真实绩效。因此,需要经过科学的理论遴选和实证筛选分析,挑选出较具代表性的重要指标,使得最终的部门整体支出绩效评价指标体系尽可能地精简、适中,以充分发挥每一指标的应有作用。

（二）部门整体支出绩效评价指标体系的结构设计

在对部门整体支出绩效评价进行理论阐述的基础上，本书将要重点展开讨论的内容包括部门整体支出绩效评价指标体系的构建和应用两个。通常，构建评价指标体系，不仅需要经过严谨的理论遴选和推演，还需要对指标进行实证筛选和调查。

在已有绩效评价研究中，较为常见的是三级指标体系，即将评价指标体系分为三个层级架构，包括评估维度（一级指标）、基本指标（二级指标）和指标要素（三级指标）；一级指标位于准则层，二级指标位于子准则层，三级指标位于指标层。[①] 也有研究构建四级指标体系，即在三级指标体系的基础上，对其中的三级指标进一步分解成下一层级的四级指标。如上海闻政管理咨询有限公司将财政支出绩效评价中的产出效果类指标分为四个层级；[②] 张伟通过了解武汉海事局的职能与部门预算特征，构建武汉海事局部门整体支出绩效评价的四级指标体系。[③] 事实上，增加指标的层级毫无疑问会加大评价工作的难度，影响评价结果的准确性，因而在具体绩效评价实践中，四级指标体系相对较少。

通常，一级指标是对评估范围的类型划分，所有的一级指标共同组成指标体系的评价框架。评价框架直接决定了二级、三级指标的设计方向，其重要性不言而喻。因此，评价框架的构建是本书接下来首先要讨论的内容，即在第二章重点分析部门整体支出绩效评价框架的构建。二级指标和三级指标是对一级指标的分解和细化，是指标体系的重要组成部分。本书按照二级指标和三级指标的层级顺序逐级设计相应指标。选用熵权法筛选初始构建的三级指标，以确定最终的部门整体支出绩效评价共性指标体系。本书构建的一级、二级和三级指标是对部门财政支出绩效的共性特征的反映，是能够适用于所有部门整体支出绩效评价的通

[①] 彭国甫、盛明科：《政府绩效评估指标体系三维立体逻辑框架的结构与运用研究》，《兰州大学学报》（社会科学版）2007年第1期。

[②] 上海闻政咨询有限公司：《财政支出绩效评价个性指标设计思路研究》，《财政监督》2017年第10期。

[③] 张伟：《完善预算支出绩效评价体系研究》，博士学位论文，财政部财政科学研究所，2015年。

用评价指标体系。

理论研究的目的是为了应用于实践。将理论推演出的部门整体支出绩效评价共性指标体系用于具体的实践部门,可以验证指标体系的可行性与科学性,也有助于修正相应的评价指标。因此,本书在第五章中重点讨论部门整体支出绩效评价体系的实例应用。由于不同部门财政支出的产出和效果具有一定的特殊性,关于产出和效果类的评价指标,需要根据具体评价部门的特征设计个性指标。

由此,本书评价指标体系的构建分为两类:一是以评价框架为基础,构建部门整体支出绩效评价的三级共性指标体系,并采用熵权法筛选指标,以得到一个精简适用的三级共性评价指标体系;二是以共性指标体系为基础,在具体实践案例中,从共性指标框架中灵活选取部分共性指标,并依据X市科技局部门整体支出绩效的特殊性,设计相应的个性指标。即在X市科技局部门整体支出绩效评价案例中,该局的部门整体支出绩效评价指标由共性指标与个性指标共同组成。

三 部门整体支出绩效评价指标体系设计流程

本书构建的部门整体支出绩效评价指标体系共分为三个层级,遵循指标体系构建的一般流程,包括建立原始指标库、指标的筛选、指标权重计算三个基本过程。

(一)原始指标库的建立

部门整体支出绩效评价初始指标库分为三个层级,分别是一级指标(评估维度)、二级指标和三级指标。评价框架是由所有的评估维度共同组成,它是设计评价指标体系的第一步,在本书的第二章将重点对此问题进行讨论。在评价框架的构建环节,首先,通过梳理已有的部门整体支出绩效评价框架以及相近领域的评价框架,以求从中得到一些启发和借鉴。其次,依据部门整体支出绩效的实际特点,整合逻辑模型和绩效三棱镜模型设计本书的评价框架。最后,以该评价框架为基础,通过文献分析法、问卷调查法、实地访谈法、理论分析法等方法相结合设计部门整体支出绩效评价的二级指标和三级指标。其中,三级指标的设计是以二级指标为"中间桥梁",对其进行层级分解和具体化。在三级指标设计过程中，结合部门整体支出绩效评价的具体特征和评价目的要求，遵循"最大容忍"的原则，将可能的相关指标全部纳入指标库中，组成初始指标库。

（二）原始指标的筛选

在本书中，原始指标的筛选是指对指标库中三级指标的筛选。因为一级指标和二级指标，在纳入指标库之前，就已经经过了严格的理论推导、专家咨询、问卷调查等多个环节、多种方式确定的，所以将这两类指标默认为遴选后保留的重要指标。原始指标库中的三级指标是以"最大容忍"的原则提炼的，其中或多或少存在一些"次要"指标，因此需要对其进行实证的筛选。事实上，评价指标体系中的指标并不是越多越好，也不是越少越好，重点在于指标所起的作用大小。由此，需要选择合适的方法，对指标进行有效的筛选。本书在后文将通过比较分析结构方程模型、粗糙集理论等多种指标筛选统计方法的优缺点，进而选取熵权法用于筛选部门整体支出绩效评价的原始指标，确定最终的评价指标。

（三）指标权重的计算

通常，运用评价指标体系进行具体的评价实践活动，需要确定各个层级的指标的权重系数。指标权重是指各个指标在评价指标体系中的重要程度，对评价结果的准确性产生重要的影响。指标权重的确定方法主要分为主观赋值法、客观赋值法和主客观相结合赋值法3种类型，不同类型的方法各有其优劣，可以根据具体评价对象的实际需求确定指标权重的计算方法。由于部门整体支出绩效评价实际上是"以财评事"的一种典型，在具体评价过程中涉及被评价部门的方方面面。出于评价目的的不同，各个实践部门开展部门整体支出绩效评价的侧重点各有不同，因此结合评价试点的实际情况，本书将不对部门整体支出绩效评价共性指标体系中的各个指标进行权重设置。有关指标权重的设置，也是笔者将来需要研究的重点内容。本书仅在第五章的评价指标体系实例应用中，因实践评价的需要，采用层次分析法计算研究对象的各个指标的权重系数，以保证评价工作的顺利进行。

综上可知，部门整体支出绩效评价指标体系设计的流程图如图1—1所示。

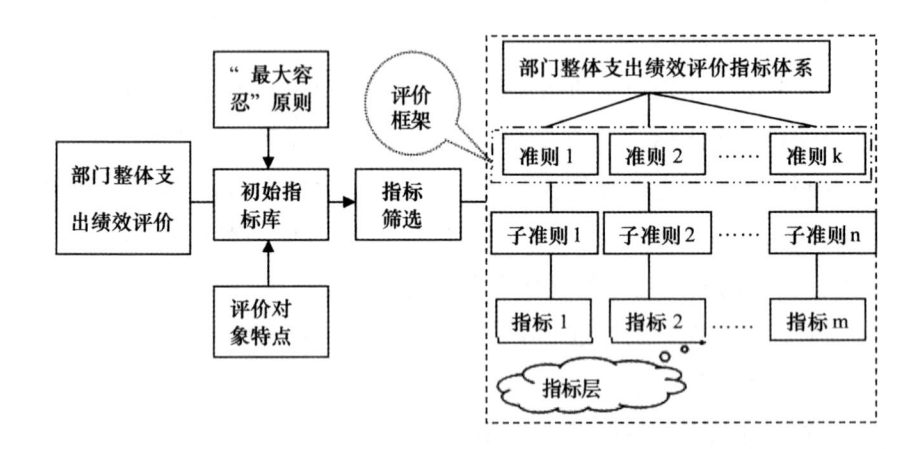

图1—1　部门整体支出绩效评价指标体系设计流程

第二章

部门整体支出绩效评价框架构建

有关部门整体支出绩效评价的研究仍旧处于起步的探索阶段，围绕这一主题的评价指标体系的研究非常少。设计评价框架是构建指标体系的第一步。由此，本章通过参考已有研究中相关评价框架，依据部门整体支出的实际特征，将逻辑模型和绩效三棱镜模型相结合，推演出本书的评价框架。具体而言，部门整体支出绩效评价框架的构建遵循目标绩效—过程绩效—结果绩效—影响绩效这一逻辑路径，从中提炼一级指标。即通过整合逻辑模型和绩效三棱镜模型，结合部门整体支出的绩效特点，设计绩效目标管理、综合管理、产出与效果、可持续影响4个一级指标组成部门整体支出绩效评价框架。

第一节　评价框架解析

设计评价框架是构建评价指标体系的首要环节，是实施绩效评价工作的逻辑起点。评价框架是评价指标体系的"骨髓"，至关重要且无法替代。评价框架是否合理与可行，直接关系到后续评价工作能否顺利进行，也直接影响到评价结果的准确性。为了能够全面且清楚地了解评价框架，下文将介绍什么是评价框架；评价框架具有哪些特征；评价框架具有何种价值；建构评价框架有哪些常用方法；以及遵循何种逻辑路径构建本书的评价框架。

一　评价框架解读

评价框架的确定是开展绩效评价工作的基本前提。下文将从评价框架的基本内涵、性质、价值和特征4个方面进行探讨。

(一) 评价框架的内涵分析

"绩效评估框架又称为绩效评估模型,是指评估时绩效指标的组织形式"[①]。评价框架是一种评价具体实践活动的可操作性模型,它直接指向评价对象,是对评价具体范围、评价方向以及具体评价内容等方面的全面、系统的概括,是一个反映评价对象绩效情况的综合理论解释系统。构建评价框架,是从理论上清晰界定绩效评价工作的实际方向和评价的具体内容。通常,评价对象的属性多样,难以对其进行面面俱到的评价,因此往往需要将所要评价内容简化成有所侧重的评价框架,以增加评价的可操作性、规范性和简洁性。

"对于一个复杂的系统工程进行审视和评价,需要一个整合的评估框架和指标体系,它能够涵盖评价对象的诸多要素和主要环节,并且体现出多视角和多维度"[②]。构建评价框架要紧密围绕评价对象的特征和评价目的的要求,并凸显绩效评价的重要价值。与此同时,还需考虑评价诉求的需要,设计与之相应的评价框架,比如,有的强调社会效益和环境效益、有的注重经济效益,因此构建评价框架需要考虑诸多方面的影响因素,以确保评价框架的科学性与合理性。

针对不同的评价对象,通常需要根据其特征属性和评价目的制定一个为其量身定做的评价框架,以保证评价指标体系的科学性和评价结果的准确性。当然,在一些情况下,因为不同评价对象具有类似的特征和相同的评价目的,可以根据它们的共性特征构建相同的评价框架。如由欧洲质量管理基金会、德国施派耶尔学院和欧洲行政学院共同合作完成的欧盟国家公共部门通用评估框架就具有较强的通用性,便于公共部门共享最佳实践和标杆比较。[③] 因此,在本章后续的研究中,笔者将整理并

---

① 李瑛、刘少山:《公共部门绩效评估模型》,《东北师大学报》(哲学社会科学版) 2012年第4期。

② 徐艳晴、周志忍:《大部制改革整合评估框架:要素、理念与效用》,《北京行政学院学报》2015年第4期。

③ 刘旭涛、纵向东:《欧盟国家公共部门通用评估框架评介》,《国家行政学院学报》2005年第6期。

综合比较现有的相关领域的典型评价框架,力图为构建本书的评价框架提供一些思路和参考。

(二) 评价框架的性质分析

按评价框架的性质来分,可以将其分为强框架和弱框架;强框架对于传递内容和非传递内容之间有一条明显的边界,各评价维度指向明确、表达清晰;而弱框架则正好相反,在其下的边界则比较模糊不清。[1] 例如,以评估学前教育质量为例,强框架则意味着老师和学生对于课程内容的主动控制程度低、能够自主选择的范围小;弱框架则表明师生对于课程内容的教与学具有较大的调控自由,自主选择的范围较大。

强框架的优点在于其明确具体,具有较强的可操作性;其缺点在于往往表现为刚性,被评价对象基本处在被动的地位,即使是开展自我评价,也必须严格按照预先设计的评价框架实施。弱框架进行评价的优点是具有较大的弹性,因而更能适应多种多样的实践活动,为评价主体的自主性留有更大的选择余地;缺点在于其过于笼统和模糊,容易产生歧义,从而影响评价结果的准确性。因此,在架构评价框架时,需寻求强框架和弱框架之间的有效平衡。

(三) 评价框架的价值分析

评价框架起着统帅或统领的作用,它可以将评价理论、评价方向与具体评价实践有机结合起来,形成一个系统完整的流程图。不仅可以限制评价主体在评价过程中的主观、随意行为,还可以指明评价的方向,为开展评价工作保驾护航,进而保证评价结论的准确、科学。

评价某一对象的绩效情况,需要构建由若干层级、若干数量、彼此具有内在联系的指标组成评价指标体系,并对评价指标加以系统地考评和测量。评价框架的具体化和可操作化的载体表现为评价指标体系。评价指标体系由一系列的指标构成。评价框架是构建具体指标的统帅,能够将一堆松散的、杂乱的、无序的评价指标组合成一个完整的系统。一般来说,评价指标体系主要由 3 个层级构成,包括目标层、准则层和指标层。评价框架囊括一个评价指标体系中所有的评估维度。组成评价框

---

[1] 李召存:《对学前教育质量评估框架建构的思考》,《中国教育学刊》2015 年第 10 期。

架的各个评估维度,既互相联系,又存在区别。每个评估维度所覆盖的评价内容各有不同,且每个评估维度都是评价框架中的一个重要且不可或缺的组成部分。

(四) 评价框架的特点分析

评价框架直接反映了预先设定的评价目的,体现了评价对象的基本轮廓,指明了评价的大致方向。评价框架具有如下几个方面的特征:

1. 系统性与完整性

评价框架的系统性要求其与评价对象的战略目标和绩效评价目的相一致。原因在于:其一,绩效评价的主要目的就是为了引导和帮助被评价对象达到其战略目标和评价其战略目标的实现程度。因此,架构评价框架应根据评价对象的战略目标来设定和选取绩效评价的主要内容。其二,由于评价目的的差异,绩效评价的侧重点自然会有相应的差别,所以设计评价框架也应与绩效评价的目的保持一致。另外,评价框架下的各个评估维度之间也存在一定的逻辑关系,评估维度的设计是对研究对象各个方面有机联系的全盘考虑,而不是杂乱无章的简单罗列。

评价框架是以整体的角度全盘审视整个评价活动。评价框架的完整性体现为各个评估维度在互相独立又不重叠的情况下,能够较为全面系统地反映所要评价的重点内容。在本书所探讨的部门整体支出绩效评价研究中,所有的评估维度既相互制约又相互支撑,共同构成部门整体支出绩效评价框架这一整体,评估维度所反映的评价内容能够最大限度地显示部门整体支出的绩效情况。随着理论研究和实践工作的不断推进,评估框架仍旧具有不可替代性和相对稳定性,但是其下属的具体评价指标并非一成不变。

2. 战略统领性

"评估框架处于战略层面,决定着评价的思路、评价方向、评价内容和价值"。[①] 评价框架的导向性体现为评价框架的架构和使用,会引导评价客体的有关工作人员重视所要评价的内容,并努力朝着评价标准的方

---

① 赵峰、张晓丰:《科技政策评估的内涵与评估框架研究》,《北京化工大学学报》(社会科学版) 2011 年第 1 期。

向前进。评价框架重点关注评价的战略思想和战略目标，是对评价范围、评价方向以及评价内容的系统反映，可见，在开展评价工作时，评价框架必将发挥重要的方向指引作用。就比如作为船长，必须清楚两件事情：一是必须清楚船需要达到的目的地；二是必须清楚怎样才可以行驶至目的地。评价框架就犹如这一船长，必须表明往哪一方向进行评价，怎样才能顺利地到达目的地，从而得到更为客观准确的评价结果。

尤其在评价指标体系的构建过程中，评价框架起着战略规划和主帅统领的作用，直接决定了评价指标设计的方向和指标的质量好坏。评价框架作为一个强而有力的指导框架，它的科学合理与否与后续设计具体指标的质量好坏呈正比例关系。架构一个合理、科学、可行的评价框架，用于支撑和引导如何设计评价指标体系，对于避免指标设计中的盲目和随意，确保指标体系的合理、实用至关重要。在本书的研究中，部门整体支出绩效评价框架是构建部门整体支出绩效评价指标体系的理论支撑与技术指南。通过该评价框架，有利于找出部门整体支出绩效评价的切入点，确定评价的具体内容，保证评价工作的顺利进行。

3. 绩效目标针对性

合理可行的评价框架是根据部门绩效目标或战略目标而架构的，也体现了评价目的的迫切需要，因而显示出绩效目标针对性的特征。绩效评价框架的针对性体现为其能够反映整个评价过程中的关键环节和主要因素，最终得以反映评价对象的总体绩效情况。换言之，架构评价框架应全面考虑评价对象的性质、特征等各个方面，根据评价目的的需要并结合评价对象的实际情况设计评价框架。例如，架构部门整体支出绩效评价框架，需要根据部门整体支出的特征和实际评价目的，有针对性地设计评价框架。由此，部门整体支出绩效评价框架的构建需要体现全过程管理的思想，从而得以清晰反映部门整体支出绩效的数量以及质量要求。实质上，切实可行的评价框架，要全盘考虑主、客观条件，既要考虑评价指标本身的合理性，还需考虑评价过程中相关证据资料的可收集性。如果没有一个合理可行且具有针对性的评价框架，则有可能会导致忽视一些重要的评价内容，或者导致所评价的内容有失偏颇，从而无法正确反映评价对象的绩效状况，最终影响评价结果的准确性。此外，值得一提的是,在设计评价框架时,还应强调与实践的结合,理论上的研究固然至关重要,但是应避免过于理论化,所以应该将评价框架与具体实践结合起来,注重评价框架的实际应用,最大限度地发挥评价的价值和效应,保持评价结果的客观、准确。

二 构建评价框架的方法解析

一般来说,评价框架并不是凭空得来的,而是需要遵循科学的逻辑思路、采用合理的研究方法来进行系统的建构。架构评价框架,无论是逻辑思路,还是构建方法的选择都是多样的。比较常见的构建评价框架的方法有基于某一或某几个相对成熟的理论,经过演绎推导而出;基于实证研究,经过归纳总结得出;根据某一或某几个典型评估模型,综合概况得出;基于管理的因果关系分析,通过解剖管理职能或管理过程得出。在实际设计评价框架时,由于评价对象的不同,所采用的构建方法会有差异,既有运用其中某一方法直接进行建构的,也有同时采用两种或两种以上的方法,取各自优点进行评价框架建构。

(一) 基于成熟理论的演绎推导

基于某一或某几个较为成熟的理论,通过对理论的演绎和逻辑推理得出评价框架,这一方法也可以称为"理论建模法"。根据系统的工作原理或评价对象的具体特征,运用一些已知的、较为成熟的理论、定理、定律和原理(例如能量守恒定理、动量守恒定理、热力学原理、牛顿定理、各种电路定理)推导出描述系统或评价对象的具体模型,这就是理论建模方法。在绩效评价研究领域,经常有学者根据已有的比较成熟的理论推导或者根据相关数据的类型结构,构建评价框架以反映被评价对象的属性特征,并借助这一评价框架构建评价指标体系,进而对研究对象进行评价分析。

理论建模的方法是在借鉴参考已有理论的基础上,通过演绎方法整合出一个合乎逻辑的理论评价框架。在运用理论方法建模时,需遵循简单性、清晰性、相关性、准确性、可辨识性以及集合性的原则。[①] 理论建

---

① 郭齐胜:《系统建模原理与方法》,国防科技大学出版社2003年版,第14—15页。

模者根据评价目的、成熟的理论以及相关数据，结合评价对象的实际情况，通过理论的推演来构建评价框架，并通过可信性的分析，最终得到评价框架。

演绎方法包括演绎推理和以演绎推理为基础的证明和公理方法。① 在本书中所要讨论的演绎主要是指基于演绎推理基础上的演绎方法。"演绎方法就是一般所说的演绎推理，它是前提与结论之间具有必然推导关系的推理方法，它的推导方向是从普遍（一般）向特殊（个别）"②。对待演绎方法，一种是只关心正确的推理形式，而不关心命题内容的真假；另一种是把演绎方法作为证明的手段，即追求前提和结论的真实性以及正确的推导过程的统一。

事实上，在众多研究领域，运用某一基础理论，经过理论推演而得出评价框架或分析框架的例子非常之多。例如，邓明明等（2015）探索构建煤矿工人事故倾向性的分析框架，应用证据理论的建模方法，推导出从生理机能、心理机能以及认知机能3个角度构建分析框架。③ 孙志茹、张志强（2013）按照对基础观点和政策过程映射方式的不同，将基于知识运用理论开发出的评价框架总结为线性框架和多维框架两种类型。④ 何卫红（2011）通过运用生物免疫系统的相关理论，构建了基于免疫理论的企业内部控制框架，从基本制度防线、文化防线和内部持续监督3个方面设计分析框架，为我国企业内部控制的规范建设以及企业自我评价提供新的框架模型。⑤ 李力等（2016）运用知识流动理论，结合个体和网络的视角，从知识输入、知识输出和知识流动网络结构3个方面

---

① 王宪钧：《数理逻辑引论》，北京大学出版社1982年版，第255页。
② 迟维东：《逻辑方法与创新思维》，中央编译出版社2005年版，第77页。
③ 邓明明、吴锋、王军：《基于证据理论的煤矿工人事故倾向预测研究》，《人类工效学》2015年第2期。
④ 孙志茹、张志强：《基于知识运用理论的学术研究政策影响力评价框架研究》，《图书情报工作》2013年第8期。
⑤ 何卫红：《基于免疫理论的内部控制实施与评价框架》，《现代经济探讨》2011年第6期。

构建科技论文学术影响力评价框架。① 周丽丽（2008）结合利益相关者理论，从股东利益最大化、经营者利益最大化、债权人利益最大化、员工利益最大化以及政府利益最大化 5 个方面构建企业价值最大化的绩效评价框架。②

（二）基于实证研究的整理归纳

"由于实证研究者据以检验假设的数据的来源不同，实证研究方法还可以细分为经验的（有时更明确地称为档案的）、实验的、调查的、实地的等研究方法"③。经验研究应用的数据或资料来自经验，如统计资料或报纸杂志等；而实验研究中所得的数据资料来自于研究者自己设计的实验。就经验研究和实验研究而言，在绩效评价框架构建中，更多的是运用经验研究进行框架的架构。此外，问卷调查法、访谈法等研究方法也广泛应用于评价框架的构建以及指标的设计和筛选。

"归纳方法就是根据对某类事物中若干个人对象的考察，而作出关于该类事物一般性结论的思维方法，其思维方向是由个别到一般"④。通过一次次个别的经验的认识，逐渐上升为对某一事物的一般性认识，这个认识的过程，就是归纳推理的过程。对于辩证唯物主义，客观事物是个别和普遍的统一，普遍寓于个别之中，个别又体现出普遍性的特征。通常，人们认识客观事物，基本是从认识个别事物开始，进而总结归纳出事物的普遍性，然后以普遍性为指导，进而更深刻地理解个别事物。经过这种不断的循环往复，使得认识得到不断的深化。从这种意义上来说，归纳的方法就是实现个别到普遍的认识。

在绩效评价实践中，要获得正确的评价框架，从实证研究出发，使用归纳方法总结提炼评价框架的这一理论路径是比较常用的。例如，对

---

① 李力、刘德洪、张灿影：《基于知识流动理论的科技论文学术影响力评价研究》，《情报科学》2016 年第 7 期。

② 周丽丽：《基于利益相关者理论的企业价值最大化绩效评价》，《科技管理研究》2008 年第 3 期。

③ 张朝宓、苏文兵：《当代会计实证研究方法》，东北财经大学出版社 2001 年版，第 13 页。

④ 迟维东：《逻辑方法与创新思维》，中央编译出版社 2005 年版，第 97 页。

于不同部门的部门整体支出绩效评价，共同表现部门整体支出绩效评价的普遍属性。我们认识"部门整体支出绩效评价"这一实践总是从认识一个个不同部门的支出绩效评价开始的，进而总结归纳出"部门整体支出绩效评价"的共同本质和一般属性。当我们具有了"部门整体支出绩效评价"的一般认识之后，就可以总结归纳出合理的共性评价框架，进而更为深刻地认识每一具体部门整体支出的实际绩效。

（三）基于典型评估模型的综合提炼

架构评价框架可以通过选取一个或几个典型的评估模型，对其进行分析评述，并结合评价对象的具体特征和评价目的的需要，综合概括出一个合适的评价框架。该种方法的应用需要建立在已有研究的基础上，也就是说在相同或相近的研究领域，已经提出了相对成熟的典型评估模型。评价框架是通过对已有评估模型的解析、评述、综合、概括得出的。

通常，评估模型是通过大量的研究实践总结提炼而成的，它反映了客观对象的共性和本质特征，是对某一类或几类客观事物共同特征和普遍规律的高度概括。同一评估模型可以应用于相同或相似性质的评价对象的评价中，但可能在评估模型下属的要素结构或具体评价指标等方面有所不同。随着客观环境的变化，以及评价目的的不同，评估模型应该在考评应用和具体实践过程中不断完善。

评估模型具有简单性、可推广性以及可检验性的特征。评估模型映射了评价对象的绩效目标和具体职能，为选择和设计具体指标提供依据和指南。"评估模型既为绩效评估的规范性和稳定性奠定基础，也体现了绩效评估的针对性和灵活性"[1]。原因在于评估模型是由几个较为独立的一级指标（评估维度）构成，因而能依据评价目的的不同，设计针对评价对象的具体指标，为实际评价工作提供合理的指标体系。为构建指标体系，评估模型实际上给出了一个非常简单明了的框架。评估模型的简单明晰，有利于搜集和处理相应数据，也便于筛选评价指标，使得评价指标体系更为精简，有利于评价指标体系的操作和应用。

---

[1] 王玉明：《国外政府绩效评估模型的比较与借鉴》，《四川行政学院学报》2006年第6期。

通过对典型的评估模型的梳理和解析，旨在为构建适合研究需要的评价框架提供经验的借鉴和理论参考。事实上，无论是理论研究还是实践领域，通过采用已有的较为成熟的评估模型来构建评价框架这一方法得到研究者的广泛采用。例如，林逢春、陈静（2006）借鉴国外已有的研究成果，建立由环境守法指标、环境管理指标、先进性指标和生命周期环境影响指标组成的企业环境绩效指标体系，建立了模糊综合指数评估模型。[1]

（四）基于管理过程或管理职能的分解

通过分析管理的因果关系，剖析分解管理职能或管理过程，也是构建评价框架的一种有效方法。了解管理的基本过程，对管理过程中的每一环节实施绩效考评，可以清晰知晓每一环节的绩效情况以及需要解决的问题，从管理的每一环节中找出关键影响要素设计评估维度。或者围绕管理的基本职能抽取出重要的关键要素，形成评估维度，架构评价框架。

在政府绩效评估领域中，比较典型的有西奥多·H.波伊斯特模型，它是基于公共项目运作过程的评价模型，反映了项目的资源、过程、产出和成果间的逻辑关系；美国政府会计标准委员会1994年提出的投入、产出、后果、效率与成本效益4个方面构建的评估模型；荷兰业绩测评工作小组1989年制定的包括投入、通过量、产出和后果4个评估维度的测评公共部门绩效的评估模型。[2]

从管理职能角度入手，通过分解管理中的具体职能，构建评估模型的研究也比比皆是。如美国坎贝尔研究所从财政管理、认识管理、信息管理、领导目标管理和基础设施管理5个方面构建的政府绩效评估模型；罗伯特·卡普兰（Robert Kaplan）和大卫·诺顿（David Norton）提出的平衡计分卡评估模型都属于这种类型。

综上，以上各种构建评价框架的方法，并无优劣、好坏之分，而是

---

[1] 林逢春、陈静：《企业环境绩效评估指标体系及模糊综合指数评估模型》，《华东师范大学学报》（自然科学版）2006年第6期。

[2] 王玉明：《国外政府绩效评估模型的比较与借鉴》，《四川行政学院学报》2006年第6期。

要视评价对象的实际情况和评价目的，选择最适合的方法，从而设计出合理、科学的评价框架。值得一提的是，根据具体评价对象的需要，可能不仅选用其中一种方法，也可能同时运用上述多种方法进行评价框架的设计，但是不管使用何种建构方法，其最终目的都是为了获得与评价对象相适合的、合理的、可行的评价框架。

第二节 相关领域典型绩效评价框架解读

有关部门整体支出绩效评价的研究是一个较新的研究主题。国内理论界和实践领域关于部门整体支出绩效评价框架的构建研究更为少之又少。本节重点阐述同一领域或相近领域的几个较具代表性的评价框架，力图为架构本书的绩效评价框架提供一些启发和参考。

一 已有部门整体支出绩效评价框架阐析

随着部门整体支出绩效评价试点的不断推进，为了给实践工作提供指导，并统一和规范绩效评价工作，财政部制定了一个较具共性特征的部门整体支出绩效评价指标体系。该评价框架是从投入、过程、产出、效果4个维度构建评价框架。与此同时，在部门整体支出绩效评价的实践试点部门，根据所评价部门的实际特征，各实践部门也制定了一些针对本部门的绩效评价框架。

（一）财政部制定的部门整体支出绩效评价框架阐析

2013年《财政部关于印发〈预算绩效评价共性指标体系框架〉的通知》列出了一套部门整体支出绩效评价共性指标体系。在该文件中也明确指出这一评价指标体系是作为一套具有参考性价值的框架模式，目的在于为设置共性指标提供指导与借鉴，但需根据实践试点的实际予以不断改进。即可以选取其中的共性指标，也要针对评价对象的特点，另行设计相应个性指标。

财政部制定的部门整体支出绩效评价框架（如图2—1所示）是基于投入产出视角构建的，包括投入、过程、产出和效果4个评估维度。该评价框架与财政部制定的项目支出绩效评价框架一模一样，只是对于二级指标和三级指标的设计各有不同。下文将详细阐述这一部门整体支出绩效评价框架。

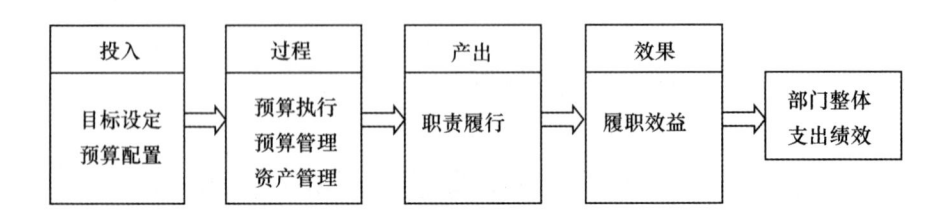

图2—1 部门整体支出绩效评价共性框架模型

关于"投入"维度，主要考察部门的绩效目标设定和财政资金配置情况。为提高财政资金的管理和使用效益，在申报部门的预算时，财政部要求相关部门编制并提交资金支出的绩效目标。因此可以说部门绩效目标直接关系到部门资金的申报数额，一定程度上影响着部门财政资金的预算安排。所以，在此评估维度注重评价部门绩效目标设定和预算配置两个方面。绩效目标的合理性可以通过考核部门整体绩效目标与部门履职、年度工作任务的相符性情况大致得出评价结果。由于部门整体支出主要分为基本支出与项目支出，因而在预算配置环节重点考评的就是所评价部门对人员成本的控制程度、"三公经费"基本情况以及为完成重点工作任务的保障程度，即从人员成本、行政成本和重点项目3个视角可以大致反映预算配置的合理性。

关于"过程"维度，主要是为了考评资金运作过程所产生的绩效。该评估维度是从动态视角来考评部门财政资金运行过程中的实际绩效情况，主要通过预算执行、预算管理和资产管理3个方面得以体现。更进一步说，通过测评预算完成率、预算调整率、支付进度率、结转结余率、结转结余变动率、公用经费控制率、"三公经费"控制率以及政府采购执行率等指标来反映预算执行的绩效情况以及对预算支出的实际控制程度。通过考察部门管理制度的健全程度、资金使用的合规与否以及相关信息的公开性和完善性，得以知晓预算管理的具体情况。通过考核制度、资产运行以及固定资产使用效率程度来反映部门资产管理的情况。最后将预算执行、预算管理和资产管理 3 个方面的实际绩效进行综合，得出过程这一维度的实际绩效。

关于"产出"维度，主要体现为部门的职责履行情况。该评估维度体现了部门资金支出的主要目的和部门绩效目标的实际要求。通过考察部门职责的履行情况能够大致反映部门财政资金支出的产出绩效。一般来说，将部门履行职责过程中实际完成工作数与计划工作数，在规定时限内及时完成的实际工作数与计划工作数，达到质量标准的实际工作数和计划工作数，以及部门年度重点工作实际完成数与交办或下达数等进行比较分析，能够较好地反映部门的职责履行情况。

关于"效果"维度，主要从经济效益、社会效益、生态效益等方面考察资金支出产生的实际绩效。因为政府部门的职能不一，甚至同一部门所履行的职责也可能是各有差异，因此部门财政资金支出产生的实际效益各有不同。在具体的实践评价中，应依据评价对象的实际特征，通盘考虑有可能产生的绩效，从而制定合理的具体指标。值得一提的是，由于不同部门职能的差异，财政资金支出效果会有不同，在这一评估维度下需要另行设计相应的个性化指标。

总体而言，该评价框架是围绕部门财政资金的投入和产出这一逻辑主线构建评价框架的，重点考察财政资金支出的运作过程和结果，是一种非常有参考价值的共性框架模式，对实践试点部门开展部门整体支出绩效评价工作意义重大。

（二）实践领域构建的部门整体支出绩效评价框架阐析

近年来，随着预算绩效管理改革的不断推进，愈加发现项目支出绩效评价难以全面地系统地体现财政资金支出的实际绩效。以部门整体支出为对象的绩效评价能够较大程度地反映各预算部门的职责履行情况和财政资金支出的整体绩效。因此，开展部门整体支出绩效评价试点得到政府有关部门的高度重视，并积极以"试点"的方式推进具体实践工作。对于实践试点部门来说，因其部门职责的不同，部门的绩效目标和评价目的会有所差异，因此需要根据评价对象的具体特点设计评价框架，制定有效的评价指标体系。综合各地区实施部门整体支出绩效评价的试点，可知一些较有代表性的绩效评价框架。

比如，广西壮族自治区的《2013年区直部门整体支出管理绩效综合评价指标体系》，从预算编制、预算执行、预决算管理、绩效评价管理和监督管理5个方面构建区直部门整体支出绩效评价框架。该评价框架是从财政资金预算管理过程出发，结合管理的因果关系，提炼评估维度。这一评价框架主要考察预算资金在每个管理过程中的绩效情况，即从预算编制这一源头开始，重点关注资金支出的整个运作管理过程，侧重于从整体上提升部门的预算编制、执行、监督和管理的能力和水平，从而推动部门更好地完成部门职责履行的目标。还比如浙江省义乌市的部门整体支出绩效评价框架包括预算编制、预算执行、预算管理和预算绩效4个评估维度。但义乌市主要将其用于部门整体支出的绩效自评工作中。

由于在本书的第一章中已经对部门整体支出绩效评价的实践试点进展情况进行了较为详细的阐述，其中也谈到了关于评价框架的内容，为了避免前后内容的重复，在此不再详细阐述各地方政府部门开展整体支出绩效评价实践试点是如何构建绩效评价框架的。本书将现能收集到的实践中采用的部门整体支出绩效评价框架进行综合整理，在表2—1中列出绩效评价实践试点部门所使用的较有代表性的评价框架，并列出所对应的二级指标。总体来看，实践部门主要围绕两条主线构建部门整体支出绩效评价框架：一是直接借鉴财政部的共性评价框架，从投入—产出视角设计评价框架；二是从部门财政资金预算管理的各个具体环节中提炼评估维度，构建评价框架。

表2—1　　　　　　　　部门整体支出绩效评价框架

编号	一级指标	二级指标
1	投入、过程产出、效果	目标设定、预算配置、预算执行、预算管理、资产管理、职责履行、履职效益
2	投入、过程产出、效果	目标设定、预算配置、预算执行、预算管理、资产管理、职责履行、工作成效、社会效益

续表

编号	一级指标	二级指标
3	投入、过程产出、效果	目标设定、预算配置、预算执行、预算管理、资产管理、预算绩效监控管理、职责履行、监督发现问题、工作成效、评价结果应用、结果应用创新、社会效益
4	投入、过程产出、效率	预算配置、预算执行、预算管理、职责履行、履职效益
5	预算编制 预算执行 预决算管理 绩效评价管理 监督管理	编制质量、预算配置、预算绩效目标管理、预算执行、预决算管理、资产管理、预算绩效监控管理、职责履行、绩效评价、履职效益、评价结果应用、监督发现问题
6	部门决策 部门管理 部门绩效	目标设定、决策过程、资金分配、预算执行、预算管理、绩效管理、资产管理、产出、效果
7	预算编制 预算执行 综合管理 履职绩效	根据实际情况设计相应指标
8	部门编制 部门管理 部门绩效	根据实际情况设计相应指标

二 相近领域典型绩效评价框架阐析

通过收集整理目前已有的部门整体支出绩效评价相近或相似领域的研究，笔者发现虽然有关部门整体支出绩效评价框架的研究非常少，但是有关财政支出和项目支出绩效评价的研究文献较多。其中，关于财政支出绩效评价和项目支出绩效评价框架的构建主要集中在以下 4 个方面：一是直接引用财政部门制定的评价框架，从投入产出视角构建评价框架；二是基于平衡计分卡模型，结合评价对象实际，提炼评价框架；三是以"3E"（或增加质量、公平、责任等）评价原则为基础，设计评价框架；四是基于逻辑模型构建评价框架。

(一) 项目支出绩效评价框架分析

《财政部关于印发〈预算绩效评价共性指标体系框架〉的通知》列出了项目支出绩效评价共性指标体系框架。该框架包括投入、过程、产出、效果 4 个评估维度（如图 2—2 所示），它是围绕项目资金支出运作的基本过程建立的。不仅注重对项目资金的投入环节的管理，还特别重视对其使用过程的管理。尤其是在财政资金紧张的情况下，可以实现向"资金管理过程"要绩效的目的。

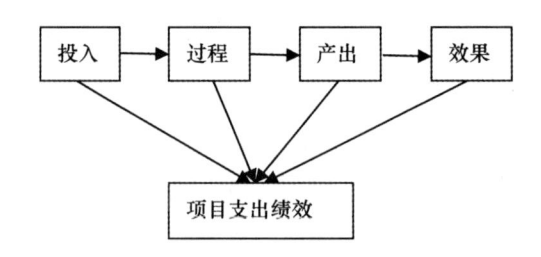

图 2—2　项目支出绩效评价框架模型

政府将财政资金用于开展不同项目活动，为社会公众提供公共产品或服务，从而产生相应的产出和效益。投入维度主要考察项目立项和资金落实的情况，这将测量某一具体项目所耗的各种资源，比如实施某个项目所花费的全部人力、物力、财力的总支出。过程维度则侧重于考评业务管理和财务管理两大方面，重在考察业务管理中制度是否得到有效执行，项目单位对项目质量的控制情况，财务使用过程中是否符合相关的规定要求以及财政资金的使用是否得到有效的监督控制。产出维度将表明所提供公共产品的数量或提供公共服务的服务单位数。在项目产出方面，主要是通过对比项目实际产出与计划产出，项目实际完成时间与计划完成时间，项目产出的达标数与实际产出数以及完成项目的实际成本与计划成本等来评价项目资金支出所得产出。效益维度则体现了项目资金支出最终产生的实际效果，是衡量项目是否达到预期目标的至关重要的评判标准，主要从项目支出所产生的经济效益、社会效益、生态效益、可持续影响以及社会公众或服务对象满意度等方面进行考评。

财政部制定的这一共性指标框架具有重要的指导价值。在绩效评价实践工作中，需要根据具体的绩效评价对象，灵活性地选取能够对其有效考核的共性指标，同时也要依据评价对象的特点，设计有针对性的个性评价指标。事实上，在开展具体项目支出绩效评价研究中，许多研究者在这一共性评价框架的基础上，对其进行了完善或改进，以符合评价对象的实际情况。例如田景仁（2012）根据高校的基本职能特征，从投入、产出、效益、满意度4个维度构建高校项目支出绩效评价框架。[①] 可以说，这类评价框架的设计思路，强调对过程和结果维度的评价，能够为本书构建部门整体支出绩效评价框架提供非常有益的参考和启发。

（二）基于平衡计分卡的评价框架分析

诺顿和卡普兰两位教授提出的平衡计分卡（BSC）在项目支出绩效评价中运用广泛，结合平衡计分卡的顾客、内部流程、财务、学习与成长4个评估维度构建项目支出绩效评价框架（如图2—3所示）。平衡计分卡能够实现财务与非财务之间、结果与过程、短期与长期目标之间等多个方面的有效平衡。

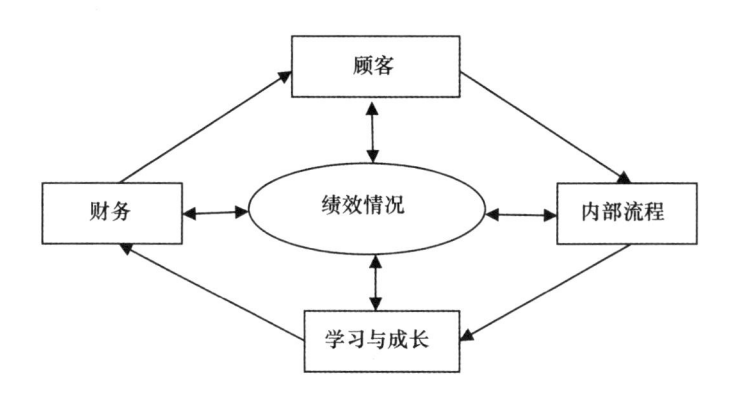

图2—3　平衡计分卡绩效评价框架模型

在具体实践中，根据资金支出的实际情况，也有学者对平衡计分卡进行改进，从而构建新的评价框架。如王淑慧等（2011）对平衡计分卡

[①] 田景仁：《高校项目支出绩效目标及其评审的指标体系构建》，《会计之友》2012年第24期。

的顾客、内部流程、财务、学习和成长4个维度进行改进,从公众、业务、财务和改进4个方面设计项目支出绩效评价框架。① 朱艳苹、尉京红(2013)结合农业支出项目的特点,从财务、受益对象、管理运营、学习和成长层面构建了财政农业支出项目绩效评价框架。② 马乃云、侯倩(2016)应用平衡计分卡构建财政科技经费的绩效评价框架,并设计了一套包括科技投入、科技产出等8个二级指标,财政科技投入额、财政积极投入占GDP的比重等35个三级指标的完整评价指标体系。③

基于平衡计分卡的财政资金支出绩效评价框架,能够从多维度、多视角、多层面设计评价指标体系,从而能够全方位地反映财政资金支出的绩效情况,以实现全面系统评价财政资金支出绩效的目的。

(三)基于"3E"原则的评价框架分析

根据财政资金支出绩效评价的"3E"原则设计相应的评估维度,也是较为常用的一种评价框架构建方法(如图2—4所示)。"3E"原则常被用于资金支出绩效评价中,即从经济性(Economy)、效率性(Efficiency)和效果性(Effectiveness)3个视角构建项目支出绩效评价框架。经济性强调以最少的投入、最低的成本实现预先设定的绩效目标。效率性反映投入与产出的关系,更为强调以较少的财政投入或较短的时间获得最大的产出。效果性则反映了产出与结果间的关系,侧重于评价预设绩效目标的实现程度。在开展具体评价实践时,不能单独片面地分析其中的某一个因素,而是要对三个因素同时进行综合评价,从而得以形成全面准确的评价结果。"3E"原则构成了近代绩效评价理论的重要组成部分,有利于有效控制财政支出,降低政府成本,提高资金使用效益。20世纪80年代,英国将"3E"评估模型纳入财务管理改革中。随后不久,英国将"3E"评估模型运用于架构绩效审计框架。

---

① 王淑慧、周昭、胡景男、李辉:《绩效预算的财政项目支出绩效评价指标体系构建》,《财政研究》2011年第5期。

② 朱艳苹、尉京红:《基于平衡计分卡的财政农业支出项目绩效评价指标构建》,《财会通讯》2013年第14期。

③ 马乃云、侯倩:《基于平衡计分卡方法的财政科技经费绩效评价体系研究》,《中国软科学》2016年第10期。

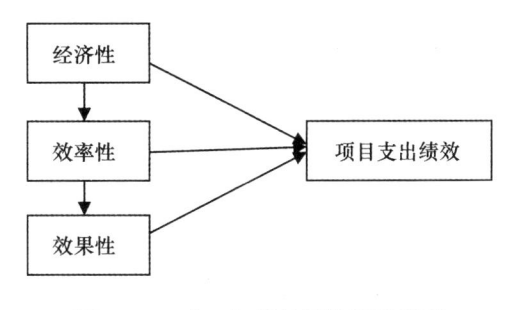

图2—4 "3E"绩效评价框架模型

"3E"模型在项目支出绩效评价中得到广泛的应用。如肖田野等（2008）从经济性、效率性、有效性3个维度构建财政支出项目预算绩效评价框架。[①] 崔军、杨琪（2013）以财政支出绩效评价的"3E"原则为理论依据，结合应急财政支出的特点，选取合理性、效益性、效率性3类共构建19项指标。[②] 房巧玲等（2010）以"3E"原则为理论基础，对其加以改进，从经济性、合规性、资金配置效率和资金使用效率4个方面构建环保部门财政支出绩效评价框架；从合规性、环保效果和资金使用效率3个方面构建环保项目财政支出绩效评价框架。[③] 事实上，以"3E"原则为基础，构建各种类型资金支出的绩效评价框架的例子还有许多，在此不一一列出。

（四）基于模型的绩效评价框架分析

正如上文所述，利用模型的方法构建评价框架，也是一种得到广泛使用的方法。其中，逻辑模型可以为设计绩效评价框架提供参考思路，尤其是基于结果的绩效管理，更是推动了逻辑模型在绩效评价中的广泛应用。

运用逻辑模型的方法来构建评价框架，进而设计评价指标体系，在

[①] 肖田野、张衡、卢进：《财政项目预算绩效评价指标体系的构建》，《财会月刊》2008年第12期。

[②] 崔军、杨琪：《应急财政支出绩效评价指标体系构建研究——基于模糊层次分析法的考察》，《财贸经济》2013年第3期。

[③] 房巧玲、刘长翠、肖振东：《环境保护支出绩效评价指标体系构建研究》，《审计研究》2010年第3期。

绩效评价研究中得到学者的积极响应。吴建南、刘佳（2007）采用逻辑模型从投入、产出、中短期结果、长期结果4个维度设计评价框架，以考评农业财政支出的绩效。① 齐晓娟（2014）运用逻辑模型的基本思想，分析财政支出绩效形成机理，从目标、过程、产出和投入层面设计评价指标体系，用来评价相关财政支出的绩效。② 李文彬、黄怡茵（2016）基于逻辑模型的思想，从"效度—效力—效用"3个方面构建财政专项资金的绩效评价框架。③

由此可知，逻辑模型在绩效评价框架构建中应用广泛。采用逻辑模型构建评价框架有其适用性和优点，考虑到部门整体支出绩效评价的实际特点，本书也将吸取逻辑模型的优点进行评价框架的构建。因此，有关逻辑模型将在下文进行更为详细的阐释。

三　简要评述

对于上述不同种类的评价框架模型，大致遵循以下几种思路设计评价框架：

其一，按照投入—产出的逻辑思路设计评价模型，进而构建评价指标体系。这一逻辑思路主要是从投入—过程—产出—效果这4个维度考察评价对象的绩效情况。如表2—1中部门整体支出绩效评价框架的1、2、3、4类以及项目支出绩效评价框架模型都属于这一类型，都是按照财政资金的投入—产出路径为逻辑主线构建评价框架。二级指标则在评价框架的基础上进行具体细分。项目支出绩效评价强调对评价专项资金的运作过程；而部门整体支出绩效评价的内容和范围则更为广泛，因此二级指标的设计是针对部门全部财政资金的整个运行过程。虽然从投入—产出的视角进行部门整体支出绩效评价符合部门资金运作的逻辑路径，

---

① 吴建南、刘佳：《构建基于逻辑模型的财政支出绩效评价体系——以农业财政支出为例》，《中南财经政法大学学报》2007年第2期。

② 齐晓娟：《基于逻辑模型的矿产资源可持续发展财政支出绩效评价指标体系构建》，《内蒙古大学学报》（哲学社会科学版）2014年第3期。

③ 李文彬、黄怡茵：《基于逻辑模型的财政专项资金绩效评价的理论审视——以广东省人大委托第三方评价为例》，《公共管理学报》2016年第3期。

但是由于部门整体支出并非项目支出的单线运作，必须要从综合的角度对其加以考察，并强调结果导向。仅仅以"投入—产出"为主线设计的部门整体支出绩效评价框架对于部门战略目标和效果影响方面的考评较为薄弱，并未凸显部门战略目标对财政资金支出绩效的战略导向作用，也没有突出结果维度的重要价值。因此，笔者认为仅仅围绕"投入—产出"视角设计评价框架较为单一，无法全面体现部门整体支出的绩效。

其二，遵循战略管理模型的指导思想，以平衡计分卡的"顾客、财务、内部流程、学习和成长"为基础，并结合逻辑分析法构建评价指标框架。实际上，运用这一逻辑思路构建的评价框架较为多样化。部门整体支出绩效评价框架表2—1中的6、7、8类都属于这一类型。该种类型的评价框架都能够反映财务、内部管理、客户绩效等方面的内容，强调以战略目标为导向，所以通过这一思路构建评价框架为本书设计部门整体支出绩效评价框架提供了有益的参考和借鉴。笔者认为如果能够结合部门整体支出的实际特征，改进一些分析维度，注重强调评价资金运作过程和效果方面的指标设计，则会达到更好的评价效果。也就是说，不仅要关注资金实际投入的多少，也应注重对资金管理的测评。在强调财政资金投入的同时强调提高管理过程的绩效，重视支出所产生的实际效果和影响，从而能够更全面地体现财政资金支出的绩效情况。

其三，以管理过程的因果关系为核心构建评价框架。这一逻辑思路是通过对资金管理过程的分解，强调各个部分的因果关系，考核部门预算资金的管理情况。表2—1中的第5类就属于这种类型。这一思路对我们构建部门整体支出绩效评价框架、二级指标的设计都具有极其重要的参考价值。但是由于该种评价框架构建的思路一定程度上忽视了部门战略目标导向以及部门支出所产生的中长期效益方面的考察，因而也存在一些不足。

其四，基于政府管理的价值构建评价框架。例如上述介绍的"3E"评估模型就是此类。这类评价框架要求我们重视对评价对象的经济、效率和效益等方面的考察，在后续研究中还加入了如"公平"等原则。这一评价框架给本书构建评价框架的启示是，在设计评价框架时要重视经济性、效率性和效益性等基本原则和价值。但是总体来说，这种类型的评价框架过于简单，难以全面反映复杂的部门整体支出的绩效情况，因此在实践操作中有很大的局限性。

总之，上述关于财政资金支出的绩效评价框架对构建本书的评价框架具有重要的启发和参考价值。"部门整体支出绩效评价关注专项资金的绩效，也关注资金总量安排的合理性、资金结构与核心职能的匹配关系、资金安排对部门战略目标实现的支持程度"[①]。部门整体支出绩效评价是面向中期和长期的评价，由注重投入转向强调绩效目标、产出和效果，这也体现了政府实施预算支出绩效评价的一大未来发展趋势。部门整体支出的绩效评价，不仅要强调对部门支出的静态的评价，也应从动态的视角考评资金运作的整个过程，将静态和动态结合起来考察，在关注资金静态状况下所产生的绩效，也强调资金动态运行过程中的绩效，从而能够较为全面地考评部门整体支出的实际绩效。

第三节 基于绩效逻辑链的部门整体支出绩效评价框架构建

本节重点探讨部门整体支出绩效评价框架的构建。首先，阐述建构评价框架的指导思想和基本思路；其次，阐明逻辑模型和绩效三棱镜模型；再次，参考已有相关领域典型评价框架的构建思路，结合部门整体支出绩效的特征，重点分析这两个模型对本书构建评价框架的启示；最后，主要对这两个模型加以整合，并吸取其他相关领域评价模型的内容，提炼评估维度，构建本书的评价框架。

一 部门整体支出绩效评价框架构建思路阐释

在绩效评价中，构建评价指标体系的首要且核心的环节就是设计评价框架，部门整体支出绩效评价也不例外。评价框架的构建需要遵循科学的指导思想，理顺逻辑思路，明确构建的基本路径，才能确保框架的

[①] 刘敏、王萌：《整体支出绩效评价指标体系设计方法初探》，《财政监督》2015年第10期。

正确性与适用性。

（一）建构评价框架的指导思想

实施评价并不是目的本身，而是作为一种手段或工具，我们不是为了评价而评价，而是希望借助评价达到某种目的。由此，评价框架的设计应该以解决问题为导向，遵循系统性、灵活性和可行性等指导思想。

首先，构建部门整体支出绩效评价框架时要紧密围绕可能影响部门整体支出绩效的问题和影响因素，尽可能地通过该评价框架解决这些问题。评价框架的建立是为了解决部门整体支出中存在的问题为出发点，以提高部门财政资金的使用效益和提升员工的工作积极性和效率，实现财政资金使用的效益最大化。

其次，部门整体支出绩效评价框架需要遵循一种合理的逻辑解释，既具有系统性又具备一定程度的灵活性，并不是把所有评估维度进行机械的简单拼凑。也就是说，各个子评价模块既能够组成一个科学完整的系统，又具有不同的功能且可以相对独立存在。当评价时间、经费充裕时可以开展整个系统的评价，而当评价经费、时间欠缺时，则可以单独对个别评价模块进行评价。评价框架的设计虽然要尽可能全面地反映影响部门整体支出绩效的因素，但评价只是一种手段，实际上不可能解决全部的问题。因为评价只是一种解决问题的手段，有些问题并不是通过实施绩效评价就能够得到有效解决的。因此，在构建评价框架时，首先需要考虑的是通过某个或某几个评价模块解决原因层面的问题，在评价无法解决这一层面的问题时，再考虑利用其他子评价模块解决更深层次的问题。

总之，部门整体支出绩效评价框架要具有可操作性，评价框架的每一子模块都尽可能地能够解决某个问题，各个子模块之间既相互独立，又共同构成一个完整的有机体。部门整体支出绩效评价框架需要有利于部门财政资金的效益最大化，也有利于促进部门员工职责的履行。

（二）建构评价框架的逻辑思路

在阐释部门整体支出的内涵、特征等理论知识的基础上，参考借鉴理论界和实践领域中已有的典型评价框架的构建思路设计本书的评价框架。这一评价框架要强调以下几个方面：关注部门绩效目标管理；突出部门预算支出运作的内在逻辑，以体现全过程管理思想；强调结果导向和长期影响。"逻辑模型"被广泛应用于公共部门、非营利组织的绩效评价中，它勾勒了某一活动整个实施过程中的各个环节的因果关系，通过逻辑模型可以将部门投入与所得结果联系起来。绩效三棱镜理论则强调战略、流程、满意度等方面的考察。因此，本书尝试将逻辑模型和绩效三棱镜理论模型结合起来，以部门整体支出的目标绩效为起点，遵循逻辑模型方法的指导，强调过程绩效、结果绩效和影响绩效。

也就是说，部门整体支出绩效评价框架设计的基本思路是从绩效三棱镜模型和逻辑模型的分析框架出发，以部门绩效目标为导向，全面考察部门财政资金支出的运作流程、结果和长期影响4个方面。具体而言，是以部门的战略目标为起点，通过找出部门"绩效目标—过程管理—产出效果—可持续影响"这一逻辑链条上的关键影响因素，整理归纳出4个一级指标组成评价框架。

总之，本书评价框架的构建遵循管理的全过程思想，注重事前评价、事中评价与事后评价的有机整合。通过整合逻辑模型和绩效三棱镜模型，强调战略、流程、结果和可持续影响4个方面的考察，从"绩效目标管理—综合管理—产出效果—可持续影响"这一逻辑链条的4个要素构建评价框架。有关这一评价框架的具体构建过程，将在下文进行更为详细的分析。

二 基于逻辑模型与绩效三棱镜模型的启示

逻辑模型和绩效三棱镜模型是两种重要的设计评价框架的模型，在绩效评价中得到广泛应用。本书主要吸取逻辑模型和绩效三棱镜模型的优点，并结合上文所述的典型评价框架的设计思路，构建部门整体支出绩效评价框架，因此下文将重点对逻辑模型和绩效三棱镜模型进行介绍分析。

（一）基于逻辑模型的启示

逻辑模型这一概念最早来源于私营部门的全面质量管理评价，而后在公共部门、非营利组织以及政府部门中得到广泛应用。"逻辑模型作为一种概念化论证项目的方法，是通过一张简单的框图来分析一个复杂项目的内涵和关系"①。逻辑模型将结果、过程与理论假设连接起来，为项目的开展提供了方向和路标，强调项目应该如何按预期工作。逻辑模型体现了整个计划或项目过程中的每一环节的因果关系，因此可以根据事物的因果逻辑关系从中找出那些影响计划或项目绩效的关键环节，以帮助开展绩效评价。在绩效管理中，逻辑模型主要为结果管理提供框架基础，为公共支出绩效管理的多目标管理和设计绩效评价指标提供一般思路。②

运用逻辑模型方法分析问题，使得复杂的问题变得更为简单，更为有条理。在逻辑链上的各个组成部分表明了计划工作与期望结果之间的因果关系。凯洛格基金会（W. K. Kellogg Foundayion）在研究中提出，基本的逻辑模型分为5个部分，如图2—5所示。从图2—5可以看出，基本逻辑模型将某一事件分成投入、活动（过程）、产出、结果、影响5个部分，并尝试找出这五部分间的联系，从而找到投入与产出效果间的逻辑关系。其中，投入是指开展活动所耗的各类资源。活动是指实施活动或开展工作，反映了部门在职责履行过程中的质量控制和执行情况。产出就是指开展活动所得到的公共产品或服务的数量。结果则是指在活动有效期内发生的具体变化，反映了预期目标的实现程度。影响就是活动产生的后续影响，包括短期影响、中期影响和长期影响。不同的逻辑模型，其大小、形状各不相同，处于逻辑链上的每一部分都有其不同的作用。

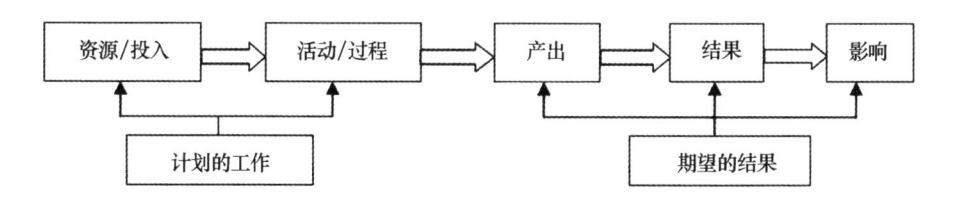

图2—5 W. K. Kellogg Foundayion 逻辑模型

资料来源：参见齐晓娟《基于逻辑模型的矿产资源可持续发展财政支出绩效评价指标体系构建》，《内蒙古大学学报》（哲学社会科学版）2014年第3期。

---

① 吴建南、刘佳：《构建基于逻辑模型的财政支出绩效评价体系——以农业财政支出为例》，《中南财经政法大学学报》2007年第2期。
② 程晓龙：《逻辑模型及其在绩效管理中的作用》，《卫生软科学》2007年第2期。

综合而言，逻辑模型强调分析事物之间的因果关系，尤其注重分析事物之间的逻辑关系。在绩效管理中，逻辑模型可以为基于结果的管理提供有效的绩效评价框架，提供多目标量化管理的思路，并为构建绩效评价指标指明方向和思维框架。由于逻辑模型侧重于结果的管理，通过绩效评价这一手段，强调管理的产出和效果。对于多目标的测量，逻辑模型从投入、产出、效果和影响几个方面构建指标并根据实际赋予指标权重；而且最终的评价结果和持续影响也可以通过量化的评价指标来进行描述。逻辑模型强调对结果端的评价，是对投入所得结果的评价，注重考察产出结果是否达到评价对象的绩效目标要求、是否能够满足社会公众或服务对象的实际需求。通过逻辑模型可以找出投入与结果之间的内在联系，有利于判断各环节间存在的因果关系，了解是何种原因导致何种结果；有助于发现关键问题和评价的切入点，以利于评价框架的设计。

部门整体支出的绩效，不仅反映了部门将财政资金转化为公共产品或服务的效率、效果和质量，也体现了部门职责的履行情况和绩效目标的完成情况。因此，在构建部门整体支出绩效评价指标体系时，除了需要考虑部门的绩效目标、投入、产出及效果的多样复杂外，还需考虑部门财政资金从投入、过程管理、产出和效果整个系统过程中的绩效，从而体现部门整体支出的经济性、效率性和效果性。逻辑模型的因果分析思维可以帮助我们找出部门资金支出与绩效间的内在联系，从而确定具体的考评维度。

逻辑模型从投入—产出的视角提供了一种非常实用的绩效评价框架构建思路，即逻辑模型阐明了从资源投入、过程、产出、结果、影响等多个关键要素及其各要素间的相互关系，为开展绩效评价提供了一种系统的分析框架。逻辑模型为构建部门整体支出绩效评价框架提供了极其重要的启示，借助逻辑模型这一系统的分析框架，我们可以清楚地了解部门财政资金支出绩效产生的内在逻辑，了解绩效产生的各个环节之间的因果关系，确定关键影响因素或主要问题，从而提炼关键绩效指标。通过分析部门整体支出绩效形成的机理，梳理部门预算支出过程中各项管理活动的因果关系，从中找出影响其绩效的关键影响因子，确定评估维度。逻辑模型包括投入、活动、产出、结果和影响5个部分，注重考察投入产出过程的管理，强调结果导向，关注产出带来的后续影响，正好契合了部门整体支出绩效评价考评资金运作管理过程、产出、效果和影响这一逻辑链上各个关键因素所产生绩效的要求。由此可知，逻辑模型为构建部门整体支出绩效评价框架提供了一种适切的理论模型。

在具体使用逻辑模型时，通常采用反向的方式，也就是从战略目标或绩效目标出发，逐步往前追溯产生成果或效果的关键要素，进而提炼评价指标。[①] 逻辑模型实际上是在引导评价主体找出决定部门绩效的关键影响因素，由此，逻辑模型为构建部门整体支出绩效评价框架，寻找关键绩效指标提供了一种有效的思路与方法。逻辑模型及其使用如图2—6所示。

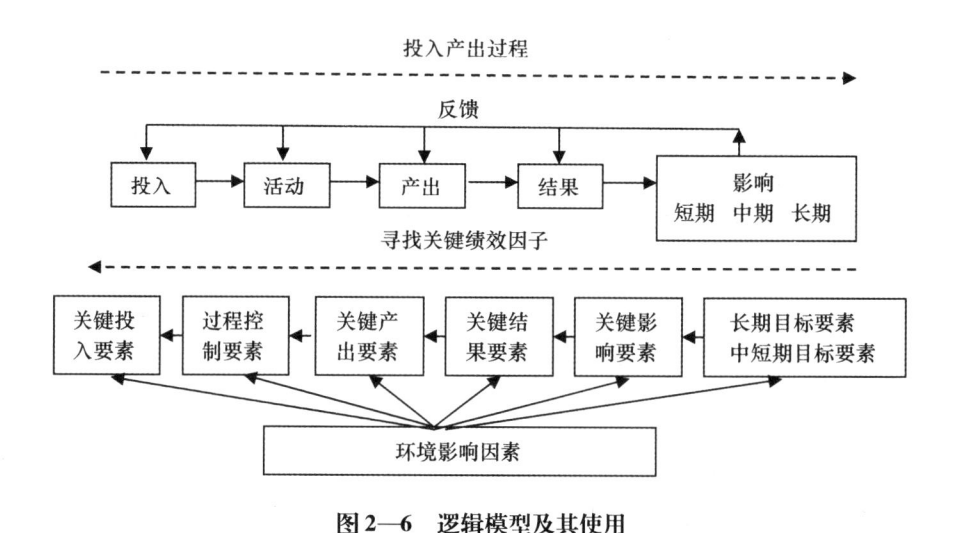

图2—6　逻辑模型及其使用

（二）基于绩效三棱镜模型的启示

绩效三棱镜模型（performance prism）是由英国的安迪·尼利、克里

[①] 张翔：《基于逻辑模型的海外发电运营项目的绩效影响因素研究》，《西安交通大学学报》（社会科学版）2012年第32期。

斯·亚当斯等提出的,绩效棱柱展示的是全面的绩效衡量结构。[①] 它是一种全面考虑利益相关者利益的绩效评价方式,事先在企业绩效评价中得到广泛应用。它将企业股东、顾客、政府、员工、社区等各利益相关者都考虑进去,因而弥补了平衡计分卡只注重员工、顾客与股东的利益的较为狭隘的视野。

绩效三棱镜评价框架构建的基本逻辑是：为实现企业的可持续发展,在清晰了解企业的关键利益相关者以及他们的愿望与需求的基础上,据此制定相应的战略；而后设立合理的流程以保障战略的有效实现；并具备足够的能力以保障流程的顺利执行；最后,企业也需获取各利益主体对企业的贡献,最终实现利益相关者与企业的互惠互利。

绩效三棱镜评价框架模型包括战略、流程、能力、利益相关者贡献度和利益相关者满意度5个方面,共同组成一个三维图形（三棱镜）,如图2—7所示。其中,在三棱镜中,上底是指利益相关者的需求；下底是指利益相关者的贡献；3个侧面分别代表战略、流程与能力。利益相关者的需求是指以企业为评价对象实施绩效评价首先要了解企业有哪些利益相关主体以及他们的需求与愿望。利益相关者贡献是指利益相关者能给企业带来什么有益结果。战略是指企业既要满足利益相关者的需求,也要满足企业自身需求所制定的目标。流程是指企业顺利实施战略所需的过程。能力是指企业需要具备何种能力来保障流程的有效执行。以上5个方面环环相扣,使得绩效三棱镜构成了一个"因果闭环",反映了一种系统思维的精髓,不仅明确结果与影响因素间的逻辑关系,而且可以看清闭环上每一方面对结果带来的影响。[②] 绩效三棱镜模型的5个方面为考察组织的绩效提供了一个全面的综合性评价框架。

绩效三棱镜模型是在明确各主要利益相关者需求的基础上,以最大限度地满足需求为起点,围绕主要利益来制定战略、设置流程、考察能力,从而到达利益相关者贡献这一循环体系的终点。绩效三棱镜的优点

---

① ［英］安迪·尼利、［英］克里斯·亚当斯、［英］迈克·肯尼尔利：《战略绩效管理：超越平衡计分卡》,李剑峰等译,电子工业出版社2004年版,第1页。

② 颜志刚：《业绩三棱镜：一种以利益相关者为中心的业绩评价体系》,《企业经济》2004年第6期。

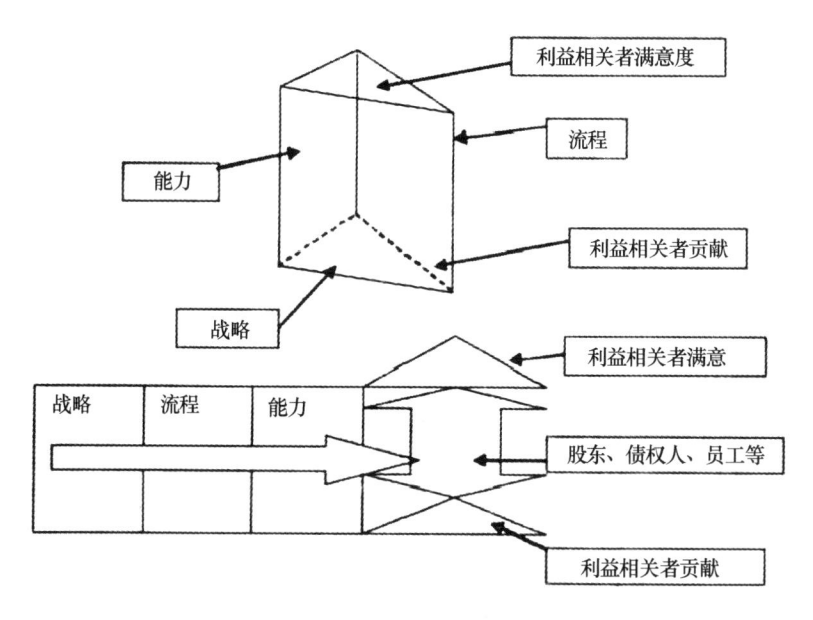

图 2—7　绩效三棱镜结构

资料来源：参见王文艳、姜丽艳《绩效三棱镜：利益相关者价值取向的绩效评价体系》，《财会通讯》2010 年第 6 期。

明显，比如它以主要利益相关者的需求为导向，考虑如何制定满足利益相关者和组织自身需求的战略，从组织的战略、流程、能力、利益相关者需求和贡献 5 个方面构建评价框架，逻辑关系明确且分析透彻，是一个灵活的且能自我完善与改进的开放系统。[1]

绩效三棱镜模型重视对组织战略目标的考核，它的逻辑结构表明：企业追求可持续发展的前提是清晰了解谁是利益相关者及他们的需求是什么，而后制定相应的战略目标，并制定合理的流程以保证战略的有效执行。组织的战略或绩效目标能够帮助其达到特定的、期望的最终目标。在构建部门整体支出绩效评价框架时，绩效三棱镜模型的逻辑思路值得参考和借鉴。众所周知，政府部门存在的理由就是为社会公众提供各类

---

[1] 温素彬、黄浩岚：《利益相关者价值取向的企业绩效评价——绩效三棱镜的应用案例》，《会计研究》2009 年第 4 期。

公共产品或服务，以满足公众的需求，因此政府部门必须在了解社会公众需求的情况下，制定部门财政资金支出的绩效目标。财政资源是政府部门提供公共产品或服务的物质保障，而政府部门的财政资源是有限的，亟须提高部门财政预算资金的使用效益，也就要求政府部门加强资金支出的绩效目标管理。由此，结合绩效三棱镜模型的逻辑思路，在实施部门整体支出绩效评价时，理应对部门绩效目标进行考核，注重测评部门财政资金支出的目标绩效。

事实上，绩效三棱镜模型在绩效评价中不仅重视对战略、结果的考量，也强调对过程及能力方面的相应考量，因此考察的因素较为全面。由于部门预算支出涉及众多的利益相关者，政府部门需以部门绩效目标或战略为工作导向，制定相应的工作流程，并具备一定的能力才能有效实现部门的绩效目标或战略。部门财政资金支出的运作是一个完整的系统，需要加强对资金运作过程的管理和监督。

通常，内因是引起事物发展变化的最本质的原因，政府部门绩效的好坏很大程度上取决于组织内部的管理能力，为测评组织内部管理能力，需要借助评价指标来客观公正地考评内部管理活动。[①] 同理，部门整体支出绩效的好坏也取决于部门对预算资金运作过程的内部管理，理应考评资金管理过程中的绩效。绩效三棱镜模型注重对运作流程的考核，正是部门整体支出绩效评价要求考评资金运作管理流程的较好诠释。部门财政资金运作过程的管理是政府部门向社会公众或服务对象提供公共产品或服务的过程，是实现部门绩效目标和满足社会公众需求的中间环节。资金运作的内部管理是一个装置，借助它才能有效地为社会公众传递服务或产品，以实现预期的绩效。对部门财政资金运作流程管理环节的考评，既能增加财政支出的使用效益，又能节约维持部门运作的行政成本，提高工作效率。

绩效三棱镜模型把利益相关者放在核心的位置，注重考评利益相关者满意度。而部门整体支出绩效评价同样也强调考察社会公众或服务对

---

① 吴建南、孔晓勇：《地方政府绩效评价指标体系的构建：以乡镇政府为例》，《理论与改革》2005 年第 5 期。

象满意度，由此绩效三棱镜模型关于利益相关者满意度的考评为部门整体支出绩效评价在此方面的测评提供了很好的参考。

综上，绩效三棱镜模型在实施绩效评价的过程中，以利益相关者满意度为起点，不仅侧重于结果的考量，也强调应对战略目标、流程、能力等过程进行相应考量，考察的因素较为全面。绩效三棱镜模型的5个维度逻辑关系紧密，是一种静态与动态相结合的系统的综合性评价。绩效三棱镜模型实施绩效考核的侧重点，尤其是对组织战略、流程、能力等方面的测评，为构建部门整体支出绩效评价框架提供了有益的启发。

三　基于绩效逻辑链的部门整体支出绩效评价框架设计

本书设计部门整体支出绩效评价框架，主要是吸取逻辑模型和绩效三棱镜模型各自的优点，从部门整体支出绩效评价的特点与需求出发，重点整合这两个模型，并结合上文所述的相关典型评价框架的设计思路，提炼出关键要素，构建评价框架。本书确定一级指标，并非是对两个模型的简单重合，而是对模型中相应要素的合理选取与改进，最终提炼出绩效目标管理、综合管理、产出与效果、可持续影响4个一级指标。实质上，这4个一级指标存在着某种程度上的层层递进的关系，共同组成了一个逻辑关系密切的循环链条，由此本书将其称为绩效逻辑链。

也就是说，绩效逻辑链是由绩效目标管理、综合管理、产出与效果、可持续影响4个关键要素共同组成的用于评价部门整体支出绩效的一个分析框架，各个要素之间相互关联，环环相扣，从而形成一个不断循环的绩效评价逻辑链条，展示的是全面的绩效衡量结构。由此可知，绩效逻辑链是建立在逻辑模型和绩效三棱镜模型的基础之上，是由4个基本要素构成的一个逻辑关系密切的循环系统，能够将部门整体支出绩效的起点和终点连接起来。关于绩效逻辑链的设计思路、主要依据、组成要素、特征将在下文进行详细阐释。

（一）基于绩效逻辑链的部门整体支出绩效分析框架

绩效评价实质是一种事后评价，因而实施部门整体支出绩效评价注重考察部门支出的产出、效益和长期影响。绩效评价在关注部门预算资金投入和运作流程中产生绩效的同时，也要将注意力转向部门整体支出的目标绩效、结果绩效与影响绩效，以提高部门整体支出的使用效益，规范财政支出管理，进而健全财政管理体系。部门整体支出绩效评价作为预算绩效管理的一种重要手段，能较好地规范部门支出的规模，优化部门支出结构，改善部门支出效益。将部门有限的财政资金应用于部门应尽的职责，用最低的成本最大限度地实现政府目标。实施部门整体支出绩效评价，要立足于政府部门的责任，抓住重点，关注政府部门的实际绩效。强调部门的责任是指政府部门要确保其具体职责履行到位，同时重视投入所产生的其他效益。抓重点是指要从部门复杂多样的工作中找出能够体现其全局，又具有宏观统帅作用的关键维度，不能一味追求微观。评估维度越具有统领作用，越易于操作和理解，对部门工作就越具有导向性。关注部门实际绩效主要是要强调政府部门工作的成绩。

　　本书在参考借鉴已有典型评价框架的基础上，根据部门整体支出的特点和评价目的的诉求，重点对逻辑模型和绩效三棱镜模型加以整合与改进，从而构建评价框架。设计部门整体支出绩效评价框架的逻辑思路是既吸取绩效三棱镜模型强调考评战略、流程管理，也结合逻辑模型重视考察结果及影响，从而提炼一级指标。即在构建评价框架时以逻辑模型为主线，结合绩效三棱镜模型对组织战略和流程考核的重视，从部门绩效目标管理、综合管理过程、产出与效果、可持续影响4个方面设计评估维度。通过清晰地把握部门整体支出绩效的形成机理，把起始端和结果端连接起来，将部门绩效目标、资金运作的管理流程、产出与效果、长期影响这一逻辑链条上的关键因素尽可能全面地纳入绩效评价范围。

　　简言之，本书主要通过整合逻辑模型和绩效三棱镜模型，以部门战略目标为指引灯塔，结合财政预算资金的投入、过程、产出、结果及长期影响等逻辑环节提炼评估维度。即通过对评估维度进行整合改进，聚焦"绩效目标管理——综合管理——产出与效果——可持续影响"这一绩效逻辑链条，架构部门整体支出绩效评价框架如图2—8所示。

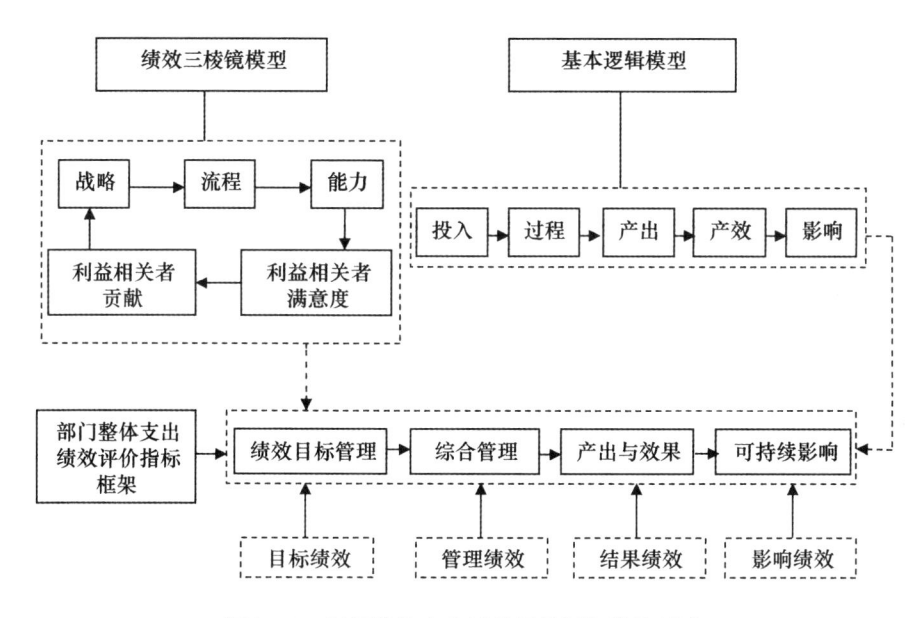

图 2—8　部门整体支出绩效评价框架构建思路

由上可知，本书的评价框架包括 4 个评估维度，分别为绩效目标管理、综合管理、产出与效果、可持续影响。以上 4 个维度共同组成一个全面系统的评价部门整体支出绩效的关系紧密的逻辑链条。

（二）基于绩效逻辑链的评价框架组成要素解析

本书建构的部门整体支出绩效评价框架由绩效目标管理、综合管理、产出与效果、可持续影响 4 个评估维度构成。

1. 绩效目标管理：部门整体支出的目标绩效

绩效目标管理是绩效逻辑链的起点。从时间序列来看，组织的绩效目标包括中短期目标和长期目标。中短期的绩效目标是在相对短的时间内就能实现预先设定的结果或绩效目标，比如部门提供某一公共产品的产出数量或某一公共服务的质量情况等均可以称为中短期目标。部门中短期绩效目标能够为部门工作提供改进方向，引导部门行动。长期绩效目标通常可以理解为部门的战略目标或者使命，是一个部门存在的理由，也可以理解为对部门主要意图的陈述。部门整体支出的最根本的绩效目标是用最效率、最低成本的方式达到部门的绩效目标，优化支出结构，改善资金使用绩效。

部门的绩效目标是部门整体支出的基本导向,是部门履职工作的方向指引。

设计绩效评价系统的目的之一就是为了实施部门的绩效目标,合理的评价框架和评价指标体系应该能够反映部门的整体绩效目标。"绩效目标是实施绩效评价工作的前提与基础,绩效目标的质量直接决定着评价工作的科学性与合理性程度"[1]。"绩效预算的基本特征是有明确的预算支出的绩效目标,根据绩效目标确定预算资金"[2]。部门绩效目标与战略直接影响着部门年度预算资金的申报与配置,对部门预算产生重要的影响。有了财政资金,部门才能有效地安排和展开工作。同时,为了实现绩效目标又需要对部门资金支出进行有效的管理和监控,充分调动预算单位的管理自主权,提高部门员工工作的积极性和努力程度。可以说部门绩效目标的合理与否,直接影响到部门预算的安排与部门员工的实际工作。因此,实施部门整体支出绩效评价应该将部门绩效目标管理纳入考评的范围,强调目标绩效。

2. 资金运作流程的综合管理:部门整体支出的管理绩效

综合管理是处于绩效逻辑链的中间环节,是对部门预算支出的运作管理环节的统称,目的在于简化评价框架模型,同时尽可能地不影响评价结果。财政投入是部门开展工作的物质基础,是保障工作得以有效执行的前提。投入是一个资源输入的过程。开展部门活动时的投入包括人力资源、物力资源、财力资源、时间资源和技术资源等。从部门财政支出的角度出发,部门资金支出绩效理应符合其运作的逻辑路径,即应注重考评投入环节的绩效情况。部门整体支出的主要用途为人员经费支出、"三公经费"支出和项目支出三类,因此需要对部门人员成本、日常行政成本、项目成本等方面的预算安排绩效进行考评,并加强这三类经费支出的管理。由此,在构建部门整体支出绩效评价指标时,应

---

[1] 胡若痴、武靖州:《部门整体支出绩效目标编制优化原则研究》,《财政研究》2014 年第 6 期。

[2] 王淑慧、周昭、胡景男、李辉:《绩效预算的财政项目支出绩效评价指标体系构建》,《财政研究》2011 年第 5 期。

该关注在产出和效果背后所付出的成本和代价。比如,人员经费、专项资金投入、时间、技术以及相应人力资源等。在投入既定的情况下,应该尽可能地追求产出最大化,即"尽最大努力把事情最好"。所以说,强调预算编制环节所产生的绩效是开展绩效评价的重要内容。

过程管理是核心,反映了部门管理工作的过程,是资源输入和结果输出的一个中间过程。管理是资金运作逻辑路径上的一个关键要素。由于资源投入具有一定的稀缺性,投入在某种程度上是有限的,为了提高资金的绩效,通过向"管理"要绩效是一种有效地解决资源投入紧张的途径。预算执行是预算编制的后续环节,相关部门需要采取某种组织方式,制定相应的管理措施对有限的财政资金加以有效执行,才能确保部门工作或项目得以顺利进行。财政资金的投入和管理环节,是资金产生绩效过程的必经之路。通过追踪资金管理过程中产生的绩效,强调对资金支出绩效的动态考察,设计能够反映支出管理水平的指标,能够使得部门整体支出绩效考察的内容更为科学合理。

对于特定的人力、财力、物力等的投入,了解各类资源是如何经过政府部门的内部管理的系统加工,以公共产品或服务的形态提供给社会公众;以及如何通过政府部门的有效处理后,形成有利于当地经济社会发展的中短期或长期效果。因此,只有清楚了解部门整体支出运作管理中各个环节的具体绩效情况,才能更好地提升部门财政支出的实际绩效,找出资金运作管理中存在的问题,从而及时采取相应的措施解决问题。

3. 产出与效果:部门整体支出的结果绩效

在绩效逻辑链中,产出和效果主要是指部门履职工作在中短期内的直接产出和效益两个方面,反映了部门财政支出所产生的实际结果。实质上,实施绩效评价关注的重点应该就是"绩"和"效",也就是评价的关键和重点内容就是绩效本身,这也是对绩效评价这一实践工作最好的诠释。所以说,开展部门整体支出绩效评价,将其产出和效果纳入绩效评价的范围是理所应当的,也是绩效评价工作的基本要求。而且,通过考评部门财政资金的产出与效果,有利于为部门预算编制提供参考信息,进而完善部门财政管理。

关于部门整体支出的产出主要是对部门职责履行情况的考评，效果则体现为部门履职效益的考察。在产出方面，对于每个不同的部门来说，由于其职能的差异等多种原因，导致各个部门的基础工作和重点工作各有不同，所以其部门职责履行情况各有不同。部门整体支出绩效评价不同于企业绩效评价，它是一个讲求内部管理与外部效益、经济因素与政治因素相统一的范畴，所以评价不仅仅反映经济性、效率性和效益性原则，还应注重公平性。在效益方面，各个不同部门效益更是千差万别，大致包括社会效益、环境效益、经济效益等几个方面。因此在产出和效果维度进行具体指标设计时应反映部门的差异特点，设计相应的个性指标。通常，在部门科学有效的投入和管理下，部门整体支出的成效主要体现为公共产品数量的增加、服务质量的提升以及部门职责的有效落实。

4. 可持续影响：部门整体支出的影响绩效

可持续性影响主要是指活动产生的中长期影响，体现为更广泛的经济和社会的未来影响。部门资金支出效益的发挥，可能要在未来很长一段时间才能显现，具有中、长期性的特征。部门整体支出的可持续性影响主要是由支出成效的过渡，从而在相对较长的时间内对部门、社会等各方面带来的间接影响。由于政府部门不同于企业，其提供的某些产品或服务具有一定的特殊性和公共性，可能难以在短期内体现其影响，或许更多地表现为对社会经济等方面的中长期影响。也就是说，部门整体支出的作用或影响通常会存在比较明显的外溢和后效的特点。所以对于部门整体支出的成果方面的测量，不仅要重视其直接的产出和效果，还应考虑其产生的中长期效益，重视资金支出的后续可持续性影响。部门整体支出的可持续性影响主要体现为部门各种能力方面的建设以及部门的长效发展，因此可以侧重考评部门的能力建设以及长效发展等方面，比如部门公共产品和服务的提供能力、部门核心技术竞争能力、人才队伍建设、信息化水平，这些因素都能反映部门整体支出的长期影响。

综上，从绩效目标管理、综合管理、产出和效果、可持续影响4个维度构建评价框架，是一个不断循环往复的绩效逻辑链，能够将部门整体支出的起始端和结果端串联起来,通过考评绩效逻辑链上的"目标绩效—管理绩效—结果绩效—影响绩效",能够较为全面地反映部门整体支出的绩效。由此,由绩效逻辑链上的 4 个要素组成的部门整体支出绩效评价框架如图 2—9 所示。

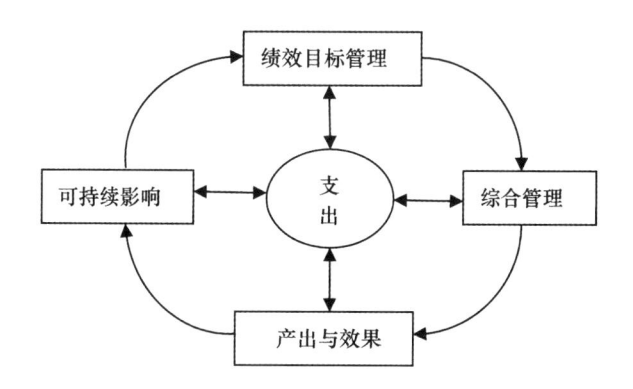

图 2—9　基于绩效逻辑链的部门整体支出绩效评价框架

四　基于绩效逻辑链的部门整体支出绩效评价框架的特征

从本书架构部门整体支出绩效评价框架的过程、组成要素和框架结构来看,该评价框架具有以下两个主要特征。

(一) 基于绩效逻辑链的评价框架是一个逻辑关系紧密的循环系统

通过整合逻辑模型和绩效三棱镜模型组成的部门整体支出绩效评价框架,是一个综合考评评价对象的"目标绩效—管理绩效—结果绩效—影响绩效"4 个构面的完整的绩效逻辑链循环系统。本书所构建的评价框架中的各个评估维度之间存在紧密的联系,共同组成一个不断循环的绩效逻辑链条,能够较为全面地反映部门整体支出的绩效情况。根据系统理论可知,任何一个系统如果有输入就会输出某种过程表现和结果,这种过程的表现和结果一般被称为绩效。"仅仅有输入、输出的开环系统是不稳定的,系统要正常发展还必须具备某种反馈的回路,成为闭环系统"[1]。

---

[1] 吴建南、李贵宁:《教育财政支出绩效评价:模型及其通用指标体系构建》,《西安交通大学学报》(社会科学版) 2004 年第 2 期。

本书的评价框架是由绩效目标管理、综合管理、产出和效果、可持续影响4个评估维度组成的一个联系紧密的绩效循环系统,该系统形成一种有效的反馈回路。通过绩效评价可以将评价所得结果进行综合并反馈给相关部门,从而为部门未来的绩效目标的制定和财政资金配置提供参考信息。

部门整体支出绩效评价框架的构建以资金为主线,强调部门支出的绩效目标,围绕资金使用前、使用中、使用后的各个环节实施绩效评价,这与部门整体支出的运作过程相匹配,也符合部门整体支出绩效评价的基本原理。绩效目标的设定为部门工作指明方向且提供有效的参考依据,是对部门战略目标实现情况的考察。综合管理则是强调资金运作过程中产生的绩效情况,注重资金的内部管理。产出和效果反映了资金支出的产出和效益情况,是部门整体支出绩效考察的重点内容。可持续影响反映的是部门财政支出产生的中长期影响。

总之,从绩效目标管理、综合管理、产出与效果以及可持续影响这4个维度构建的评价框架,形成了一个不断循环的绩效逻辑链的闭合系统,是对部门整体支出实施全方位的、综合性的绩效评价,能够最大限度地反映部门整体支出的实际绩效。

(二)基于绩效逻辑链的评价框架体现了静态评价和动态评价的有机结合

本书结合逻辑模型和绩效三棱镜模型构建的评价框架不仅注重对绩效目标、绩效结果的考核,也重视对绩效产生过程的评价。在绩效评估维度设计时,强调对部门绩效目标、部门支出规模、支出结构以及支出效益等方面的考察,是对部门财政资金支出绩效的静态评价。同时,关注部门资金支出的整个运作过程的考评,体现绩效评价的动态特征。这一评价框架既以绩效目标和结果为导向,又强调过程的监督管理。可以说,基于绩效逻辑链的评价框架是对整体支出绩效的静态与动态评价的融合,因此在具体指标设计时既有体现其静态评价的绩效目标以及结果指标,又有体现其动态评价的过程指标。

简言之,部门整体支出绩效评价框架是一种动态与静态相结合的评价系统。以绩效逻辑链各要素组成的评价框架为基础,设计具体的指标,既有结果类的静态指标,也有过程类的动态指标;既有可以直接量化的指标,也有无法量化的定性指标。从动态和静态两个不同的视角,来构建部门整体支出绩效评价框架,进而设计动静态相结合的评价指标,力求更为全面地反映部门整体支出的实际绩效。

第三章

部门整体支出绩效评价二级与三级指标设计

对部门整体支出绩效的评估涉及诸多方面，其指标的设计也需要综合考虑。本章以问题为指引，着重从 4 个维度的框架出发，探索与部门整体支出绩效相关的变量，试图回答以下关键问题：如何改进部门整体支出绩效，改善公共部门的管理？如何实现公共部门的可持续发展？如何通过部门整体支出实现该部门的公共价值并改善公共部门与社会公众的关系？在这些问题的引导下，本章将尝试通过文献分析法、问卷调查法、实地访谈法、理论分析法等方法相结合设计部门整体支出绩效评价的二级指标和三级指标。

第一节 现有部门整体支出绩效评价指标梳理

有关部门整体支出绩效评价的研究在理论研究和实践领域都处于探索阶段。在理论研究中，关于部门整体支出绩效评价指标体系的研究不多；实践界是以试点的方式推进部门整体支出绩效评价的开展，也构建了一些部门整体支出绩效评价指标体系。但学界和实践界大多是以财政部《预算绩效评价共性指标框架》制定的部门整体支出绩效评价共性指标体系为蓝图设计相应的评价指标体系。下文将分别对学界和实践界较具代表性的部门整体支出绩效评价指标体系中的二级指标和三级指标进行梳理和分析。

一 理论界对部门整体支出绩效评价指标研究

理论界对部门整体支出绩效评价指标的研究非常少。为清晰了解理论界对这一主题的指标研究情况,笔者对探讨部门整体支出绩效评价指标构建的研究文献进行梳理和统计,主要有以下几篇代表性文献如表3—1所示。

表3—1　　　　部门整体支出绩效评价指标代表性文献

编号	代表性文献
1	整体支出绩效评价指标体系设计方法初探
2	绩效指标策略——整体支出绩效评价指标体系的设计法则
3	刍议部门职能、活动、目标、预算的分解与匹配——以X地区安全生产监督管理局部门整体支出绩效评价为例
4	部门整体支出绩效评价工作思路初探
5	完善预算支出绩效评价体系研究
6	X市城市管理和行政执法部门整体支出绩效评价研究

以上6篇文献从指标设计方法、指标设计思路等方面对部门整体支出绩效评价指标进行了相应的探讨分析。这6篇文献提出的评价指标体系框架,有的给出了一级指标和二级指标;有的只给出了一级指标,建议根据实际情况设计具体指标;有的虽然设计了三个层级的指标,但未在文中全部列出;仅有3篇文献以具体部门为例给出了较为完整的部门整体支出绩效评价指标体系,如表3—2所示。

表3—2　　　代表性文献中部门整体支出绩效评价相关指标

编号	代表性文献	二级指标	三级指标
1	整体支出绩效评价指标体系设计方法初探(以教育部门为例构建指标)	预算配置与执行	基本支出预算执行率;项目支出预算执行率;资金安排结构合理性
		资金管理	资金使用合规性
		资产管理	资产管理规范性;固定资产利用率

续表

编号	代表性文献	二级指标	三级指标
1	整体支出绩效评价指标体系设计方法初探（以教育部门为例构建指标）	实施管理	通用制度完备性；在编人员控制率
		职责履行	基础工作完成率；重点工作完成率
		工作成效	教学成果提升情况；科研成果提升情况
		社会效益	学生满意度；教师满意度；社会群体满意度
		能力建设	师资队伍建设；信息化水平；基础教学设施完备性
		长效发展	长效机制健全性
2	完善预算支出绩效评价体系研究（以武汉海事局为例构建指标）	目标设定	绩效目标合理性；绩效指标明确性
		预算配置	在职人员控制率；"三公经费"控制
		预算执行	预算完成率；预算调整率；结转结余率；"三公经费"控制率；政府采购执行率
		预算管理	管理制度健全性；资金使用合规性和安全性；预决算信息公开性；基础信息完善性
		资产管理	资产管理规范性；固定资产利用率
		职责履行	实际完成率；重点工作办结率；完成及时率；质量达标率
		履职效益	安全监管效果；巡航救助效果；船舶管理效果；船员管理效果；行政管理效果
3	X市城市管理和行政执法部门整体支出绩效评价研究	预算配置与执行	"三公经费"变动率；预算调整率；基本支出预算控制率；项目支出预算控制率；"三公经费"控制率；资金安排结构合理性
		资金管理	资金使用合规性
		资产管理	资产管理制度健全性；资产管理规范性；固定资产利用率
		实施管理	通用制度完备性；在职人员控制率；执法行为规范性；执法效率和执法质量
		主要工作职责履行	主次干道和重点地段"四乱"现象的查处率；城市绿化覆盖率等
		社会效益	社会公众的总体满意度；社会公众意见被采纳的比例；群众投诉处理满意率；文明执法情况；公平公正执法情况
		能力建设	高素质城管队伍建设；数字城管系统建设水平；城管基础设施完备性
		长效发展	城市管理理念创新性；城市管理运行机制健全性；城市管理法律法规完备性

结合以上6篇代表性文献可知，目前学界并没有形成统一的、公认的部门整体支出绩效评价指标。学者在评价重点、评估维度、具体评价指标的构成等方面都存在较大争议。通过对上述6篇文献中的二级指标频次进行统计，发现位居前几位的二级指标为资产管理（6次）、职责履行（6次）、目标设定（4次）、预算管理（4次）、预算配置（3次）、预算执行（3次）、社会效益（3次）。由于6篇文献基本都是以具体部门为例讨论部门整体支出绩效指标构建，所以三级指标呈现个性化的特点。

二 实践界对部门整体支出绩效评价指标应用

随着预算绩效管理的逐步推进，一些实践部门积极开展部门整体支出绩效评价试点探索，尝试构建部门整体支出绩效评价指标体系。在具体实践试点中，关于这一主题的指标体系构建也积累了许多成果和经验。因此，下文将收集整理尽可能多的具体实践部门构建的评价指标。

关于实践部门开展部门整体支出绩效评价指标构建方面的信息，尝试通过查找财政部、福建省、江西省、湖南省、海南省、云南省、广东省、江苏省、山东省、四川省、湖北省、北京市、上海市等省市地区的财政厅（财政局）官方网站或使用百度、搜狗等搜索引擎直接查找"部门整体支出绩效评价指标"方面的信息。由于政府网站信息公开的有限性，只获得了江西省、海南省、义乌市、岳阳市、湖南省等地区共20个较为完整的指标体系。其中有15个指标体系来自湖南省不同政府部门的整体支出绩效评价实践，这些指标体系基本相同。因此，经过整理分析，剔除相似度极高的评价指标体系，地方政府实践部门以财政部的共性指标体系为基础，设计了4套较具代表性的部门整体支出绩效评价指标体系，具体的二级指标和三级指标如表3—3所示。

表3—3　　实践界代表性部门整体支出绩效评价相关指标

编号	代表性部门（地区）	二级指标	三级指标
1	财政部	目标设定	绩效目标合理性；绩效指标明确性
		预算配置	在职人员控制率；"三公经费"变动率；重点支出安排率
		预算执行	预算完成率；预算调整率；支付进度率；结转结余率；结转结余变动率；公用经费控制率；"三公经费"控制率；政府采购执行率
		预算管理	管理制度健全性；资金使用合规性；预决算信息公开性；基础信息完善性
		资产管理	管理制度健全性；资产管理安全性；固定资产利用率
		职责履行	实际完成率；完成及时率；质量达标率；重点工作办结率
		履职效益	经济效益；社会效益；生态效益；社会公众或服务对象满意度
2	湖南省文化厅	预算配置	在职人员控制率；"三公经费"变动率
		预算执行	预算完成率；预算控制率；新建楼堂馆所面积控制率；新建楼堂馆所投资概算控制率
		预算管理	公用经费控制率；"三公经费"控制率；政府采购执行率；管理制度健全性；资金使用合规性；预决算信息公开性
		职责履行	重点工作实际完成率
		履职效益	经济效益；社会效益；行政效能；社会公众或服务对象满意度
3	浙江省义乌市	编制依据	职责相关性；重点工作相关性
		编制质量	准确性；规范性；细化程度
		报送时效	及时性
		执行进度	预算执行率；专项资金使用率；结转资金使用率
		预算调整	项目预算调整率
		执行控制	机构运转经费控制率；"三公经费"控制率
		政府采购	政府采购执行率
		制度建设	制度完善性；管理机制创新

续表

编号	代表性部门（地区）	二级指标	三级指标
3	浙江省义乌市	支出管理	资金使用规范性
		资产管理	资产管理完整性；固定资产利用率
		基础信息	信息完善性
		预决算信息	信息公开性
		职责履行	重点工作目标完成率；项目完成率；项目绩效管理有效性
		履职效益	经济效益；社会效益；生态效益；可持续影响；社会公众或服务对象满意度
4	海南省	目标设定	职责明确；活动合规性；活动合理性
		预算配置	部门绩效自评项目占比率；在职人员控制率
		预算执行	预算完成率；预算调整率；支付进度率；结转结余率；公用经费控制率；政府采购执行率
		预算管理	资金使用合规性；预决算信息公开性；基础信息完善性
		资产管理	资产管理完整性；固定资产利用率
		职责履行	项目实际完成率；项目质量达标率；活动关键指标达标率
		工作成效	部门预算绩效管理工作评价
		社会效益	社会公众满意度
5	江西省	部门目标设置情况	目标的明确性；目标的合规性；目标的合理性
		部门预算配置	财政供养人员控制率；"三公经费"变动率；重点项目支出安排率
		部门会计核算管理	预算完成率；预算调整率；支付进度率；结转结余率；公用经费控制率；"三公经费"控制率；政府采购执行率
		部门预算管理	管理制度健全性；资金使用合规性；预决算信息公开性；基础信息完善性
		部门资产管理	管理制度健全性；资产管理安全性；固定资产利用率
		部门履职产出	项目年度实际完成率；项目质量达标率；年度重点工作办结率
		部门履职效果	结果应用创新；服务对象满意度；干部职工满意度

此外，有些部门仅给出了部门整体支出绩效评价的一级和二级指标，如广西壮族自治区、宁夏回族自治区、湘潭县财政局制定的二级指标如表3—4所示。

表3—4　　　实践界代表性部门整体支出绩效评价二级指标

编号	代表性部门	二级指标
1	广西壮族自治区	编制质量；预算配置；预算绩效目标管理；预算执行；预决算管理；资产管理；预算绩效监控管理；职责履行；绩效评价；履职效益；评价结果应用；监督发现问题
2	宁夏回族自治区	绩效管理；绩效目标编报；结转结余控制；"三公经费"控制；制度建设；财务管理
3	湘潭县	绩效目标申报；预算配置；预算执行；资产管理；职责履行；履职效益

由上可知，目前实践界虽然积极开展部门整体支出绩效评价的试点工作，但是关于具体评价指标的设计仍旧各有不同，并没有形成比较一致的看法，有关评价的具体内容和评价侧重点等都存在很大的差异。纵观实践领域已有的部门整体支出绩效评价指标体系，可以看出大多是以财政部的部门整体支出绩效评价共性指标体系为基础进行设计的，如湖南省文化厅、江西省、海南省的指标基本上是对财政部指标的小修小补，而义乌市的具体指标则相对差异更大。通过对部门整体支出绩效评价实践领域资料的大量收集发现，目前实践部门也并未找到一个能够得到广泛推广使用的部门整体支出绩效评价指标体系，但是对这些实践的探索，为我们构建指标体系提供许多有益的参考与启发。

通过对表3—3和表3—4的二级指标进行频次统计，发现频次较高的指标有预算配置（6次）、资产管理（6次）、职责履行（6次）、履职效益/部门履职效果（6次）、预算执行（5次）、预算管理/预决算管理（5次），这些指标是集中从预算管理过程及产出效果方面进行提炼的。三级指标是对二级指标的细化与分解。对表3—3中的三级指标进行频次统计，发现指标次数排前的有预决算信息公开性/信息公开性（5次）、政府采购执行率（5次）、管理制度健全性/制度完善性（5次）、资金使用合规性/资金使用规范性（5次）、社会公众或服务对象满意度（5次）、固定资产利用率（4次）、基础信息完善性/信息完善性（4次）、预算调整率/项目预算调整率（4次）、项目实际完成率/重点工作实际完成率（4次）、预算完成率（4次）、公用经费控制率（4次）、"三公经费"控制率（4次）。

三 关于已有部门整体支出绩效评价指标评析

通常，在不同指标体系中，若某一指标出现的频次较高，那么在一定程度上表明这一指标能够较好地反映被评价对象的绩效情况，也说明了该指标的重要程度。事实上，对指标频次进行统计分析是研究者构建指标体系时选取指标的一种有效途径，这也是本书设计指标的一个重要依据。总之，通过整理已有部门整体支出绩效评价指标，不仅能够发现其中的不足，而且也可以为本书设计具体指标提供非常有益的参考和启发。由此，本书将以已有的部门整体支出绩效评价指标为基础，通过对理论界与财政部制定的部门整体支出绩效评价指标、各实践部门与财政部的相应指标、理论界与实践部门的相应指标进行比较分析，以清晰展现已有的部门整体支出绩效指标的分布情况，这也是本书设计指标的基本起点。

（一）理论界的指标与财政部的指标比较

经过上文对理论界现有的部门整体支出绩效评价指标的梳理发现，与财政部制定的部门整体支出绩效评价指标相比，现今学界关于部门整体支出绩效评价的指标有较多相同的指标，也存在许多不同的指标。

从评价框架来看，财政部是从投入、过程、产出、效果4个方面设计一级指标。在理论界，如张伟（2015）也从以上4个维度设计一级指标，以评价武汉海事局的部门整体支出绩效；也有文献是从投入、产出、效果、可持续影响4个方面设计一级指标，如刘敏、王萌（2015），刘红艳（2016）；还有学者对实践部门运用的一级指标进行归纳，从预算编制、预算执行、预决算管理、绩效管理和监督管理等方面设计一级指标。归纳起来理论界关于部门整体支出绩效评价的一级指标的设计思路主要包括3种类型：（1）与财政部设计的一级指标相同；（2）注重投入、产出、效果维度的指标设计，并强调资金支出的后续可持续影响；（3）从预算管理过程中的各个环节提炼一级指标。总的来说，理论界提供的与财政部不同的一级指标（如可持续影响），是从不同的视角考察部门整体支出的绩效情况，是对财政部已有指标的一种补充与完善。

从二级指标来看，财政部给出的相应指标体系共包括目标设定、预算配置、预算执行、预算管理、资产管理、职责履行、履职效益共7个二级指标。由于二级指标的设计是以一级指标为基础，对其进行细化和分解而成的具体指标。因此，依据不同的评价框架，关于部门整体支出绩效的二级指标，理论界与财政部的相比，有相同的，同时也表现出较多的不同。具体而言，相应二级指标主要包括3种类型：（1）若从投入、过程、产出、效果4个方面设计评价框架，则相应的二级指标与财政部给出的7个二级指标基本相同。（2）从财政部的指标框架中选取部分二级指标，并设计提炼一些新的二级指标。例如，有的文献从财政部共性指标中选取资产管理和职责履行等二级指标，将预算配置与预算执行两个二级指标合并为预算配置与执行一个指标，另设资金管理、实施管理、工作成效、社会效益、能力建设、长效发展等二级指标。（3）若评价框架是从预算管理各环节提炼的，则依据评价对象的特征设计如编制质量、编制依据等相应二级指标。由上可知，理论界制定的相应二级指标，有其合理之处，可以在很大程度上丰富财政部已有的二级指标，并拓展具体指标的设计思路。

从三级指标来看，与财政部的部门整体支出绩效评价三级指标相比，理论界的三级指标则表现出很大的不同，尤其是关于产出、效果及影响方面的绩效考评的具体指标则依据评价对象的不同而呈现个性化的特征。以《整体支出绩效评价指标体系设计方法初探》《完善预算支出绩效评价体系研究》《X市城市管理和行政执法部门整体支出绩效评价研究》这3篇较为典型的代表性文章为例进行比较分析。在《整体支出绩效评价指标体系设计方法初探》一文中与财政部三级指标相同的有资金使用合规性、固定资产利用率、在编（在职）人员控制率等指标，而其他三级指标基本与财政部的不同。比如，基本支出预算执行率、项目支出预算执行率、资金安排结构合理性、资产管理规范性、基础工作完成率等指标都与财政部的不同；在工作成效下设的教学成果提升情况、科研成果提升情况，在社会效益下设的学生、教师、社会群体满意度指标，在能力建设和长效发展下设的师资队伍建设、信息化水平、基础教学设施完备性及长效机制健全性指标更是体现出依据评价对象的具体特点所设计的个性指标。《X市城市管理和行政执法部门整体支出绩效评价研究》一文则综合了财政部与《整体支出绩效评价指标体系设计方法初探》中设计的三级指标，但在实施管理、主要工作职责履行、社会效益、能力建设和长效发展的二级指标下也根据具体评价对象设计了相应的个性指标，如执法行为的规范性、执法效率和执法质量、城市绿化覆盖率、群众投诉处理满意率、高素质城管队伍建设、城管管理理念创新性等个性指标。

在《完善预算支出绩效评价体系研究》中关于投入、过程、产出维度下的三级指标，除了资金使用合规性和安全性、资产管理规范性2个指标与财政部的不同外，其他三级指标都是从财政部的共性指标中选取的；但是关于效果维度设计的如安全监管效果、巡航救助效果、船舶管理效果、船员管理效果和行政管理效果等三级指标则是根据评价对象的实际情况设计的个性指标。

由上可知，关于一级指标，理论界在参考财政部共性指标的基础上，也有新的突破，比如设计可持续影响这一指标，用于考核资金支出的后续长期影响。可持续影响指标的设计思路是考虑到部门资金支出可能在短期内难以达到预期的效果，因而需要考察其带来的长期影响，以全面反映部门整体支出的绩效，笔者认为增设这一指标有其合理性和必要性。关于二级指标，除了财政部已有的指标外，理论界提出的如实施管理、工作成效、能力建设、长效发展等指标都结合了部门整体支出绩效的特征，从不同视角考察资金支出的绩效，以弥补财政部现有指标的不足与缺陷。关于三级指标，理论界用于考评部门整体支出绩效的三级指标与财政部的共性指标存有很大的差异。在理论研究中以具体实践部门为例设计三级指标，不仅从财政部的共性指标框架中选取指标，也根据被评价部门的特点和实际，设计相应的个性指标，尤其是产出效果类的三级指标更是有必要结合评价实际，提炼具有针对性的指标。

(二) 实务界的指标与财政部的指标比较

笔者通过各种方式和途径共收集到实务界有关部门整体支出绩效评价的完整指标体系共20套，经过比对整理发现，其中有15套指标体系基本相同。以上文梳理的实务界较具代表性的部门整体支出绩效评价指标体系为例，将实务部门运用的相应指标与财政部门的指标进行对比可知，大多数实践部门的指标与财政部的指标基本一致，但也存在一些不同的指标。

比如，湖南省文化厅从投入、过程、产出与效率3个维度构建部门整体支出绩效评价框架，而财政部的评价框架包括投入、过程、产出、效果4个一级指标。在二级指标设计方面，文化厅是从财政部的7个二级指标中选取预算配置、预算执行、预算管理、职责履行和履职效益5个指标。关于三级指标的设计，文化厅从财政部选取的共性指标包括在职人员控制率、"三公经费"变动率、预算完成率、公用经费控制率、"三公经费"控制率、政府采购执行率、管理制度健全性、资金使用合规性、预决算信息公开性、经济效益、社会效益、社会公众或服务对象满意度；此外，文化厅还提供了几个新的三级指标，如预算控制率、新建楼堂馆所面积控制率、新建楼堂馆所投资概算控制率、行政效能。总体来看，湖南省文化厅部门整体支出绩效评价的所有指标大多是从财政部的共性指标中选取的，仅有少数几个指标是文化厅依据本部门实际情况设计的，这几个新的指标在某种程度上丰富了财政部的已有指标库。

海南省的部门整体支出绩效评价框架与财政部的一致。关于二级指标，基本上与财政部的指标相同，仅是将财政部提出的履职效益分为工作成效和社会效益两个二级指标，以考察履行职责带来的直接或间接影响。关于三级指标，海南省与财政部相同的指标，可参见表3—3；与财政部不同的是，海南省新设的指标有职责明确、活动合规性、活动合理性、部门绩效自评项目占比率、资产管理完整性、活动关键指标达标率、部门预算绩效管理工作评价等。由上可知，在三级指标设计方面，海南省虽然从财政部共性指标中选取了一些指标，但也设计了新指标，这些指标是对财政部现有指标的修正或补充，可以为改进财政部的指标体系提供重要参考。比如，资产管理完整性是对财政部资产管理类指标的一种有效补充，这一指标通过考察部门的资产保存是否完整、使用是否合规、收入是否及时足额上缴等，可以在总体上反映部门资产的运行情况。

江西省提出的部门整体支出绩效评价指标基本与财政部的相同，但也提出了几个新的考评点。例如，重视考察部门目标设置的绩效，设有目标的明确性、目标的合规性、目标的合理性3个三级指标；还有强调评价结果的应用和满意度评价，设有结果应用创新和干部职工满意度指标。

浙江省义乌市的部门整体支出绩效评价指标与财政部的指标有很大的不同：首先，关于评价框架，义乌市是由预算编制、预算执行、预算管理、预算绩效4个一级指标组成的，这一框架为构建部门整体支出绩效评价指标提供了一种新的思路，它与财政部从投入产出视角构建评价框架不同。其次，关于二级指标，设有编制依据、编制质量、报送时效、执行进度、预算调整、执行控制、政府采购、制度建设、支出管理、资产管理、基础信息、预决算信息、职责履行、履职效益共14个二级指标，与财政部的二级指标存有很大差异。最后，关于三级指标，共设有职责相关性、重点工作相关性、准确性、规范性、细化程度等共27个指标，其中与财政部相同或相似的指标有13个。总的来说，义乌市的这一指标体系是对财政部相应指标体系的一大突破，对进一步改进和完善部门整体支出绩效评价指标体系具有重要的参考价值。此外，还有一些地方政府提出预算绩效目标管理、绩效目标申报、预算绩效监控管理、评价结果应用、监督发现问题等二级指标，强调应该重视考评这些指标所反映的部门整体支出的绩效。

总之，各实务部门的部门整体支出绩效评价指标大多是以财政部的共性指标框架为蓝图设计的，相应的指标大多与财政部的一致，但也存在许多不同的指标。比如，义乌市的部门整体支出绩效评价指标体系，结合了本地的实际情况，从评价框架到具体指标的设计都有很大的不同。事实上，各实务部门在具体评价实践中设计的指标，不仅是对财政部已有指标的充分利用，提出的新的指标也是对现有指标的补充与完善。

（三）理论界的指标与实务界的指标比较

实务部门以试点的方式推进部门整体支出绩效评价实践。碍于评价工作本身的复杂性，现今实务界基本是在各地方政府层面实施部门整体支出绩效评价的实践试点。由此，需要说明的是，这里的实务界在某种意义上是指各地方政府部门。理论界与实务界设计的部门整体支出绩效评价指标存在很多相同的指标，因为理论界的指标大多是对实践领域指标的归纳与总结。比如，刘敏、王萌（2015）就是通过总结梳理各个实践部门的指标，来开展部门整体支出绩效评价指标的理论研究。从这一角度讲，理论界的指标基本是对实务界指标的梳理与归纳。同时，理论界也提出了一些不同的指标，比如，在评价框架中加入可持续影响这一指标，可持续影响类指标是用于考察部门履职工作带来的后续长期影响的，这类指标在实践部门还未得到有效推广，但是此类指标能够有效反映出部门整体支出的绩效情况，因此这类指标有其存在的重要性和必要性。

从上文梳理的实务界关于部门整体支出绩效的评价指标可知，现有指标基本是各地方政府以财政部的指标框架为基础而制定的相应共性指标，比如浙江省义乌市、江西省、海南省等给出的都是地方政府制定的共性指标。事实上，在具体评价实践中，还需根据被评价对象的特征设计反映其绩效的个性指标。与实务界的共性指标比较而言，理论界基本是以某一个具体部门为案例来探讨如何设计具体指标的，因此在指标设计时，会结合被评价部门的实际特点，提炼有针对性的关键个性指标。尤其是关于产出效果类的指标，理论界大多会融合被评价对象的具体特征设计相应的个性化指标，这类指标具有很强的针对性和个性化特点。通过梳理学界对部门整体支出绩效评价的研究情况可知，理论界构建的此类指标体系分为共性指标和个性指标两大类。也就是说，既包括从地方政府或财政部的共性指标中选取的指标，也包括依据其自身特征制定的个性指标。

（四）小结

综上，各地实践部门的评价指标是以财政部制定的共性指标体系为基础而设计的。已有评价指标的设计是以部门财政资金为主线，围绕预算资金的使用前、中、后的绩效表现进行评价的，这与资金运作的基本过程相匹配，也符合部门预算支出绩效评价的基本原理，充分体现了已有评价指标体系的合理性。理论界提出的部门整体支出绩效评价指标既吸取了各地方政府或财政部的共性指标，也提炼出具有针对性的个性指标。

本书认为现有的部门整体支出绩效评价指标，未能较为全面地反映出部门整体支出的绩效情况。比如，对一个部门整体支出的绩效评价理应重点测评该部门战略目标的实现情况，强调目标绩效，以绩效目标为驱动力，进而对绩效过程管理和绩效结果展开评价，从目前实践来看，虽然也有部门提出测量"目标设定"的绩效，但是对部门绩效目标管理方面的考察并未被纳入重点评价的范围。又比如，财政部的评价指标很多是对财政资金运作过程实施评价，强调微观视角的财政支出效率评价，而忽视了宏观层面的绩效评价。注重财政资金投入管理过程的评价固然重要，但是这只是财政资金实现"绩效"的途经之路，并非期望的最终"绩效"，所以实施评价的重点理应是绩效本身，而不仅是过程。还比如，由于政府部门提供公共产品和服务相比私人部门而言，具有很大的不同，有些产出和效益难以在短时期内得到体现，因此"项目后续运行及成效发挥的可持续影响因素"[1] 也应该作为部门整体支出绩效评价的一个重要组成部分，事实上已有学者（刘敏、王萌，2015）意识到此方面的重要性。因此，本书接下来的研究将以第二章构建的评价框架为基础，以已有指标为参考，结合调查访谈、文献分析等设计部门整体支出绩效评价的二级与三级指标，以求得到更为完善、适用的评价指标体系。

第二节 绩效目标管理维度下的指标设计

一 指标开发思路：战略导向

"引入战略性绩效管理以控制行政成本及体制内消耗是当务之急，把行政管理支出的绩效管理上升到战略角度更是遏制无限制铺张浪费与

---

[1] 上海闻政管理咨询有限公司：《财政支出绩效评价个性指标设计思路研究》，《财政监督》2017年第10期。

'三公消费'的迫切需要。"① 战略性绩效管理以赫尔曼·阿吉斯为代表，他认为："绩效管理是一个识别、测量和开发个人及团队绩效，并使其与组织战略目标保持一致的可持续过程。"②

随着预算绩效管理的推进、财政收支矛盾的凸显，以战略为导向的绩效目标管理将成为落实财政管理、提供财政资金支出效益、促进财政精细化管理的一种重要方式。"绩效目标管理要求部门树立绩效理念，注重投入产出分析，明确经济、社会和生态效益，保证财政支出精细化、科学化管理。"③ 从部门战略管理的视角来看，部门绩效是依据部门设置的目标而对战略成果的评价，其中部门目标是在部门的使命、职责、愿景、价值观的基础上产生的。④ 将战略性理念嵌入部门绩效目标的设定中，将有利于促进部门预算支出效益的提升，监督部门工作的有效执行与责任的落实。

借助战略性绩效管理工具能够实现组织战略目标与绩效管理的有效联结，将战略目标逐渐转换成各级的绩效指标。"绩效评价缺乏战略导向将直接导致政府部门的工作思路不清，将绩效指标看成是组织的负担而非发展动力"。⑤ 现今，目标管理、平衡计分卡以及关键绩效指标是较为常用的3种战略性绩效管理工具。目标管理是以上3种工具中出现较早的，容易理解和操作，因此目标管理在我国政府绩效评估中也到了广泛的应用，其中源于这一思想的"目标责任制"更是受到实践部门的好评。目标管理强调对部门财政支出的目标责任考核。

著名管理学家彼得·德鲁克是目标管理理论的主要代表人物，他认为应该通过设置绩效目标来控制和引导管理者的行为，可以借助财务指

---

① 韩锋、孙建丽：《我国公共行政支出的战略性绩效管理初探》，《理论导刊》2010年第6期。

② [美] 赫尔曼·阿吉斯：《绩效管理》，刘昕、曹仰锋译，中国人民大学出版社2008年版，第2页。

③ 马超：《试论在预算绩效目标管理中如何有效构建绩效指标体系》，《中国注册会计师》2012年第9期。

④ 参见王艳艳《论战略性绩效管理的理论基础》，《商业研究》2012年第3期。

⑤ 方振邦、鲍春雷：《战略导向的政府绩效管理：动因、模式及特点》，《兰州学刊》2010年第5期。

标逐级分解绩效目标，进而通过监控指标来实现管理的目的。[①] 目标管理作为一种综合的管理系统，它突出目标，以全面的方法，将诸多关键管理因素相结合，多角度出发，充实行动，从而有效且高效地达到目的。[②] 目标管理主要包括目标设置—目标实施—目标控制—目标考评 4 个基本环节，其中目标设置和目标控制对目标的有效实施和最终结果的实现发挥着极其重要的影响。由于部门实施绩效目标应围绕预先设定的绩效目标逐次开展，而目标控制是促使目标实现的重要途径。统一的目标设置、目标实施、目标控制和目标考核的目标管理理论为开展部门整体支出绩效评价提供了适切性的理论基础。

二 三级指标设计：注重目标绩效

（一）目标设定：从目标设置理论谈起

目标设置理论是由美国行为学家 E. A. 洛克提出的，这一理论指出在目标设置时应遵循以下几个原则：目标是具体的、明确的；目标虽具有一定的挑战性但能够实现；必须全力以赴，努力达成目标；要有定期反馈等。明确的、具体的目标要比模糊而又笼统的目标产生更好的绩效。[③] 关于目标设置的系列研究表明，目标对组织绩效产生影响主要借助以下 4 种机制：目标指引功能、动力功能、目标影响坚持性以及通过知识和策略的唤起，发现或使用而影响行动。[④] 洛克等提出的目标设置理论的基本元素和高绩效循环模式如图 3—1 所示。

由图 3—1 可知，目标的明确度和困难度直接影响组织成绩的发挥，且由目标到成绩还受方向、努力、策略、目标重要性、任务复杂性等多

---

① 参见罗彪、郑姗姗《国外管理控制理论研究脉络梳理与模型评介》，《外国经济与管理》2011 年第 4 期。

② 参见［美］海因茨·韦里克《卓越管理：通过目标管理达到最佳绩效》，李平等译，成都电讯工程学院出版社 1988 年版，第 21—23 页。

③ G. P. Latham, E. A. Locke, "Self-regulation through Goal Setting", *Organizational Behavior and Human Decision Processes*, Vol. 50. No. 2, Dec. 1991, pp. 212 – 247.

④ 参见杨秀君《目标设置理论研究综述》，《心理科学》2004 年第 1 期。

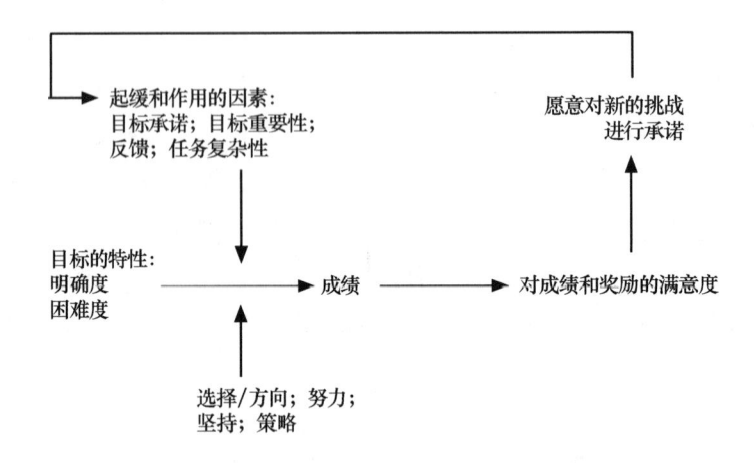

图 3—1　目标设置理论的基本元素和高绩效循环模式

资料来源：参见杨秀君《目标设置理论研究综述》，《心理科学》2004 年第 1 期。

种因素的影响。目标具有明确度和难度两个基本属性。[①] 从目标的明确程度来看，目标可以是具体的、明确的，如"请用公务卡支付机票费"；目标也可以是笼统模糊的，如仅告诉部门员工"请不要挪用项目支出经费"。清晰明确的目标能够使人清楚地知道如何去做，应该付出多少时间和努力去实现目标。而模糊笼统的目标却不利于个人行为的发挥与评价。由此，一个组织或部门设置的目标越明确越好。目标设置理论是一种过程型的激励理论。明确清晰的目标具有激励作用，可以降低个人行为的随意性和盲目性，从而提高工作的效率。与此同时，目标的明确程度对组织的整体绩效也会产生极其重要的影响。一般来说，如果目标明确且清晰，那么个体的绩效改变不大；如果目标较为笼统模糊，那么个体的绩效改变就会增大。造成这种变化的原因，主要是因为模糊不清的目标，容易误导个体的行为，从而带来不确定性结果。

从目标的难易程度来看，目标可以是很难的或者基本不可能完成的，

[①] E. A. Locke, D. O. Chah, D. S. Harrison, "Seperating the Effects of Goal Specificity from Goal Level", *Organizational Behavior and Human Decision Processes*, Vol. 43. No. 2, Feb. 1989, pp. 270–287.

如"请在10分钟内完成20道简答题""请在10分钟内完成100道简答题";目标也可以是容易的或中等的,如"请在10分钟完成10道选择题""请在30分钟内完成6道简答题"。实际上,目标的难易程度是相对的,也取决于目标与个人的关系,同一目标对于某人是容易的,而对于另一人可能是困难的,这也受个人经验与能力等多种因素的影响。研究表明,在目标可实现的情况下,目标越难,绩效越好。

当把目标难易程度与明确程度两者结合时,当通常所设定的目标具有一定的难度和挑战且清晰明确时,最有利于部门整体绩效水平的提高。因此,对于部门整体支出的绩效目标设计需要解决好以下两个主要问题:一是尽可能地提高目标的明确度;二是处理好目标的难度问题。实际上,决定部门绩效目标设置除目标明确性、目标难度选择外,部门能力、社会公众的意见、环境因素、自我效能、归因、反馈、竞争、激励等多种因素也都会产生影响,目标设置是所有这些因素一起发挥作用的结果。[1] 因此,在设置部门整体支出绩效目标时,关键是要厘清对目标设置产生影响的因素及其部门内部的实际要求,科学合理地选择制定部门的绩效目标。

绩效指标是反映政府部门绩效情况的具体内容和载体,绩效目标则是判断政府绩效情况的重要标准。"目标设置是激励雇员绩效的一种简易、直接和高效的技术;若制定的目标不公平、专断或无法达到,则会导致不满情绪和低绩效。"[2] "设定绩效目标是通过相互沟通,确定各个绩效指标的目标值;在确定绩效目标时,需要结合过程的管理,考虑各个相关方对过程的要求。"[3] 可以说,目标设置的合理与否直接影响部门整体支出绩效目标的实现程度。因此,在部门整体支出绩效评价环节加强对目标设置的评价和考察有着非常重要的意义。

目标设置对部门绩效会产生直接的影响,可以用以下模型来表示,

---

[1] 参见魏四新、郭立宏《我国地方政府绩效目标设置的研究——基于目标设置理论视角》,《中国软件科学》2011年第2期。

[2] [美] G. P. 拉西母、E. A. 洛克:《目标设置理论》,《企业管理》2000年第9期。

[3] 张铭、楼俊尚:《基于过程模式的电力企业绩效管理体系构建》,《华东电力》2014年第11期。

如图 3—2 所示。

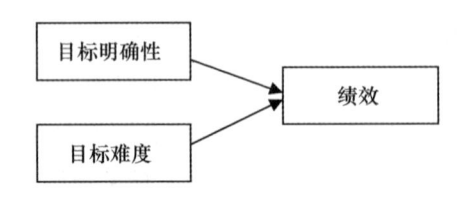

图 3—2　目标设置理论的基本模式

资料来源：张美兰、车宏生：《目标设置理论及其新进展》，《心理学动态》1999 年第 2 期。

（二）目标控制

目标控制思想是由彼得·德鲁克首先提出的，这一思想提出了一种将组织总目标分解为部门和每个员工的具体目标并通过对具体目标实现过程控制的有效途径。通过实施目标控制，可以有效反馈绩效目标设定，并对目标进行调整或调节。目标控制事实上是政府部门实施内部控制的一种常用的有效方式，是实施部门绩效目标的一个重要工具。目标控制是以实现组织的绩效目标为最终目的的。

"财务理论界和实务界所广泛研究和使用的预算管理系统实际上是目标控制的一种现代形式。"[①] 为合理有效地安排预算，政府要求预算部门将本部门的绩效目标与预算结合起来，部门制定的绩效目标需要通过上级主管部门或财政部门的审核批复，才能得到相应的预算资金。对于政府部门来说，部门的预算其实就是预先设定的目标，部门管理者通过预算管理系统将部门的决策目标和资源配置情况以预算为载体得以量化，并通过这一系统影响部门的每一员工使目标得以实现。

现今，我国政府大力倡导实施部门绩效目标管理，主要体现为加强对部门绩效目标申报的监督审核以及目标实行过程的监督控制，即通过将部门绩效目标与整个部门的预算安排紧密联系在一起，强化资金运作过程的监控，以最大限度地发挥部门财政支出的绩效。将部门绩效目标

[①] 赵保卿：《基于价值链理论的目标控制》，《北京工商大学学报》（社会科学版）2004 年第 2 期。

融入部门预算编制的各环节中，实现绩效目标与预算编制申报、审核与批复的同步进行；同时加强对绩效目标运行过程的监管，定期分析目标完成情况，并及时反馈给相关部门。[1] 建立部门绩效目标申报机制和绩效运行监控机制，是实践部门重视目标绩效、加强绩效目标管理的重要举措。

第三节 综合管理维度下的指标设计

一 二级指标设计：以管理过程为核心

"管理控制是绩效管理的理论基础，而绩效管理是管理控制的主要实施手段。"[2] 管理控制的思想很早就在管理学中得到了体现，法约尔在1928年首先提出控制是组织的基本职能。学术界关于管理控制理论的研究思路较为统一，主要是对组织战略目标的实现过程进行控制，从投入、产出与过程等多个角度展开。罗彪等（2011）人经过对文献的梳理发现，管理控制理论先后形成了目标导向、过程导向与因果关系导向三个研究范式，并指出一般管理控制模型如图3—3所示。[3] 其中，戴明主张过程导向，他提出的全面质量管理理论是通过构建一套完整的控制系统，设计若干关键控制节点来监督和规范员工行为，从而保证绩效产出过程得到全面的控制。

由图3—3可知，从输入到输出，需要对过程环节加以监督控制，进而得到最佳的结果，实现组织的战略目标。即管理者通过对员工工作行为或运作过程的影响与控制，使最终结果与组织战略目标实现最好的匹配。管理控制研究将"人—行动—目标"置于同一框架中，目的是为了实现组织的战略目标。所以说，加强对输入运作过程的管理监督对实现组织绩效目标来说是一个非常有效的手段。

全面预算管理是管理控制理论研究的一个重要控制工具。预算管理

---

[1] 参见夏先德《全过程预算绩效管理机制研究》，《财政研究》2013年第4期。
[2] 岳玲：《管理控制和绩效管理关系的文献综述》，《改革与战略》2010年第3期。
[3] 参见罗彪、郑姗姗《国外管理控制理论研究脉络梳理与模型评介》，《外国经济与管理》2011年第4期。

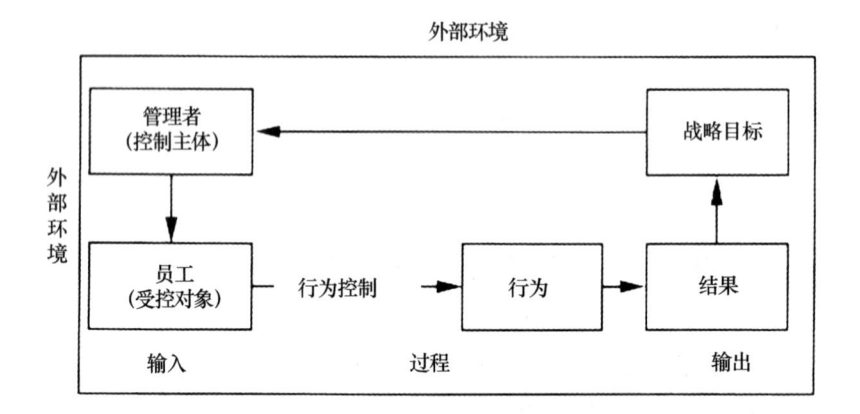

图3—3 管理控制基本模型

资料来源：罗彪、郑姗姗：《国外管理控制理论研究脉络梳理与模型评介》，《外国经济与管理》2011年第4期。

对政府财政管理意义巨大，有利于规范政府的整体财政收支行为。预算管理是一种管理控制体系。支出控制、公共财政资源配置以及优质的预算管理是政府部门预算管理的3项主要目标。[1] 对于政府部门而言，预算管理正是通过设计一整套的控制体系来规范约束部门行为，以实现部门的绩效目标。控制在预算管理体系中主要有两种类型：内部控制和外部控制。外部控制是部门外界对预算执行过程的控制，通常是上级对下级的控制；内部控制则是本部门对自身预算执行过程的控制，比如通过组织各级责任部门参与预算的制定过程让其了解预算，从而使其在预算执行过程中更好地发挥主观能动性。"由于预算管理系统必须对公款的使用和结果负责，预算管理中的受托责任机制包括两个层面：内部受托责任和外部受托责任。"[2]

"我国现阶段政府预算的编制、执行和监督等环节仍存在诸多现实

---

[1] 参见刘有宝《政府部门预算管理》，中国财政经济出版社2006年版，第51页。
[2] 王雍君：《公共预算管理》，经济科学出版社2010年版，第17页。

困境，需要从优化政府预算管理过程的视角探索行政成本的治理测量。"① 政府部门的预算管理流程主要包括预算编制、预算审批、预算执行以及决算监督审查和评估四个环节，在预算管理中，预算编制是起点，预算审批是法制基础，预算执行贯穿始终，决算监督审查和评估是对预算管理合规性和绩效的评定，是管理周期的终点。② 衡量预算管理全过程的绩效，包括预算编制过程、预算执行过程、预算调整过程等。通过考评政府预算管理的主要流程，可以有效监控预算支出的绩效运行情况。故此，对于本书的综合管理维度二级指标的设计，主要是从部门预算运作流程的视角出发，强调预算编制、预算执行、支出管理、资产管理等主要管理环节的绩效。在本章第一节我们对已有的部门整体支出绩效评价指标的整理统计分析，也可以清晰地了解到从预算管理流程提炼二级指标是一种常用的有效方式。比如部门预算编制、预算执行、资产管理等都是在已有部门整体支出绩效评价指标体系中出现频次较高的指标，这也表明了从预算管理流程视角设计二级指标这一思路的正确性。

具体来说，预算编制是预算管理的前提和起点，集中体现了部门的绩效目标，是政府部门战略目标的具体化。实现合理的预算编制，是对政府资源进行优化配置的表现，有利于实现部门的绩效目标。预算编制完成后，必须确保预算的有序执行，才能保证部门财政支出绩效的最佳发挥。预算执行作为预算管理的一个不可缺少的环节，还必须以部门绩效目标、绩效指标等为标准对其进行严格的监督控制。预算执行和控制是整个预算管理工作的核心环节，需要整个部门员工的通力合作。

以绩效为导向的财政管理的基本理念是将绩效理念嵌入预算编制、预算执行以及监督管理的整个资金运作流程中，通过强化财政支出管理，实现资源的优化配置，控制政府行政成本，提高公共服务和产品的水平与质量。部门整体支出主要由基本支出和项目支出组成。日常公用经费

---

① 王家合、伍颖：《我国当代行政成本测度与治理——基于政府预算管理的视角》，《新视野》2017年第3期。

② 参见王秀芝《从预算管理流程看我国政府预算管理改革》，《财贸经济》2015年第12期。

和人员经费共同组成基本支出。根据公用经费的特点，人员经费主要分为工资福利性支出以及对个人和家庭的补助等，日常公用经费主要分为商品和服务支出、其他资本性支出等。由于人员经费相对固定，基本上属于不可控的固定成本，因此，在资金支出管理环节，对可控的资金支出类型进一步细分，可以将其分为"三公经费"支出管理、日常公用经费支出管理和项目支出管理3种主要类型。强化对部门财政支出的管理是控制政府部门行政成本，改善资金使用绩效的一种重要手段。

已有的资产也是部门拥有的一种重要的资源。现今一些政府部门仍旧存在"重资金、轻资产"的现象。由于一些部门不重视对资产的合理管理，造成部门的资产管理职责不清、分工不明，使资产管理工作很难落实。通过合理地结合资产管理与部门的预算管理，能够有效地改变这种局面。实际上，已有的实践经验表明，两者的有效结合能够改善部门资产的配置效率与效益，也有利于减少政府部门的运行成本，是提高财政管理水平的必然选择，也是建设节约型政府和阳光政府的重要手段。[①] 由此可知，加强部门资产管理，也是促进部门绩效目标实现的一个重要环节。

二 三级指标设计：分解管理活动

关于综合管理维度三级指标的设计，是对关键的管理活动进行细化和分解。即是对预算编制与执行、"三公经费"支出管理、日常公用经费支出管理、项目支出管理以及资产管理等二级指标的具体细分。

（一）预算编制与执行的三级指标开发

预算编制与预算执行两者都是部门预算管理不可或缺的环节，对部门整体支出绩效的发挥起着决定性的作用。

1. 预算编制的完整与信息公开

部门的预算编制是预算管理过程中的一个重要环节，要求考察整个部门资源的过去使用情况，分析目标的实现及其成本，并通过调整和政

---

① 参见林瀚文、林火平《行政事业单位资产管理与预算管理相结合的思考》，《求实》2010年第5期。

治协调，为职能部门在未来预算期间内，分配新的资源。部门预算是由政府各部门编制，经全国人大或财政部门审核通过的反映一个部门所有收支的预算。预算编制的主要功能包括控制公共资源、制定未来资源配置计划和管理资源。① 编制部门预算主要是为了加强和优化政府公共财政支出管理。为保证预算的稳定性，预算编制要提高预见性和计划性，不轻易调整。②

"部门支出要求各部门根据国家现有的政策与规定，测算出本部门的人员经费和公用经费；并按照预算年度所有因素和事项，分清轻重缓急测算各类项目支出需求。"③ 通过核准本部门的人员编制、工资福利标准，调整和核实各种定额，明确收费和支出标准，核准各项基本数字，以保证部门预算的准确性、统一性、完整性和全面性。一个部门要明确预算编制的范围，明确所有支出的明细（按部门支出用途明细分类）。通常预算编制是否准确、完整、全面，直接反映了部门预算编制的整体质量，也直接影响着部门未来能否正常运转。所以一个部门预算编制的基本依据的充分性，预算编制的准确性、规范性和细化程度都对部门预算编制的合理性与科学性产生极其重要的影响。

公开透明是现代财政制度的基本标志。政府财政资金来源于民，理应用之于民且告知于民。"透明度要求能以较低的成本获得相关信息；财政和财务信息的透明与公开，对于行政、立法部门和公众而言是必需品。"④ 可以说，部门预决算信息的公开，是实现部门财政透明度的一种重要方式。预决算信息公开，有利于社会各界监督政府部门预算的编制情况，进而提高部门预算编制的质量。

2. 预算执行的合规性与实施

预算不仅需要精心的编制，也需要良好的执行。与预算编制相比，预算执行涉及更多的参与者，不仅需要保证预算计划中的信息得到正确

---

① 参见［美］霍姆斯《公共支出管理手册》，王卫星校译，经济管理出版社2002年版，第3页。
② 参见张青《公共部门预算研究》，中国财政经济出版社2007年版，第5—6页。
③ 张明：《政府预算实务与案例》，西南财经大学出版社2009年版，第150页。
④ 王雍君：《公共预算管理》，经济科学出版社2010年版，第51页。

的传达和理解，还需要考虑预算执行中的各种反馈信息。由此可知，在预算执行中，各利益相关者在这一过程中发挥着重要的影响与作用，利益相关者理论为预算执行各利益方的参与与博弈提供了合适的理论基础。

预算执行应符合三个关键目标：财政纪律与总额控制、基于政策优先性的资源配置和服务交付中的运营效率。[①] 确保预算执行的合规性是预算执行中的一个基本问题。预算执行的不良影响主要反映在预算执行过程的合规性和实施方面。

预算执行的合规性主要从执行目标、支出周期、财务控制以及管理预算拨款规则等多个因素进行考察；执行程序则需遵循预算初衷，但并非机械地追求合规性。预算执行的过程应该确保财务和政策方面都与立法机关相一致，根据宏观经济环境的变化适当进行调整，并保证资金能够在承诺阶段及时支付等。

在预算实施过程中涉及的主要问题有采购支出的管理、人员支出管理、对预算实施情况的审查等。关于人员支出管理，涉及人员预算的准备与实施，所以准备人员开支预算需要考虑绩效问题。人员预算主要包括人员开支限额和人员限额两个问题。从监控预算执行的角度来讲，需要将人员支出拨款与人员限额两者保持一致。人员支出理应按照部门实际在编人数进行预算编制，但是在实际中仍旧可能存在多报、虚报人员经费的情况，人工成本的控制关键在于控制机构和编制，所以可以通过财政供养人员控制率来考察人员支出情况。

政府采购支出是政府部门用于采购商品、要求提供服务或委托建设工程等的资金支出。政府采购需要确保采购的透明度和竞争性。采购的整个过程应该公开并接受仔细的检查，比如投标结果、投标价格、参与的竞争者名单等。政府采购的公开透明有利于确保部门预算支出实际效用的发挥。为了了解政府采购的实际支出与预算的差额，考察政府采购执行率是一个关键的指标。

（二）三类支出管理的三级指标设计

为细化考察部门预算支出管理环节的绩效，在这一板块主要按照部

---

① 参见王雍君《公共预算管理》，经济科学出版社2010年版，第28—30页。

门支出的主要类型,从"三公经费"支出管理、日常公用经费支出管理和项目支出管理方面进一步设计三级指标。以管理中存在的问题为导向,在寻找解决问题的对策中提炼关键指标。

1. "三公经费"支出管理

在《2011年政府收支分类科目》中明确"三公经费"主要包括"公务接待费""公务用车购置费""公用用车运行维护费""因公出国出境费"4个经济分类科目。要管理好"三公经费",最主要的就是抓好控制和监督。从目前我国的实际情况来看,关于"三公经费"的管理,并没有统一的可供所有政府部门遵循的规章制度,有关方面的制度还有待健全。虽然好的制度不一定能保证"三公经费"的有效管理,但是制度的不健全在很大程度上会带来"三公经费"的浪费、乱用。"在没有统一规章制度约束的情况下,单位领导层和办公室安排的'三公经费'开支是不受财务部门约束的。"[1]

为了各政府部门合理使用"三公经费",减轻政府财政压力,目前我国倡导"三公经费"零增长的理念,甚至根据实际情况核减"三公经费",这也是控制"三公经费"增长的一种有效手段。同时,为了监督"三公经费"的使用,要求政府部门及时公开"三公经费"的使用信息。"三公经费"信息的公开对于社会各界监督政府此类资金的使用发挥了重要的作用。从实际情况来看,虽然许多政府部门陆续公开本部门的"三公经费",但是只是给出一个支出总额数,社会公众仍旧难以看懂此类支出的情况,使监督作用大打折扣。

随着公务卡制度的不断推进,越来越多的政府部门在"三公经费"使用中推行使用公务卡。因为采用传统的现金支付和报销方式存在很多不足,比如在报销环节中票据的真实性与合法性等问题都会影响"三公经费"的使用效益。公务卡制度的改革有利于推进部门财务管理水平,提高部门财政支出的透明度。[2] 因此,在政府部门推行公务卡的使用,可

---

[1] 耿成兴:《"三公"经费的控制与监管问题研究》,《会计师》2013年第8期。
[2] 参见张双庆《行政事业单位公务卡使用中的问题与思考》,《会计之友》2013年第18期。

以督促"三公经费"的合法合规使用。

2. 日常公用经费支出管理

日常公用经费支出反映单位购买商品和劳务的支出，主要分为商品和服务支出与其他资本性支出明细，比如办公费、会议费、培训费、水费、咨询费、印刷费等。公用经费支出实行定员定额的标准。由于公用经费的支出种类众多，在使用过程中很容易产生不合理的支出。因此，加强对公用经费的管理控制是极其必要的。对于公用经费的控制，可以从内部控制和外部控制两方面同时进行监督，以减少公用经费使用过程中的违规情况。为有效加强公用经费的管理，应当实行公用经费的分类管理，通过部门会计的财务核查，也可以促使公用经费使用的合法合规。

由于主客观方面的一些原因，有些地方政府将日常公用经费的标准定得很低，在预算执行中，经常会存在拆东补西，或者挪用占用项目经费的现象，故此完全违背了部门预算的初衷。所以说，要较好地控制部门日常的运作成本，必须保障公用经费足够支持机构的正常运转。与此同时，应有完善健全的相关管理制度，以约束和规范公用经费的使用。

3. 项目支出管理

项目支出是反映部门预算年度特定活动的经费要求，是部门履行职责、实现部门绩效目标的重要保障。通常，项目支出呈现出周期长、种类多、数额大等特点。规范项目支出管理，对于提高财政资金使用效率，保障部门履行职能，实现部门发展目标，都作用巨大。

项目支出管理制度的不健全、执行的不规范、年度突击花钱、年度内支出不均衡、执行进度慢等多种问题，[①] 是影响项目支出绩效发挥的关键因素。完善的制度是促进项目支出合法合规的制度保障。相关制度的缺乏或不完整，作为理性经济人很容易会钻制度的空子，追求自身利益的最大化，在一定程度上影响项目资金支出的实际效益。因此，为了强化项目支出管理，相关的制度建设是至关重要的。比如，建立项目支出专款专用制度，完善预算执行制度等。

---

① 参见石英华《完善预算管理的深层次思考——项目支出预算执行的问题与对策》，《财贸经济》2012年第10期。

从项目支出情况来看,项目支出的年初预算到位率不高是一个普遍存在的现象。财政的重大专项投入,年初没有列进项目承担单位的预算中,而是通过后续追加预算下达,甚至一些专项资金年底才被划入项目承担单位,导致大量财政资金结余。[1] 与此同时,项目支出预算的追加使预算部门不得不调整当年的工作计划和任务,因而对项目资金支出的效果产生一定程度的影响。再者,财政结余资金的增加,势必造成财政资金的闲置,从而使国家的财政投入不能及时有效地发挥效益。为了提高项目支出的效益,促进项目支出的顺利执行,一些政府部门选取如资金支出量大的重点项目进行监控。由此可知,通过提高项目预算资金的到位率、减少预算资金结转结余量、有效监控重点项目的执行等措施来加强项目支出管理,都有利于提高项目支出的绩效水平。

(三)资产管理的三级指标设计

"管理的任务在于对组织资源进行优化配置。"[2] 企业资源观认为企业是资源的集合体,具有独特属性的资源是企业长期竞争优势的源泉。[3] 对于政府部门来说,部门所拥有的资产是部门资源的一个重要组成部分,也是提供公共服务或产品的资源基础,理应充分发挥部门实际资产的应有价值。

公共部门资产是不以营利为目的的,主要用于提供公共产品或服务,在我国主要体现为非经营性的国有资产。[4] "公共资产是公共部门提供公共产品和公共服务的物质基础,加强公共资产管理是增强政府履行公共受托责任的重要方面。"[5] 2006 年出台的《行政单位国有资产管理暂行办法》和《事业单位国有资产管理暂行办法》规范事业单位的资产管理,并提出"国家统一所有,政府分级监管,单位占有使用的"管理体制。

---

[1] 参见陈欣、曹崇建《国家级农业科研机构项目预算执行缓慢原因探析》,《农业经济问题》2008 年第 S1 期。
[2] 张继亮:《组织资源配置中的社会资本问题探析》,《当代经济管理》2014 年第 5 期。
[3] 参见程兆谦、徐金发《资源观理论框架的整理》,《外国经济与管理》2002 年第 7 期。
[4] 参见伍海泉、戴罗仙、田秋蓉《公共部门资产管理的国际经验比较研究》,《经济纵横》2005 年第 12 期。
[5] 陆阳春:《推进政府会计改革 加强公共资产管理》,《中国财政》2010 年第 2 期。

"政府资产管理是政府内部服务管理的一个重要组成部分，是机构事务管理部门为政府开展公共服务、处理社会事务，组织并提供物质服务保障的基础性工作。"① "有效的资产管理在公共部门中是重要的，因为它能够增加公共主体所能够获得的资源；政府资产管理的目的之一就是提供公共产品和服务。"②

结合政府部门资产管理的实践，归纳在已有的资产管理中存在的问题，主要有账实不符，家底不清；配置使用的不公平和不均衡；闲置浪费；使用效率低下等通病。③ 尤其是资产购置、资产使用和资产处置这一管理链条的管理不善导致部门资产的账实不符以及由于管理不善导致的资产使用频率不高成为影响部门资产配置收益最大化的两大主要原因。因此，针对这些存在的问题，应采取相应的策略措施尽可能地加以解决，比如加强部门资产的会计核实，提高固定资产的使用率等多种措施，以提高部门资产的使用绩效。

第四节 产出与效果维度下的指标设计

一 职责履行：公共部门的产出转向

部门整体支出绩效评价的产出体现为部门职责的履行情况。强调公共部门产出，要求公共部门履行好职责。投入和产出通常是企业管理关注的概念，而在传统公共行政的实践和理论中，对政府投入和产出的经济计算并没有得到足够的关注，其根本原因在于公共管理与私人管理存在重大差异。这些差异被国际知名政治学家和公共行政学家欧文·E.休斯归结为五个方面：公共部门的决策具有强制性；由于公共部门问责形式不同，对其问责充满不确定性；公共管理者需要处理由政治领导人设置的外部议程，其自身行动自由被弱化；公共部门缺少衡量产出或效率

---

① 吕世光、张金成：《政府资产管理与顾客导向的服务理念》，《中国行政管理》2007 年第 3 期。
② 张国清：《我国政府资产管理难题分析及其应对策略》，《会计之友》2017 年第 5 期。
③ 参见张中《行政事业单位国有资产管理存在的问题及对策》，《商业时代》2010 年第 15 期。

的标准；公共部门多样性导致协调困难。①

由此可见，公共部门由于掌握公共权力，其决策在社会中具有强制力，对其权力的约束有相当的难度，换言之，政府产出高低与否很难得到实质性的奖惩。公共部门特殊的问责形式则加深了这一问题。而公共管理者由于附带的政治属性，其执行政策的方向、程度、资源等多受到政治领导人的影响。在这种限定情形中，公共管理者的责任就难以确定。此外，在涉及多个部门的行动中，公共部门联合行动的困难导致权责不易分配，这使绩效评价难以进行。实际上，传统公共行政的基本观念即行政官员仅仅是政治领导人命令的执行者，作为中立方完成上级指令，这意味着他们无需对公共部门的产出负责。

自20世纪70年代开始，公共行政的基本范式越来越受到质疑。外部环境导致科层管理失效，西方国家的政府面临财政危机，效率低下、权威丧失的后果逐渐显现出来。20世纪80年代，英国、美国、新西兰、澳大利亚等国的政府开始重新评估其官僚机构，开启了后来被称为"新公共管理"的改革运动。在观念层面，20世纪70年代开始流行的公共选择理论、委托—代理理论、交易成本理论等经济理论重新讨论了政府在社会中的地位问题。随着实践和观念两个层面的进展，发展出了名为"新公共管理"的政府管理理论新范式。克里斯托夫·胡德（Christopher Hood）、戴维·奥斯本（David Osborne）、特德·盖布勒（Ted Gaebler）、简·莱恩（Jane - Erik Lane）等一批学者成为"新公共管理"的中流砥柱。

尽管欧文·E. 休斯反对"新公共管理"的概念，但他仍旧认同政府应该更加关注产出而非投入。他主张把"管理"的概念引入对公共部门的研究和实践中，而不只是局限于"行政"，因为前者不仅涉及"实现结果"，而且要求管理者"要对达成的结果承担个人的责任"②。在论及公共部门预算时，休斯指出传统的线性预算"强调投入而非产出"，因而

---

① 参见［澳］欧文·E. 休斯《公共管理导论》（第四版），张成福等译，中国人民大学出版社2015年版，第6—7页。

② ［澳］欧文·E. 休斯：《公共管理导论》（第四版），张成福等译，中国人民大学出版社2015年版，第193页。

"在投入的费用和任何目标的实现之间不存在必然的联系"[1]。鉴于公共部门掌握大量社会资金,传统线性预算下的政府支出由于无须承担责任,造成了大量的配置错误和浪费。

考虑到公共部门的多样性,对具体部门的产出应当有不同的衡量。以F省政府机构为例,包括省政府办公厅、省政府组成部门、省政府直属特设机构、省政府直属机构、省政府部门管理机构以及省政府及其工作部门所属副厅级以上事业单位(不含高等院校),共计67个部门。每个部门有其特殊的职能,这意味着每个部门有不同的产出,其指标设置应当根据该部门职责而定。尽管如此,除了结合部门职责的具体产出的数量之外,在产出的表3—5设计中仍可以从每个部门完成工作这一共性的角度设置具有结构化的指标。

表3—5　　　　　　　　　F省政府机构组成

部门类别	部门名称	数量
省政府办公厅	省人民政府办公厅	1
省政府组成部门	省发展和改革委员会 省卫生和计划生育委员会 省科学技术厅 省公安厅 省司法厅 省人力资源和社会保障厅 省环境保护厅 省交通运输厅 省林业厅 省海洋与渔业厅 省文化厅 省人民政府外事办公室 省经济和信息化委员会	24

---

[1] [澳]欧文·E.休斯:《公共管理导论》(第四版),张成福等译,中国人民大学出版社2015年版,第192页。

续表

部门类别	部门名称	数量
省政府组成部门	省教育厅	24
	省民族与宗教事务厅	
	省民政厅	
	省财政厅	
	省国土资源厅	
	省住房和城乡建设厅	
	省农业厅	
	省水利厅	
	省商务厅	
	省审计厅	
	省旅游发展委员会	
省政府直属特设机构	省人民政府国有资产监督管理委员会	1
省政府直属机构	省地方税务局	12
	省质量技术监督局	
	省体育局	
	省食品药品监督管理局	
	省粮食局	
	省人民政府侨务办公室	
	省工商行政管理局	
	省新闻出版广电局（省版权局）	
	省安全生产监督管理局	
	省统计局	
	省物价局	
	省人民防控办公室	
省政府部门管理机构	省人民政府法制办公室	7
	省金融工作办公室	
	省交通战备办公室	
	省公务员局	
	省机关事务管理局	
	省重点项目建设管理办公室	
	省监狱管理局	

续表

部门类别	部门名称	数量
省政府及其工作部门所属副厅级以上事业单位（不含高等院校）	省人民政府发展研究中心	22
	行政学院	
	省农业科学院	
	省广播影视集团	
	省公共资源交易中心	
	省教育考试院	
	中国海峡人才市场	
	省人民政府水电站库区移民开发局	
	省煤田地质局	
	省经济信息中心	
	省疾病预防控制中心	
	省地方志编纂委员会	
	省社会科学院	
	省供销合作社联合社	
	省政府投资项目评审中心	
	省节能监察（监测）中心	
	省知识产权局	
	省地质矿产勘查开发局	
	省测绘地理信息局	
	省铁路建设办公室	
	省海洋与渔业执法总队	
	中国闽台缘博物馆	
总计		67

资料来源：根据 F 省政府网站公示信息制作。

二 履职效果：评估公共部门价值

关于部门整体支出的效果，主要体现为部门履职所带来的实际效果。为满足社会公众的需求，政府部门使用本部门的财政资金提供公共产品或服务，以实现部门的基本职能。

（一）公共部门产出的价值

按照威廉·N. 邓恩（William N. Dunn）对监测和评估的划分，前者关注的是"事实",而后者主要关注的是"价值",即结果实现了什么价值。① 在评价产出的基础上,还需回答产出带来了什么社会价值的问题,即公共部门履职效果如何。这一问题与政府绩效评价有直接的关联。在衡量政府绩效问题上,切克兰德(Checkland, P. B.)教授提出 3E 理论。是指产出(efficacy)、效率(efficiency)与效果(effectiveness)。20 世纪 80 年代初,英国的效率小组在财务管理新方案中设立"经济""效率""效益"的"3E"标准体系,以取代传统的效率标准。此后,英国审计委员会认为资金的价值表现在 3 个方面:经济、效率和效益,因而对政府绩效的审计也应该从这 3 个方面展开。②

一些学者在 3E 理论的基础上添加了其他方面的衡量政府绩效的要素。如埃莉诺·奥斯特罗姆、拉里·施罗德和苏珊·温在经济效率之外,加上通过财政平衡实现公平、再分配公平、责任以及适应性等方面。③ 在当前强调建设服务型政府的前提下,学者提出的 3E 之外的评价内容更加具有实际价值。鉴于服务型政府的定位,对其绩效评估必须按照"以公民为本位""以服务为宗旨"的基本理念进行价值排序、职能定位、制度设计、行为调整和考核评价。从"公民本位"和"服务宗旨"出发,就自然派生出民主、公开、公平、效率、责任等服务型政府绩效评估不可缺少的价值坐标。④

国内学者对此也有诸多探讨。如彭国甫(2004)认为构建地方政府绩效评价指标体系,应把握价值取向。⑤ 卓越(2011)认为类指标理应包含 3E、质量、公平、责任、回应等要素。⑥ 彭国甫、盛明科(2007)认

---

① 参见 [美] 威廉·N. 邓恩《公共政策分析导论》(第四版),谢明等译,中国人民大学出版社 2011 年版,第 240 页。
② 参见卓越《公共部门绩效评估》,中国人民大学出版社 2011 年版,第 31 页。
③ 参见 [美] 埃莉诺·奥斯特罗姆、拉里·施罗德,苏珊·温《制度激励与可持续发展》,陈幽泓等译,生活·读书·新知三联书店 2000 年版,第 21—25 页。
④ 参见彭向刚、程波辉《服务型政府绩效评估问题研究述论》,《行政论坛》2012 年第 1 期。
⑤ 参见彭国甫《价值取向是地方政府绩效评估的深层结构》,《中国行政管理》2004 年第 7 期。
⑥ 参见卓越《政府绩效评估的模式建构》,《政治学研究》2005 年第 2 期。

为政府绩效评价指标体系包括绩效维度、层级特征和样本属性 3 个维度。① 倪星、余琴（2009）认为政府绩效评估指标体系应该包括地方发展、各方利益相关主体、政府内部管理、学习与成长 4 个评估维度。② 吴建南等（2009）从人口、经济、社会和环境 4 个方面构建政府绩效评价指标体系。③ 李军（2013）认为地方政府绩效评价指标应包括经济增长、文化发展、环境包含、政治善治、国民幸福感和满意度等指标。④ 贠杰（2015）认为政府绩效应该包括政府对外管理绩效和政府内部管理绩效两类指标。⑤ 郑方辉、邱佛海（2016）认为应该从制度建设、过程保障、目标实现、法治成本和结果满意 5 个维度设计政府绩效指标。⑥

以上观点多就宽泛的政府部门绩效评估提出意见，就评估特定的公共部门预算支出绩效而言，基本取向仍是两个方面：一是管理层面的价值考量，主要考虑经济价值、经济效率和经济效益；二是公民价值层面的考量，主要涉及责任、公正、回应。管理层面的考量，侧重公共部门财政资金产出的经济价值的实现，其指标围绕是否经济、高效地实现部门产出的问题。公民价值层面的指标则应该更多地围绕公共部门的产出是否实现公众价值，是否加深与公众之间的关联。但对于利益相关者对产出的评价，还需要进一步的讨论和评价。

（二）利益相关者满意度

管理者应当考虑利益相关者关系，这已经成为现代管理学中的共识。在经济学中利益相关者的理论早已蔚然成风，罗宾斯则从管理学表述了利益相关者的概念："利益相关者是受到组织决策和行为影响的组织环境

---

① 参见彭国甫、盛明科《政府绩效评估指标体系三维立体逻辑框架的结构与运用研究》，《兰州大学学报》（社会科学版）2007 年第 1 期。

② 参见倪星、余琴《地方政府绩效指标体系构建研究——基于 BSC、KPI 与绩效棱柱模型的综合运用》，《武汉大学学报》（哲学社会科学版）2009 年第 5 期。

③ 参见吴建南、章磊、李贵宁《地方政府绩效指标设计框架及其核心指标体系构建》，《管理评论》2009 年第 11 期。

④ 参见李军《以幸福指数为导向的地方政府绩效评估指标体系分析》，《理论学刊》2013 年第 7 期。

⑤ 参见贠杰《中国地方政府绩效评估：研究与应用》，《政治学研究》2015 年第 6 期。

⑥ 参见郑方辉、邱佛海《法治政府绩效评价：目标定位与指标体系》，《政治学研究》2016 年第 2 页。

中的任何支持者。"① 这一表述意味着组织与利益相关者之间存在着相互影响的关系，而最重要的利益相关者是组织的"顾客"和员工。这些利益相关者与组织期望的结果相关，会影响组织绩效，因此管理者必须把管理内外部利益相关者乃至与其他社会公众的关系列为重要事项，做决策时需要考虑他们的利益。②

对公共部门价值的评估主要关注有数据支撑的客观指标。如果局限于这一部分的评估，那么整个评估工作将会忽视公共部门创造的根本社会价值。公共管理为政府部门的理论和实践引入了"顾客"的概念。无论是私人部门还是公共部门，为"顾客"提供适当的价值都是其基本使命。"顾客"价值实现与否，归根结底只有他们自己清楚，对满意度的调查正是为了试图了解这一问题。

改革开放以来，特别是20世纪90年代中后期，中国政府致力于经济发展，其首要职责在于推动经济增长，被称为"发展型政府"。而"服务型政府"则是对"发展型政府"的反思和超越，强调政府的社会管理和公共服务的提供，确保全体人民能够享有改革开放的成果。③ 建设服务型政府是中共十七大作出的决定，标志着中国政府职能和行政管理体制的重大转变。政府既然把服务看作其首要职能，在结果上就必然要让服务对象满意。

在传统管理学中，人们通常认为服务对象指的是企业为之提供服务的顾客。类似的，就服务型政府而言，服务对象即政府部门为之提供服务的公众。企业竞争的加剧以及企业管理理论的完善使管理者逐渐认识到其服务的对象不仅包括这些"外部顾客"（external customer），还应当包括企业内部价值链中涵盖的"内部顾客"（internal customer）。鉴于两者需求的差异，对政府部门"顾客"满意度的调查也需要考虑这一基本

---

① ［美］斯蒂芬·罗宾斯、玛丽·库尔特：《管理学》（第13版），刘刚等译，中国人民大学出版社2017年版，第72页。
② 参见［美］斯蒂芬·罗宾斯、玛丽·库尔特《管理学》（第13版），刘刚等译，中国人民大学出版社2017年版，第73页。
③ 参见郁建兴、高翔《中国服务型政府建设的基本经验与未来》，《中国行政管理》2012年第8期。

的划分，即既要考察社会公众特别是直接服务对象的满意度，同时也要考察部门内部人员的工作满意度。除了这两大群体之外，那些并未与公共部门产生关系的更为广泛的公众也需要被纳入满意度考量的范围，一方面，他们是公共部门的观察者和评价者，在广泛的公共价值上有着深刻联系；另一方面，他们很可能是特定公共部门的潜在"顾客"，会在某种条件下成为公共部门产品的使用者。

对公民满意度的测评，不仅是收集考核政府部门绩效的重要信息，而且是"公民参与政府绩效评估的主要方式"[1]。世界各国开发了多个评价公众满意度的测评模型，如美国的 ACSI 模型、德国的 DK 模型、瑞典的 SCSB 模型、韩国的 KCSI 模型等。[2] 我国学者，如吴建南和庄秋爽（2005），王谦和李锦红（2006），朱国玮（2006，2007），梁昌勇、代翚和朱龙（2015）等对公共服务公众满意度测评提出了理论见解。由于本书并非聚焦于提出一个完整的公共服务公众满意度评测模型，在此只提出几项关键指标，包括公众（主要指服务对象）对公共部门提供服务的效果、能力、质量的感知，以及对公共部门整体形象和可信任度的感知。

政府部门的"内部顾客"指在各部门工作的所有人员，包括公务员、临聘人员和劳务派遣员工。"内部顾客"满意度实际上是员工工作满意度（Job Satisfaction）。这一概念首先由泰勒在1912年提出，20世纪30年代，赫波克（R. Hoppock）总结了这一概念，认为工作满意度指的是员工对工作环境的感受以及生理和心理上的满足；对工作满意度的测量主要有单一整体测量法、总和评分法。[3] 前者从整体上考察员工工作满意度，其问题设置直接简单，如密歇根组织评估问卷（Michigan Organizational Assessment Questionnaire，MOAQ）仅包括3个问题：（1）总体上讲，我对工作感到满意；（2）总体上讲，我不喜欢该工作；（3）总体上讲，我喜欢

---

[1] 徐艳晴、周志忍：《公民满意度数据失真现象考察：信任赤字、博弈策略、理论意涵》，《公共行政评论》2014年第6期。

[2] 参见周善东《建立和谐城管综合评价体系的初步探索》，《城市发展研究》2014年第10期。

[3] 参见冯缙、秦启文《工作满意度研究述评》，《心理科学》2009年第4期。

在此工作。① 后者则包括了更广泛且细致的维度分类，较为全面的如Knoop的划分：（1）与工作本身有关的价值；（2）与工作结果有关的内在价值；（3）与工作结果有关的外在价值；（4）与工作有关的外在价值；（5）与人有关的外在价值。② 考虑到公共部门的社会价值和政府部门工作人员的工作特性，如他们的工作通常流动性低，在同一个岗位上任职期限长，工作内容较为固定缺少变化，且晋升机会有限，因而对他们满意度的测量应当与企业员工工作满意度的测量有不同的侧重点。本书认为，对员工工作满意度的测量主要考察以下几个方面：（1）是否认同部门的愿景；（2）是否主动承担工作责任；（3）对薪酬、假期是否满意；（4）工作环境是否舒适；（5）与同事关系是否融洽；（6）与领导关系是否融洽。

第五节 可持续影响维度下的指标设计

进入21世纪，以可持续的方式进行管理的概念逐渐得到认同。对可持续性（sustainability）概念的探讨主要集中于环境经济领域。由于人类的工业化，尽管在经济上积累了大量科技和财富，但是人类的行为对自然环境的破坏也日益显著，反过来影响到人类自身的生活水平。可持续发展的提出要求我们重新认识人类与环境的关系，而不是盲目推进任何宏大目标，后者可能导致竭泽而渔。

这一概念延伸至管理学学科也颇有深意。可持续性要求管理工作必须充分考虑到长时间的要素，要求组织的工作和项目必须面向未来，要求组织的战略必须同所处环境相融洽。如美国著名管理学教授斯蒂芬·罗宾斯（Stephen P. Robbins）等总结的，管理者必须基于以下条件作出合理的决策：与各种利益相关者深入沟通；理解他们的要求；开始将经济、

---

① See Cammann C., Fichman M., Jenkins G. D., Klesh J., *The Michigan Organizational Assessment Questionnaire*, New York: Wiley-Interscience, 1983, pp. 71–138.

② See Knoop R., "Work Values and Job Satisfaction", *The Journal of Psychology*, Vol. 128, No. 6, Nov. 1994, pp. 683–690.

环境和社会因素纳入他们追求组织目标的方式。[①]

关于部门整体支出的可持续影响，主要体现为公共部门开展项目后续的运行及其发挥成效等方面的可持续影响因素。公共部门考虑可持续性意义尤为深远。公共部门由于拥有公共权力，能够影响大量社会资源的分配，难以受到制衡，因此其可持续性问题一直是一个隐藏着的问题。在政治变动，乃至政权更替下，公共部门特别是官僚机构还有保留其原有结构的可能性。而单就某个部门而言，部门的存续相对而言容易受到各种因素的影响，特别是政府的理念会影响具体部门的设置，但较之私人企业，公共部门仍旧是存续危机较低的组织。

公共部门的日常运作离不开整体的社会经济环境。监管问责可能失效，公共部门的日常运作或重点项目在没有带来任何社会价值的条件下仍会继续得到财政支持，但这些行为产生了巨大的社会浪费，遭受公众诟病，引起对政府部门的不信任。这种隐藏的危机终究会在某种机会下爆发。

公共部门内部对可持续性的认识存在严重的误区。休斯注意到在传统线性预算中存在这样一种现象："如果资金被配置到特定的投入，它们总会一如既往地被花费掉，否则下一年度的预算就可能被削减"。[②] 这是一种传统预算中较为普遍的不正常的可持续性，在当前中国政府部门中也普遍存在。

此外，现行预算方法本身在时间上考虑不足。休斯总结得十分准确："线性项目的预算是非常短期的，一般只持续一年的时间。这意味着长期的预算项目趋于持续不变而且缺乏任何细节上的考虑。……由于如此短期的观念，经常就不会有两年、三年甚至是十年的新计划的未来成本观念。"[③] 长期预算的缺失导致公共部门对资金在长时间跨度的配置上缺少

---

① 参见［美］斯蒂芬·罗宾斯、玛丽·库尔特《管理学》（第13版），刘刚等译，中国人民大学出版社2017年版，第16页。

② ［澳］欧文·E. 休斯：《公共管理导论》（第四版），张成福等译，中国人民大学出版社2015年版，第192页。

③ ［澳］欧文·E. 休斯：《公共管理导论》（第四版），张成福等译，中国人民大学出版社2015年版，第192页。

思考。要弥补这一弱项，公共部门必须对其执行的项目有长期的设想和规划。

一 部门能力发展

部门能力发展是公共部门可持续影响的重要方面。部门能力取决于部门中的人和物这两大要素。人是公共部门能力的关键，人才的获得和队伍建设是发挥人才作用的主要途径。物是公共部门能力的基础，只有具备一定物质和技术条件，公共部门的职能才能实现。

（一）队伍建设

"人才是第一生产力。"部门能力最终由组织成员的工作能力和合作能力决定。在知识经济时代，人才是实现部门价值的根本力量，因此公共部门对队伍建设多重视都不为过。

首先，队伍建设的一个方面是当前人才队伍的构成和高素质人才的引进。公共部门人员流动性低，人才队伍结构在较长的时间内会维持稳定。这就需要把好人才流入的端口，吸纳能够为队伍结构带来新鲜血液的员工，既要吸纳在知识储备上有优势的员工，同时还要考虑其是否具有公共服务动机。

其次，队伍建设还需要对现有人员进行培训。有鉴于队伍结构的稳定性，把现有人员的潜能发挥出来成为重要的队伍建设事宜。定期及不定期培训是更新员工知识结构的主要方法。知识经济时代的重要特征是知识更新速度的加剧，公共部门若要适应这一环境，则必须不断与时俱进。

最后，队伍建设除了强调人员的个体工作能力之外，还需促进人员的相互合作，形成合力。在现代性复杂事务中，个体能力通常是有限的，不能寄希望于培养通才、全才，而是要发挥队伍的合作效力。如何扬长避短，让员工发挥所长是管理者在队伍建设中需要着重考虑的问题。此外，还需要采用一些现代化的管理工具，如团队建设等加强队伍凝聚力。

（二）基础设施

公共部门要达成使命，完成任务，实现对公众的承诺需要具备一定的硬件条件。诚然，对硬件条件完备度的考察，可以直接询问相关工作人员，即以"硬件是否满足您的工作需要"这样的问题向其提问。然而得到的回答通常是较为主观的，不同的人由于习惯或工作方式不同，对硬件条件的需要也不尽相同。对硬件条件完备度的客观考察，必须从硬件与完成工作的关系入手。

在基础设施上，基本的原则是必须保证公共部门日常工作和各类项目的完成。一方面必须保证硬件使用率处于合理的水平，硬件使用过于饱和，意味着备用硬件量较少，难以应付突发事件。但是硬件饱和度过低也不是一项健康的数据，因为这意味着硬件闲置过多，采购数量远远超过完成工作实际所需的数量；另一方面，在硬件的采购上必须尽可能缩短时限，以保障员工尽快得到工作所需但当时部门尚未配备的工具，必须保证硬件采购过程规范。此外，公共部门必须对工具的采购有相应的规划和预计，以利于资金的合理使用。

(三) 信息化建设

公共部门信息化建设是为了利用先进的信息通信技术、提高公共管理能力，继而提升公共服务水平。随着中国行政管理体制改革的深化，积极提升公共服务，建立以服务为导向的电子化政府已经成为中国电子政务发展的核心。[1]近年来，随着中国互联网的快速发展，中国政府自上而下以政务大数据应用、"互联网+政务服务"推进政务信息化，电子政务方兴未艾。

政务信息化之所以如此重要，主要原因在于它是一种以现代化的技术手段处理管理中信息问题的方案。管理的基础是优质的信息，而政务信息化确保了管理所需信息的真实和快速传递。公共部门的信息首先需要在部门内部实现无障碍传递，还要在与其他部门间以及与社会公众之间流动。

当前，随着通信工具和通信能力的快速发展，信息技术不断更新换代，表现为信息传递速度加快、信息来源多样化、信息数量随之增加。公共部门应当利用这一机会，进行硬件和技术更新，打通信息流动的渠道，主要做到以下几个方面：(1) 以政务网为基础完善数据收集、共享、处理的平台；(2) 利用多样化的客户端，特别是手机 App、微信公众号

---

[1] 参见李靖华《电子政府公众服务的机制分析》，《科研管理》2003 年第 4 期。

等平台加强与公众联系；（3）在有条件的情况下探索大数据、人工智能在政务信息化中的应用。

二 部门长效发展

关于部门整体支出绩效的可持续影响，部门长效发展也是其中的一个重要方面。公共部门要实现长效发展，这依赖于几个方面的因素：首先要考虑的是部门的管理理念。探索公共部门的管理理念，最重要的是要重新把视角回到对"公共管理"界定的原点上。[①] 公共部门必须对自身有清晰的认识和定位，对其在社会中所处的地位有深刻的认识，树立可持续发展的管理理念。

制度条件是实现部门长效发展的另一个重要方面。制度的作用在于防止个人权力破坏组织环境，以及防止个人为自身利益做出违反集体利益的事情。公共部门经过多年发展，已经形成了一批请休假制度、报销制度、奖惩制度、晋升制度、薪酬制度等，但各个部门的具体执行情况各不相同。还有一些部门实际需要但尚未从上而下推行的制度的制定和实施也差异甚大。

此外，组织的运行机制是实现良好运转的关键，具备健全的运行机制也是公共部门健康发展的基础。运行机制是组织过程的主体机制，是制度动态的一面。运行机制引导和制约决策，是人、财、物及各项活动的连接机制。公共部门战略的实现、目标和工作的达成，依赖于一套协调、高效、灵活的运行机制。

第六节 部门整体支出绩效评价指标库

经过上文对部门整体支出绩效的评价框架、二级指标和三级指标的探讨分析，可以得出本书的部门整体支出绩效评价初始指标库。同时，为了清晰地呈现本书指标体系的特点与价值，有必要对这些指标进行自我评估。

[①] 参见陈庆云、鄞益奋、曾军荣、刘小康《公共管理理念的跨越：从政府本位到社会本位》，《中国行政管理》2005年第4期。

一 部门整体支出绩效评价原始指标库

对于部门整体支出绩效评价指标体系来说,并不是评价指标越多越好,关键取决于评价指标的作用大小,但是评价指标要尽可能全面地反映部门整体支出的绩效。因此,在选取评价指标时,要把最能体现部门整体支出绩效且在现有条件下能够取得相关数据资料的指标纳入组成预选评价指标集。"在指标提取过程中,采用'最大容忍'原则,即全部提取可能相关的指标。"[1] 本书构建的初始指标体系分为绩效目标管理、综合管理、产出效果、可持续影响4个一级指标,并对4个一级指标进行细化分解构建二级、三级指标。部门整体支出绩效评价原始指标库如表3—6所示。

表3—6　　　　　部门整体支出绩效评价原始指标库

一级指标	二级指标	三级指标
绩效目标管理 A_1	目标设定 B_1	目标明确性 C_1
		目标难度 C_2
	目标申报 B_2	绩效指标明确性 C_3
		目标覆盖率 C_4
综合管理 A_2	预算编制 B_3	资金安排结构的合理性 C_5
		预决算信息公开 C_6
		财政供养人员控制率 C_7
	预算执行 B_4	预算执行率 C_8
		预算调整率 C_9
		支付进度率 C_{10}
		政府采购执行率 C_{11}
		政府采购透明度 C_{12}
	"三公经费"支出管理 B_5	"三公经费"控制率 C_{13}
		"三公经费"信息公开细化程度 C_{14}
		"三公经费"管理制度健全性 C_{15}

---

[1] 周晓花:《对水利部部门整体绩效评价效益类指标构建的思考》,《中国水利》2016年第4期。

续表

一级指标	二级指标	三级指标
综合管理 A_2	日常公用经费支出管理 B_6	公务卡刷卡率 C_{16}
		日常公用经费使用合规性 C_{17}
		日常公用经费控制率 C_{18}
		会计信息完善性 C_{19}
	项目支出管理 B_7	项目支出管理制度健全性 C_{20}
		重点项目绩效监控率 C_{21}
		项目质量达标率 C_{22}
		项目支出结转结余率 C_{23}
		项目支出预算调整率 C_{24}
		项目支出预算到位率 C_{25}
	资产管理 B_8	部门资产账实相符率 C_{26}
		固定资产利用率 C_{27}
		资产管理安全性 C_{28}
产出与效果 A_3	职责履行 B_9	基础工作完成率 C_{29}
		重点工作办结率 C_{30}
		工作完成准时率 C_{31}
		工作质量达标率 C_{32}
		部门工作关键指标达标率 C_{33}
		部门绩效自评项目占比率 C_{34}
	履职效果 B_{10}	项目成果转化率 C_{35}
		公众建议采纳率 C_{36}
		部门员工满意度 C_{37}
		社会公众或服务对象满意度 C_{38}
可持续影响 A_4	部门能力发展 B_{11}	人才队伍建设 C_{39}
		部门团建活动参与率 C_{40}
		部门基础设施完备性 C_{41}
		部门信息化建设水平 C_{42}
	部门长效发展 B_{12}	部门管理理念创新性 C_{43}
		部门管理规章制度完备性 C_{44}
		部门长效机制健全性 C_{45}

二 关于部门整体支出绩效评价指标评析

将本书构建的部门整体支出绩效评价指标与财政部制定的、与实践部门运用的及理论界提供的有关这一主题的评价指标进行比较,以厘清本书的指标与现有指标的相同和不同之处,从而进一步说明本书构建的指标体系对丰富现有指标体系的些许价值和贡献。

(一) 与现有部门整体支出绩效评价框架比较

本书构建的评价框架是参考已有的相同领域或相近领域的典型评价框架,并整合逻辑模型和绩效三棱镜模型提炼得出的。该评价框架包括绩效目标管理、综合管理、产出与效果、可持续影响4个一级指标。

1. 与财政部的部门整体支出绩效评价框架比较

财政部是从投入、过程、产出、效果4个维度构建评价框架的,本书评价框架的4个维度与财政部的显然不同。虽然财政部的评价框架得到了理论界和实践界的一致公认,有其合理性和科学性;但是笔者认为随着部门整体支出绩效评价实践的发展,这一评价框架已经难以满足现实评价的需求,有待进一步完善和改进。当然,财政部对部门整体支出绩效某些方面的考评是较为成熟的,也是非常重要和必要的。比如,财政部重视对部门财政资金支出运作过程的绩效考评,强调对预算管理各个环节的绩效衡量,本书提炼出综合管理为一级指标,部分原因也是受益于财政部强调过程绩效的启发。此外,注重产出与效果的绩效衡量,是财政支出类绩效评价、考评的重点。本书将产出与效果设为一级指标,主要是吸取了财政部的评价框架中这一方面的内容,同时为简化评价框架,将产出、效果两个一级指标整合成产出与效果一个一级指标,用于考核部门职责履行和履职效益两大方面的内容。

2. 与理论界的部门整体支出绩效评价框架比较

由上文可知理论界提出的评价框架主要分为三类:(1) 从财政部提出的投入、过程、产出、效果4个维度构建评价框架;(2) 从投入、产出、效果和可持续影响4个维度设计评价框架;(3) 从预算编制、预算执行等预算管理环节提炼评价框架。本书在构建评价框架时,吸取了理论研究中的一些有益的研究成果,尤其体现为对可持续影响维度的绩效考评。虽然在财政部的评价框架中并不包含这一方面的考察内容，在实务界此类指标也未得到有效运用，但是笔者认为测评资金支出的可持续影响是部门整体支出绩效的一个重要方面。主要原因在于，部门利用财政资金履行职责，提供公共产品或服务，所产生的效果可能难以在短期内得到有效体现，因而需要对部门项目的后续运行情况及其带来的后续影响进行绩效测量。由此，在构建本书的评价框架时，吸收了理论界的这一研究成果，设计可持续影响为一级指标。事实上，将可持续影响作为一个评估维度，也得益于基本逻辑模型中对影响维度实施绩效考评的启发和印证。此外，从理论界提出的相关评价框架可知，关于部门整体支出的管理过程、产出、效果方面的绩效考评也是理论界公认的考察重点内容，本书也不例外，因而设计了综合管理、产出与效果两个一级指标用于考察这些方面的绩效情况。

3. 与实务界的部门整体支出绩效评价框架比较

实务界已有的评价框架也主要分为三类：第一类是与财政部的评价框架一致；第二类从投入、过程、产出与效率3个维度设计评价框架；第三类从管理过程提炼一级指标，如从预算编制、预算执行、预算管理、预算绩效方面构建评价框架。实际上，实务界的评价框架是以财政部的评价框架为基础设计的，是结合了实务部门的实际，对财政部评价框架作了某种程度上的运用或改进。本书设计评价框架，也汲取了实务部门的有益经验和成果。比如，实务部门第三类评价框架侧重于从预算管理各个环节考评部门整体支出的绩效，重视预算管理过程的绩效考察，本书提炼综合管理为一级指标也是受益于实务部门的启发。

此外，近年来，实务部门逐步意识到绩效目标管理的重要性，将绩效目标管理放在了极其重要的位置。比如，将部门绩效目标与部门预算有机结合起来；部门履职以绩效目标为导向等。在财政部、理论界、实务界的部门整体支出绩效评价中，虽然提出了对目标设定的绩效考评，但是关于部门绩效目标的绩效测量并没有得到重视，能够体现部门目标绩效的指标非常少。部门整体支出是以部门绩效目标为导向的，部门资金花在什么地方，花得值不值，受到部门绩效目标的影响很大。笔者认为，考察部门整体支出的绩效，应该加强对部门绩效目标管理方面的绩效考评，以反映部门支出的目标绩效。与此同时，笔者也从绩效三棱镜模型中重视战略绩效的考察得到启示，并参考其他相近领域的评价框架中关注目标绩效的思路，结合实地调研和专家咨询，本书将绩效目标管理设为一级指标。

综上，本书构建的部门整体支出绩效评价框架是一个完整的循环系统，是包括绩效目标管理、综合管理、产出与效果、可持续影响4个维度的不断循环往复的绩效逻辑链。由此，以这一框架为基础设计的指标体系是一个逻辑关系密切的体系，每一维度下的不同指标从不同方面能够较为全面地反映部门财政资金支出的整体绩效。部门整体支出绩效评价关注的是整个部门预算支出的绩效，反映了该部门是否较好地提供公共产品或服务，评价范围扩展到部门每一工作的职责，因而围绕部门的具体职责制定的评价指标往往涵盖多个不同性质的工作绩效，部门整体支出的绩效可能通过多个项目表现出来。与财政部指标体系侧重于从投入—产出视角设计指标相比，本书的部门整体支出绩效评价指标体系着重从目标—过程—产出—影响各个方面提炼关键指标，评价指标所囊括的考核内容明显更为全面和系统。

（二）与现有部门整体支出绩效评价二级指标比较

本书共包括目标设定、目标申报、预算编制、预算执行、"三公经费"支出管理、日常公用经费支出管理、项目支出管理、资产管理、职责履行、履职效果、部门能力发展和部门长效发展12个二级指标。

经过比对分析可知，目标设定、预算执行、资产管理、职责履行和履职效果这5个指标是财政部、理论界和实践领域公认的较为成熟的指标，表明这些指标能够较好地反映部门整体支出的绩效，这自然也是本书选取指标的一个有效参考依据。除此之外，本书设计二级指标时，也从实践领域的指标设计中获取思路和启发。比如，预算编制这一指标是来源于浙江省义乌市的相应指标设计，注重考察部门预算编制的合理性与科学性。"三公经费"支出管理、日常公用经费支出管理、项目支出管理这3个指标的设计也在很大程度上得益于实践部门重视考评支出管理绩效的思路，依据部门资金支出的3种主要支出类型，本书将支出管理这一指标分解细化成以上3个指标，因而可以更有针对性地、更为具体地设计相应三级指标以评价三类资金支出管理过程中的绩效情况。

　　与此同时，本书也从理论界提出的指标中吸收有益的研究成果，最为突出的就是可持续影响维度下的部门能力发展和部门长效发展两个指标。而对目标申报的绩效考评，无论是财政部，还是理论界，抑或使实践界，都暂未正式提出相应的指标。本书认为应该关注绩效目标申报的绩效评价，由于现今各政府部门要求加强绩效目标管理，将部门预算与绩效目标结合起来，部门在申报预算时就应制定与之匹配的绩效目标。加强部门绩效目标管理主要体现在目标设定和目标申报两个方面，对目标设定的绩效考核得到各界的关注，而目标申报方面的绩效衡量却并未得到重视。为全面反映部门整体支出的绩效，弥补这一不足，本书设计目标申报，用于考察绩效目标管理过程中部门申报的覆盖情况及申报目标过程中制定的绩效指标的合理与明确程度。

　　总的来说，关于绩效目标管理维度的指标设计，是从整体性的视角围绕整个部门绩效目标设定和申报情况设计评价指标的，而非就单个项目的绩效目标设定和管理进行考评，因而更能反映部门财政支出的整体目标绩效。关于部门整体支出绩效评价的资金范围涉及部门所有的财政预算支出，不仅包括项目支出，也包括"三公经费"支出和日常公用经费支出等。由此，在综合管理维度下的指标设计，是围绕部门所有资金支出的整个运作管理过程的关键环节进行指标提炼的，主要包括部门财政支出的3种主要类型，涉及考评的资金面广、量大。部门整体支出绩效评价是"以财评事"的典型，虽然直接测评的对象是部门所有财政支出的绩效，但实际上考察的是整个部门履职工作的方方面面，体现为部门这一整体的履职产出、履职效果和影响。所以说，从绩效目标评价、管理过程评价、产出效果评价、影响评价等各个角度都是围绕部门这一整体展开实践工作。

　　（三）与现有部门整体支出绩效评价三级指标比较

　　本书设计三级指标的思路或途径主要有以下4种：（1）从财政部提供的共性指标中选取；（2）从实务部门运用的而财政部没有的那部分指标中选取；（3）从理论界提供的而财政部没有的那部分指标中选取；（4）笔者依据部门整体支出的特点，结合实地调研、专家咨询等方式设计的指标。由此,将本书三级指标库中的指标与财政部、理论界、实务界已有的三级指标进行比较,可以清晰地展现本书所设三级指标中哪些指标与现有指标是相同的,哪些是不同的,从而进一步体现本书对现有部门整体支出绩效评价指标的贡献。

其一,与财政部的相应三级指标比较。本书的三级指标与财政部的共性指标相同或相近的有绩效指标明确性、预决算信息公开性、预算调整率、支付进度率、政府采购执行率、"三公经费"控制率、日常公用经费控制率、固定资产利用率、资产管理安全性、重点工作办结率、工作质量达标率、社会公众或服务对象满意度共12个指标。从上文对财政部、理论界、实务界现有三级指标的频次统计可知,以上大部分指标出现的频次都居于前几位,说明在理论界和实践界这些指标也得到了广泛采用,也反映了指标的重要程度,这也是本书将上述指标纳入指标库中的重要原因。

其二,与理论界的相应三级指标比较。本书在设计三级指标时,也积极吸纳理论研究中的研究成果,因而有些指标是从已有的理论研究中选取的。比如,资金安排结构的合理性、预算执行率、基础工作完成率、公众建议采纳率、部门基础设施完备性、部门人才队伍建设、部门信息化建设水平、部门管理理念创新性、部门长效机制健全性等指标就是从理论研究中选取或提炼的。虽然这些指标并没有出现在财政部的共性指标中,但是笔者认为评价部门整体支出的绩效,应该加入这些指标,力求全面地反映部门整体支出的实际绩效。比如,资金安排结构合理性是从整体的视角考察部门预算编制的合理与否,体现了绩效评价的整体性特点;部门人才队伍建设、部门信息化建设水平与部门长效机制健全性等反映了部门财政资金支出的可持续影响方面的绩效,体现了绩效评价指标设计的前瞻性要求。

其三,与实务界的相应三级指标比较。毫无疑问,本书设计三级指标,也参考借鉴了实践领域运用的较为成熟的指标。比如,本书中的目标明确性、财政供养人员控制率、日常公用经费使用合规性、会计信息完善性、活动关键指标达标率、部门绩效自评项目占比率、部门员工满意度等指标都是从实务界指标中选取或进一步归纳提炼的。需要说明的是，这里列举的是实务界提出的而财政部没有的相应指标。笔者认为，在某种意义上，实务界提出的新指标，是对财政部现有指标的一种完善与补充。因为实务部门在设计具体指标时，会全盘结合具体评价对象的实际情况，因而能够发现更多的问题，进而制定相应的指标以解决这些问题，实务部门提出的这些新的指标有其存在的必要性和合理性，因而本书也选取了上文列出的一些指标纳入指标库中。

其四，除了从财政部、理论界、实践界提供的部门整体支出绩效评价指标中选取或提炼指标之外，本书也提出了一些与现有指标不同的新指标。本书不仅从财政部、理论界和实践部门吸纳已有的研究成果，还遵循指标设计的基本原则，从基本理论中、其他相近领域的绩效评价指标中、部门整体支出绩效评价中存在的问题等各方面，结合笔者对部门整体支出绩效的理解设计新指标。比如，目标难度、目标申报覆盖率、"三公经费"信息公开细化程度、"三公经费"管理制度健全性、公务卡刷卡率、项目支出管理制度健全性、重点项目绩效监控率、项目质量达标率、项目支出结转结余率、项目支出预算调整率、项目支出预算到位率、部门资产账实相符率、项目成果转化率、部门管理规章制度完备性等指标。本书设计的这些新的指标，是从不同的方面考评已有指标未能反映出的部门整体支出的绩效情况，力求更为全面地反映部门整体支出的绩效，以得到更为准确的评价结果。例如，为有效衡量目标绩效，本书从目标设置理论的目标难度和目标明确性两个要素中提取评价指标；从目标申报覆盖率方面考察部门绩效目标与其实际申报目标的相符情况。为反映"三公经费"支出管理的绩效，从目前"三公经费"管理中存在的问题出发，力图设计相应指标以便有针对性地解决相应问题。关于项目支出管理的绩效考评，则依据现有的指标，具体化为对项目支出这一专项资金的管理，以直接反映项目支出管理的绩效。在资产管理方面，结合实务部门审查资产管理的常用做法，设计部门资产账实相符率指标。

(四) 小结

本书构建的部门整体支出绩效评价指标体系具有整体性与绩效性的特点。整体性视角强调从整体的角度来思考各个不同要素间的关系、作用及呈现的整体结构特征。部门整体支出的绩效评价是以部门为依托和载体，主张对整个部门财政资金支出绩效的整体性评价。整体性意指全面且系统，表明各环节间的互相作用与相互联系。按照整体性原则，要从整体的视角来看待事物，把整体中的每一部分、每一方面、各种因素结合起来观察，着重对事物多方面地、动态地进行研究。[①] 本书构建的部门整体支出绩效评价指标体系具有明显的整体性特点，通过上述与现有的部门整体支出绩效评价指标的比较分析更能凸显这一特性。

相比效率而言，绩效是一个综合性的要素结构。部门整体支出绩效评价的关键在于对绩效的理解。绩效指标广义上是对绩效内涵的拓展，狭义上指用于评估的某一绩效指标。[②] 西奥多·H. 波伊斯特认为绩效指标的主要类型包括产出、效率、生产力、服务质量、效果、成本效益和客户满意度等。[③] 由此，相应指标的设计应该体现绩效的要素特征。本书在设计部门整体支出绩效评价指标的过程中，参考借鉴了以上不同学者对绩效要素的理解和指标设计思路，以体现指标的绩效特征。财政部的部门整体支出绩效评价指标基本是从微观的视角来考察财政支出的效率性，大多数指标属于微观层面的财务指标，而忽视了对部门整体支出绩效宏观层面的考察。部门整体支出绩效评价指标理应包括微观和宏观两个层面的指标，侧重对部门支出绩效的考评。由此，本书从宏观和微观两个视角来设计评价指标，将效率和效益指标、定性与定量指标结合起来。

由于现有的部门整体支出绩效评价指标体系，大多是以财政部的部门整体支出绩效评价指标体系为基础进行设计的，通过将本书的指标体系与财政部的进行比较分析可知，本书在指标设计时尤其强调对部门整体支出的宏观层面的绩效考评，主要体现为以下几个方面：

（1）关注部门整体支出的目标绩效。由于部门整体支出绩效评价是对部门所有财政资金支出的事前、事中和事后评价，所以应该设计具有事前评价特点的绩效指标。在本书中，着重强调对部门目标绩效的衡量，

[①] 参见吕国忱《整体性原则·方法及其应用》，辽宁大学出版社1989年版，第17—18页。
[②] 参见卓萍《公共项目绩效评估指标特性及构建标准》，《行政论坛》2013年第3期。
[③] 参见［美］西奥多·H. 波伊斯特《公共与非营利组织绩效考评：方法与应用》，肖鸣政等译，中国人民大学出版社2005年版，第76页。

关于绩效目标管理维度的指标的设计，如绩效目标设定和绩效目标申报是基于事前评价的视角来设计绩效指标的。

（2）注重对部门整体支出管理过程的绩效考核。财政部给出的部门整体支出绩效评价指标强调对绩效过程的考核，主要是围绕预算管理的各个环节提炼关键指标。评价管理过程产生的绩效是考察部门整体支出绩效的一个重要方面。本书在设计指标时也重视考核部门整体支出管理过程中的绩效，与财政部不同的是，本书关注预算编制和预算执行环节，依据部门整体支出的主要支出用途分类，分别对"三公经费"、日常公用经费以及项目支出 3 类支出进行绩效评价。具体而言，在预算编制下设计资金安排结构合理性和预决算信息公开等反映公平性的指标；从信息公开程度、管理制定健全性和公务卡使用情况三方面设计"三公经费"支出管理的绩效指标；从重点项目绩效监控率、项目支出管理制度健全性等方面设计体现项目支出管理的绩效指标。

（3）重视满意度的测评。部门利用财政资金来提供公共产品和服务，根本目的是为了满足社会公众或服务对象的需求。因此，对满意度的指标设计，应该最大限度地考虑部门履职所涉及的主要利益相关者的利益和需求。本书不仅注重对社会公众或服务对象的满意度的测评，还强调对部门员工工作的满意度考察。既重视衡量部门外部满意度，也重视了解部门内部员工的满意度，从部门内部和外部两个方面设计满意度指标，这是与财政部的共性指标中仅着重考评社会公众或服务对象满意度的差异之处。

（4）重视考察部门支出的后续中长期影响。关于部门财政支出的影响，主要是对相关项目支出的后续影响的考察，遵循绩效指标设计的前瞻性原则，设计可持续影响维度下的指标。前瞻性要求在构建指标体系时，以可持续发展为指导，注意绩效指标对部门整体支出的导向作用，充分考虑部门预算支出对部门能力和长效发展的影响。设计的指标要有利于部门人才队伍建设、信息化水平的提高、部门管理规章制度的完善和部门长效机制的健全等。由此，可持续影响模块关注部门能力发展和部门长效发展两大方面，这类指标的设计体现了绩效指标的前瞻性特点。部门的持续存在，是为社会公众或服务对象提供公共产品或服务的最好保障，因此部门财政支出的综合效率和效果应该考虑长期性。强调对部门整体支出的可持续影响的绩效考评，是对部门可持续发展能力的衡量，反映了部门持续存在和发展的潜力。

总体来说，本书构建的评价指标体系是经过系统的理论推演得出的，其中难免会存在一些关联性较强的、或次要的、或可操作性不强的指标。由此，各个指标的合理性与重要性还有待借助统计方法和实例进行筛选和检验。

第 四 章

基于熵权法的部门整体支出绩效评价指标筛选

第三章设计的部门整体支出绩效评价指标库是通过理论分析和实践调研等方式推演得出的，由此指标的科学性与有效性有待进一步的探讨分析。在实际评价中，评价指标并非越多越好，也不是越少越好，关键在于指标所起作用的大小。在构建初始指标库时，遵循"最大容忍"的原则，将可能的相关指标纳入指标库中，或多或少存在一些"次要"的指标，因此需要对初始指标进行筛选。通过比较几种常用的指标筛选的统计方法，本书选用熵权法筛选指标，以求得到更为合理、精简的部门整体支出绩效评价共性指标体系。

第一节 指标筛选的原则与方法选择

一般情况下，初始构建的评价指标集不一定是最为科学、最为合理和最为必要的，可能会存在一些重复指标和多余指标，抑或是关联度高的指标，因而需要对原始指标进行筛选，得到最为简洁且适用的评价指标体系。筛选评价指标并非依靠研究者个人的主观臆断随意进行，而是需要遵循一系列的指标筛选原则，选择适合的指标筛选方法。

一 指标筛选的原则

对部门整体支出绩效评价初始指标进行筛选，需要遵循以下几个基本原则：

其一，全面性原则。在构建部门整体支出绩效评价指标时，要尽可能地纳入能够反映部门整体支出绩效的各种类型的重要指标。比如，从部门整体支出的绩效目标、投入、过程、管理、产出、效果以及可持续影响等各个方面进行全面考察，并提炼出比较具有代表性的评价指标。

其二，动态性原则。对于部门整体支出绩效评价，随着具体评价对象的不同和发展变化，评价指标体系不可能保持一成不变。一般情况下，评价指标体系需要根据具体实践的发展不断改进与完善，以确保评价指标体系的合理性与适用性。同理，本书所构建的评价指标体系也应随着部门整体支出绩效评价实践的发展，不断对其进行完善和修正，呈现出动态发展的特征。

其三，独立性原则。在构建评价指标体系时，应该尽可能地保持评价指标间的独立，以防止重复和反复利用已有的信息带来不良影响，从而确保评价结果的有效性和准确性。各项评价指标的相对独立性，即各个指标之间需相互独立、相互区别，不相重叠。因此，在构建部门整体支出绩效评价指标集时，每一个评价指标所反映的具体评价内容都应当是不同的。

其四，可操作性原则。评价指标具有可操作性是开展绩效评价的基础，如果指标无法在实践中应用，理论上再好的评价指标也毫无意义。因此，制定和选取部门整体支出绩效评价指标时，一定要确保指标具有可测量性，较易获得指标数据或获取指标数据资料的成本在可接受范围内。

二 筛选指标的方法选择

关于指标筛选到底选用何种方法，并没有形成统一的意见和规范。因此，对于指标筛选方法的选取，很难说哪种方法好，哪种方法不好；只能说哪种方法适合，哪种方法不适合。也就是说，方法本身并没有好坏之分，只有适合与不适合。通常，筛选指标的方法主要包括主观筛选法、客观筛选法、主客观相结合的筛选方法3种。比如主观筛选法主要有专家咨询法、德尔菲法；客观筛选法有主成分分析法、因子分析法、结构方程模型；主客观相结合的筛选方法有层次分析法等。由于主观筛选指标的方法较为简单，缺点也很明显，在此不展开讨论。下文将对几种较为常用的指标筛选统计方法进行阐述说明。

（一）几种常用的指标筛选方法

本节主要介绍五种常用的指标筛选方法，以便选取适合本书的指标筛选方法。

1. 灰色关联分析法

"灰色关联分析是基于行为因子序列的微观或宏观几何接近，以分析和确定因子间的影响程度或因子对主行为的贡献测度而进行的一种分析方法。"[1] 灰色关联分析可以从众多指标中提炼出影响系统的主要指标，通过删除对评价目标影响较小的指标，保留对评价结果具有显著影响的关键指标。灰色关联分析筛选指标主要分为4个步骤：确定比较数列和参考数列；求关联系数；求关联度；按大小对关联度排序。灰色关联分析是按事物发展趋势作出分析，因此对样本量的多少要求不高，在分析时也不需要数据存在一定的分布规律，故此得到广泛应用。运用灰色关联分析法筛选指标，其原理是剔除弱关联指标，但是在各指标独立性不强时不适合使用该方法。

在实践应用中，灰色关联分析模型不断得到改进。比如，施宝正（1995）通过剖析传统关联度，提出了极差关联度模型。[2] 赵艳林等（1998）提出灰色绝对关联系数与灰色相对关联系数的概念。[3] 施红星等（2008）针对灰色关联模型的缺点，提出了周期关联度模型。[4] 刘思峰等（2010）以广义灰色关联分析模型为基础，提出了基于相似性和接近性视角的灰色相似关联度。[5] 虽然学者在后续研究中提出了一系列的灰色关联度分析的改进模型，但是邓聚龙教授提出的灰色关联度分析模型仍旧影响最大。

---

[1] 傅立：《灰色系统理论及其应用》，科学技术文献出版社1992年版，第185页。
[2] 参见施宝正《极差关联度的提出》，《石油大学学报（自然科学版）》1995年第5期。
[3] 参见赵艳林、韦树英、梅占馨《灰色关联分析的一种新的理论模型》，《系统工程与电子技术》1998年第10期。
[4] 参见施红星、刘思峰、方志耕、张娜《灰色周期关联度模型及其应用研究》，《中国管理科学》2008年第3期。
[5] 参见刘思峰、谢乃明、J. 福雷斯特《基于相似性和接近性视角的新型灰色关联分析模型》，《系统工程理论与实践》2010年第5期。

2. 粗糙集（rough sets）理论

"粗糙集理论是一种刻画不完整性和不确定性的数学工具，能有效地分析和处理不精确、不一致和不完整等各种不完备信息"。[1] 粗糙集理论已经在信息系统分析、数据挖掘和规则生成、决策评价、故障诊断、模式识别、神经网络、机器学习以及智能控制等领域广泛应用。[2]

粗糙集理论具有知识约简功能。知识约简就是指在知识库（评价集）中，删除某些知识，并不太影响知识库的分类能力。对于初始评价指标体系，在设置指标时自然会存有一些冗余的或重叠的指标，利用粗糙集理论的知识约简这一属性，可以剔除多余的指标，保留关键的重要指标。粗糙集理论不仅可以处理定量指标，也可以处理难以定量化的、不确定性的定性指标。但是该方法也存在不足，比如虽然可以大致确保评价结果的正确性，但是非常容易剔除一些重要指标，而且当评价对象的数据较多时，采用此方法的效率较低，有时甚至无法筛选指标。[3]

3. 主成分分析法

"主成分分析基本思想是通过原有变量（指标）的少数几个线性组合来解释原有变量所体现的样本变差。"[4] 在指标构建中通过对各指标进行主成分分析，可以使测量相同本质的指标归入一个因子，建立尽可能少的、两两不相关的指标体系，而且新的指标体系会尽可能保留原有的信息。"一般来说，主成分分析适用的场合，用较少的主成分就可以得到较多的信息量，因此通过主成分分析既可以降低数据维数，又保留了原数据的大部分信息。"[5]

但是在某些情况下也不适合使用主成分分析法筛选指标。比如，当

---

[1] 王宗军、李红侠、邓晓岚：《粗糙集理论研究的最新进展及发展趋势》，《武汉理工大学学报》2006年第1期。

[2] 参见张小红、裴道武、代建华《模糊数学与 Rough 集理论》，清华大学出版社2013年版，第205页。

[3] 参见俞立平、潘云涛、武夷山《科技评价中指标初步筛选的实证研究》，《科技进步与对策》2010年第5期。

[4] 盛子宁：《多指标评估体系的主成分分析及应用实例》，《上海海运学院学报》2003年第3期。

[5] 朱建平、殷瑞飞：《SPSS 在统计分析中的应用》，清华大学出版社2007年版，第171页。

各变量间的相关系数很小，或者说相关系数的特征根分布均匀、样本量小等，都不适合使用主成分分析法。① 主成分分析法是一种有效的降维方法，采用该方法进行降维需满足变量间存在高度相关性这一前提条件。②

4. 隶属度分析法

隶属度分析法筛选指标的基本思路为：将某一评价指标体系｛X｝看作一个模糊集合，把每一指标作为一个元素，并逐一对各个指标进行隶属度分析，删除隶属度低于临界值的指标，从而得到最终的评价指标体系。采用该方法筛选指标的最大优点是通过借助专家学者的丰富经验和知识，以进一步确保指标体系的合理性和可行性。

但是在隶属度分析法中，目前并没有权威规定的筛选标准，使指标筛选存在很大的主观性。比如，柯洪、周付彦（2012）采用各指标隶属度的平均值作为公路工程造价管理绩效评价指标筛选的临界值，剔除隶属度低于临界值的指标，从而保留最终评价指标。③ 范柏乃等（2012）采用隶属度分析法实证筛选中国地方政府社会管理绩效测评量表时，则剔除隶属度低于 0.3 的指标。④ 范柏乃等（2014）在对我国经济社会协调发展评价指标体系的研究中，则选取 0.2 为隶属度临界值。⑤ 由此可知，在筛选指标中，对于指标临界值的选取，存在很强的主观性，这也是选用此方法筛选指标的不足之处。

5. 结构方程模型（Structural Equation Modeling，简称 SEM）

"结构方程模型是反映隐变量和显变量的一组方程，其目的是通过显变量的测量推断隐变量，并对假设模型的正确性进行检验。"⑥ SEM 是一

---

① 参见吴殿廷、吴迪《用主成分分析法作多指标综合评价应该注意的问题》，《数学的实践与认识》2015 年第 20 期。
② 参见陈洁文、陈勇、林海明《主成分分析应用中应注意的问题》，《统计与决策》2009 年第 8 期。
③ 参见柯洪、周付彦《公路工程造价管理绩效评价指标体系研究》，《公路交通科技》2012 年第 12 期。
④ 参见范柏乃、段忠贤《中国地方政府社会管理绩效测评量表编制及应用》，《上海行政学院学报》2012 年第 6 期。
⑤ 参见范柏乃、张维维、朱华《我国经济社会协调发展评价体系的构建与实际测度研究》，《中共浙江省委党校学报》2014 年第 2 期。
⑥ 参见何晓群《多元统计分析》，中国人民大学出版社 2004 年版，第 288 页。

种验证性的分析方法，而不是探索性的分析方法，需要理论或经验的支持，在理论指导下才能构建假设模型图，即使是对模型的修正，也必须依据相关理论，它尤其强调理论的合理性。[①] SEM 是用于解释显性变量和潜在变量之间关系的一种理论模型，包含测量模型和结构模型两个基本模型。

吴明隆（2009）认为一个完整的结构方程模型的分析历程应该包括以下几个环节，如图 4—1 所示：

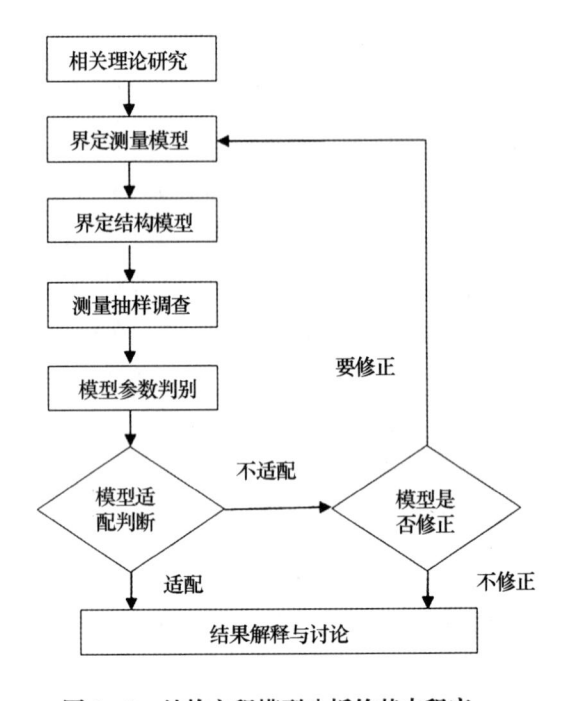

图 4—1　结构方程模型分析的基本程序

资料来源：参见吴明隆《结构方程模型——AMOS 的操作与应用》，重庆大学出版社 2009 年版，第 30 页。

"SEM 具有理论先验性；可同时处理测量与分析问题；关注协方差的运用；适用于大样本分析；包含许多不同的统计技术；重视多重统计指

---

① 参见吴明隆《结构方程模型——AMOS 的操作与应用》，重庆大学出版社 2009 年版，第 2 页。

标的运用。"① 因此，SEM 分析非常适用于那些不能直接准确测量的评价指标。值得注意的是，SEM 所处理的是整体模型的比较，对于个别指标是否具有特定的统计显著性则不是 SEM 分析的重点所在，SEM 适用于大样本的分析。② 当样本数低于 100 时，几乎所有的 SEM 分析都是不稳定的。③

（二）指标筛选方法的简要评述

以上 5 种指标筛选方法的应用领域和范围各有不同，因为每种方法都有其优点和缺点，具体如表 4—1 所示。

表 4—1　　　　　　　　5 种指标筛选方法的优点和缺点

指标筛选方法	优点	缺点
灰色关联度分析法	统计样本量无定数要求；计算量小；样本有无规律同样适用	无法保证指标体系中各指标的相互独立性；指标相对独立的情况下不适合使用
粗糙集理论	剔除冗余信息；通过比较不同属性间的依赖性和重要性，导出分类规则；定量和定性指标都可处理	容易剔除一些重要指标；评价对象数据较多时使用效率很低，甚至无法筛选指标；没有软件支持
主成分分析法	既可以降低数据维数，又可以保留原数据的大部分信息；可以避免指标间的相关影响	当各变量间的相关系数很小（相关系数的特征根分布均匀），样本量小都不适合使用
隶属度分析法	借助专家学者的知识和经验	无统一的筛选标准；无法有效筛除相关性强的指标
结构方程模型	具有理论先验性；可同时处理测量与分析问题；可同时处理多个潜变量；允许自变量和因变量存在误差；适用于大样本分析	无法判断单个指标是否具有特定的统计显著性；当样本数低于 100 时，所有的 SEM 分析都不稳定

---

① 吴明隆：《结构方程模型——AMOS 的操作与应用》，重庆大学出版社 2009 年版，第 3—6 页。
② 参见荣泰生《AMOS 与研究方法》，重庆大学出版社 2010 年版，第 7 页。
③ 参见邱浩政《结构方程模式——LISREL 的理论、技术与应用》，双叶书廊 2005 年版，第 8—13 页。

以上5种筛选指标的方法虽然优点显著,但缺点也很明显。尤其是在采用主成分分析、灰色关联分析实施评价时,会出现一些指标增加但总评分值反而减少的不正常现象。① 经过对这5种方法的比较,结合部门整体支出绩效评价指标体系的实际特征,本书认为熵权法比较适用于筛选部门整体支出绩效评价指标。熵权法筛选指标可以减少主观因素的干扰,是一种根据各项指标观测值所提供的信息量的大小来确定指标权数的方法。② 本书选取熵权法筛选指标的缘由将在下文进行详细的说明。

三 熵权法筛选指标的理论模型

熵权法是一种客观综合的指标筛选方法。熵权法用于确定指标权数,根据某同一指标观测值之间的差异程度来反映其重要程度,可以避免绩效评价中主观因素的影响,从而提高评价结果的准确性。从已有研究情况来看,熵权法在宏观经济管理与可持续发展、环境科学与资源利用、工业经济、企业经济、农业经济、电力工业、经济体制改革等学科领域得到了较为广泛的应用。

(一)熵权法概述

熵这一名词最初来源于热力学,而后熵的思想逐渐在生物学、天文学等自然科学及社会科学中得到不同程度的运用。申农(C. E. Shannon)将熵引入到信息论中,利用概率统计的方法,把熵作为一个随机事件的不确定性或信息的一个度量。在信息论中,如果一个信息通道传输的第 i 个信号的信息量 I_i 为 $I_i = -\ln p_i$,其中 p_i 为这个信号的概率,如果有 n 个信号,出现的概率分别为 p_1, p_2, p_3, …, p_n,则这个信号的熵为 $-\sum_{i=1}^{n} p_i \ln p_i$。③ 信息熵则是通过概率分布函数来度量不确定性的大小。信息熵具有对称性(表明信息量在改变事件顺序时是不变的)、非负性、

---

① 参见俞立平、潘云涛、武夷山《科技评价中指标初步筛选的实证研究》,《科技进步与对策》2010年第5期。
② 参见郭亚军《综合评价理论、方法与拓展》,科学出版社2012年版,第40期。
③ 参见张继国、[美]Vijay P. Singh(辛格)《信息熵:理论与应用》,北京水利水电出版社2012年版,第13—15页。

极值性、可加性、上凸性（熵函数是概率分布的严格上凸函数）等特性。

"熵权法是一种在综合考虑各因素所提供信息量的基础上，计算一个综合指标的数学方法；它主要根据各指标传达给决策者的信息量大小来确定其权数。"① 应用熵权法来衡量指标的相对重要性，一般认为同一指标的评分差异越大，表明该指标越重要，与之对应的指标权重也越大。

（二）选取熵权法筛选部门整体支出绩效评价指标的缘由

在实际决策中，熵权法主要应用于评价指标的选取与投资项目规划两个方面。② 本书之所以选取熵权法筛选部门整体支出绩效评价指标主要有以下几点原因：

其一，熵权法是一种定量的综合分析方法，能够获得客观的指标权重值，进而得到较为准确的指标筛选结果。由于本书构建的部门整体支出绩效评价指标体系，无论是一级指标，还是二级、三级指标，都是经过理论推演得出的，具有某种程度的主观色彩。为了增强评价指标体系的合理性与实用性，需要引入客观的定量分析方法来筛选指标，以弥补其中的不足。熵权法正好是一种客观的综合评价方法，不仅具有综合定量分析法的优点，而且计算相对简单，因而具有很强的可操作性。

其二，熵权法对研究的样本数量没有硬性规定，甚至不需要太大的样本量，因此较为容易收集到相关的数据，进而获得准确的筛选结果。本书以部门整体支出为绩效评价对象，具有一定的特殊性。因为政府部门在信息公开方面存在天然的弱势，更是规避对部门某些具体财务信息的公开，因此关于部门整体支出绩效评价中的某些指标较难获得大量的指标数据信息，这无形中增加了筛选指标的难度。使用熵权法筛选部门整体支出的评价指标能够较好地解决这一问题，因为它对评价对象的个数没有强制规定，少至6—7个评价对象也能使用此方法筛选指标，而且能获得同样客观的指标权重。比如，要获得60—70个政府部门的整体支出的财务信息，可能会存在一定的困难，但是通过各种途径和帮助获取

---

① 李凡：《基于熵权和TOPSIS结合的企业运营能力综合评价》，《中国管理信息化》2010年第13页。

② 参见邱菀华《管理决策与应用熵学》，机械工业出版社2001年版，第195页。

6—7个政府部门的部门整体支出的相关数据信息却相对较为容易。由此可见，相比结构方程模型、主成分分析法等需要大量样本的定量分析方法，运用熵权法筛选部门整体支出绩效评价的指标具有很大的优势。

其三，运用熵权法筛选指标在绩效评估领域应用广泛，尤其在财务领域也有一些研究，因而可以从相关领域的研究成果中获得借鉴。例如，杨方文、李霞（2008）采用熵权法计算小企业财务指标权重，[①] 邱业、谷春燕（2014）采用熵权法研究上市公司的财务评价，[②] 田中禾、张娇（2013）也采用熵权法分析上市公司的财务综合绩效。[③] 在已有研究中虽然大多是运用熵权法进行企业财务指标的权重计算、指标筛选与结果分析，但是相关的分析思路、研究路径等都可以为部门整体支出绩效评价指标筛选提供重要的参考。

（三）熵权法的基本原理与步骤

"根据信息论的原理，信息是系统有序程度的一个变量；而熵是系统无序程度的一个变量；二者绝对值相同，但符号相反"。[④] 熵权法具有下述一般原理：若某一指标的信息熵值越大，则该指标的变异系数越小，该指标反映的信息量就越小，在评价中作用就越小，指标权重也就越小。反之，指标信息熵越小，指标变异系数越大，反映的信息量就越大，在评价中作用就越大，指标权重也越大。[⑤]

用熵权法确定指标权重，筛选指标的步骤[⑥]如下：

1. 对原始数据矩阵进行标准化处理

假设 x_{ij}（$i=1, 2, \cdots, n; j=1, 2, \cdots, m$）为第 i 个被评价对象中

[①] 参见杨方文、李霞《小企业财务指标权重熵权法的运用》，《财会通讯（综合版）》2008年第5期。

[②] 参见邱业、谷春燕《基于熵权法的有色金属上市公司财务评价研究》，《中国矿业》2014年第S2期。

[③] 参见田中禾、张娇《基于熵权法的西部制造业上市公司财务综合绩效测评——以甘肃省为例》，《财会通讯》2013年第14期。

[④] 孙清涛、孙涛、田金凤：《基于财务指标和熵权法的企业运营能力分析》，《中国管理信息化（综合版）》2005年第5期。

[⑤] 参见邱菀华《管理决策与应用熵学》，机械工业出版社2001年版，第194页。

[⑥] 参见郭亚军《综合评价理论、方法与拓展》，科学出版社2012年版，第40—41页。

的第 j 项指标的原始数据，则原始数据矩阵为：

$$X = (x_{ij})_{m \times n} \begin{pmatrix} x_{11} & x_{12} & \cdots & x_{1n} \\ x_{21} & x_{22} & \cdots & x_{2n} \\ \cdots & \cdots & \cdots & \cdots \\ x_{m1} & x_{m2} & \cdots & x_{mn} \end{pmatrix} \quad (1)$$

对原始数据矩阵进行标准化处理，具体按照公式（2）和公式（3）进行数据的标准化。当指标为正向时，标准化为公式（2）；当指标为逆向时，标准化为公式（3）。

$$r_{ij} = \frac{x_{ij} - \min x_{ij}}{\max x_{ij} - \min x_{ij}} \quad (2)$$

$$r_{ij} = \frac{\max x_{ij} - x_{ij}}{\max x_{ij} - \min x_{ij}} \quad (3)$$

经过标准化处理后的评价矩阵为：

$$R = (r_{ij})_{m \times n} \begin{pmatrix} r_{11} & r_{12} & \cdots & r_{1n} \\ r_{21} & r_{22} & \cdots & r_{2n} \\ \cdots & \cdots & \cdots & \cdots \\ r_{m1} & r_{m2} & \cdots & r_{mn} \end{pmatrix} \quad (4)$$

2. 计算第 j 个指标下，第 i 个被评价对象的特征比重 p_{ij}

$$p_{ij} = \frac{r_{ij}}{\sum_{j=1} r_{ij}} \quad (5)$$

3. 计算 j 项指标的熵值 H_j：

$$H_j = -K \sum_{i=1}^{n} P_{ij} \ln P_{ij} \quad (6)$$

其中 $K = \frac{1}{\ln n}$，n 为被评价对象的个数。若 $p_{ij} = 0$ 时，则 $p_{ij} \ln p_{ij} = 0$。

4. 计算各指标的差异性系数 g_j：

$$g_j = 1 - H_j \quad (7)$$

对于评价指标 j，若 x_{ij} 的差异越小，则熵值越大；若 x_{ij} 全部相等，熵值为1，第 j 项指标基本不起作用。反之，则指标作用越大，越应该重视该指标。

5. 计算第 j 项评价指标的熵权 w_j：

$$\omega_j = \frac{1 - H_j}{n - \sum_{j=1}^{n} H_j} \tag{8}$$

上式中，n 为评价指标的总个数；$0 \leqslant w_j \leqslant 1$，$\sum_{j=1}^{n} w_j = 1$；由此得到所有指标的权重为 $w = (w_1, w_2, \cdots, w_n)$。

熵权具有以下几个性质：(1) 各被评价对象如果在指标 j 上的值接近相等，熵值也就越接近最大值1，熵权越接近于0，这表明该指标未能提供充足的信息，可以考虑删除这一指标。反之，则应重点考察该指标；(2) 熵权并不表示指标在客观实际意义上的重要性系数，而是各指标在竞争意义上的激烈程度系数，所以依评价对象取值的不同有必要重新考虑各指标的重要性权重。[①]

第二节　基于熵权法筛选部门整体支出绩效评价指标

开展部门整体支出绩效评价是一个复杂的系统工程，评价资金包含部门所有的财政预算支出，涉及部门工作的方方面面。由于主客观的原因，难以借助大量的研究样本来筛选部门整体支出绩效的评价指标，而熵权法适用于对小样本研究。因此，本书选取了7个政府部门为研究样本，对部门整体支出的绩效评价指标进行筛选分析。

一　研究样本的选取

(一) 研究样本的确定

考虑到相关指标数据的可获得性，本书选取7个政府部门为研究样本。这7个政府部门包括 Y 市经济和信息化委员会、Y 市粮食局、X 市科学技术局、H 省体育局、H 省地质矿产勘查开发局、H 省民政厅、H 省质量技术监督局。这7个部门都是已经实施了部门整体支出绩效评价实

---

① 参见张继国、[美] Vijay P. Singh（辛格）《信息熵：理论与应用》，北京水利水电出版社2012年版，第80页。

践的试点部门。在老师、同学和家人的帮助下，笔者曾对其中的政府部门相关实践工作者进行了访谈咨询，因而基本上可以获取到相关指标的数据信息。而且，其中一些部门所评价年度的部门整体支出绩效评价报告和相关原始数据信息已经在相应部门的官方网站向社会公开，因此这些数据较为容易获得。虽然每个部门在具体评价实践中，所构建的部门整体支出绩效评价指标存在不同程度的差异，但是可以从已有指标中找出一些指标的原始数据信息。下面将对这7个政府部门相关评价年度的部门整体支出情况进行简要介绍：

（1）Y市经济和信息化委员会（经信委）是负责全市工业经济运行调节的市财政预算拨款单位，2016年部门整体支出总额为2516.73万元，部门的基本支出总额为2245.58万元，项目支出为271.15万元。

（2）Y市粮食局主要负责全市粮食（含食用油）的宏观调控等，2015年度的部门整体支出总数为1225.69万元，其中基本支出为649.19万元，占部门支出总额比为52.97%，项目支出为576.50万元，占支出总额的47.03%。

（3）X市科学技术局（科技局）是负责全市科技工作的预算拨款单位，2016年部门整体支出总额为84255.90万元，其中基本支出为6782.29万元，项目支出为77473.61万元。

（4）H省体育局是主管全省体育事业工作的职能部门，2015年部门整体支出总额为27885.35万元，基本支出总数为20923.72万元，项目支出总额为6961.63万元。

（5）H省地质矿产勘查开发局（地勘局）承担全省基础地质调查、履行地质工作管理等职能。2015年部门整体支出绩效评价的总额为15.34亿元，其中基本支出为12.42亿元，项目支出为2.92亿元。

（6）H省民政厅是省政府主管有关社会行政事务的职能部门。2016年部门整体支出总额为39865.70万元，其中基本支出4732.40万元，项目支出35133.30万元。

（7）H省质量技术监督局（质监局）主管全省的质量、标准化、计量、认证、特种设备、纤维检验等综合管理工作。以该部门的2015年度部门整体支出为研究样本，2015年该局的部门支出总额为63056.02万元,其中基本支出为17475.65万元,项目支出为45580.37万元。

(二) 样本数据的获取

由于本书所构建的部门整体支出绩效评价指标既有定量指标,也包括定性指标,定量指标的原始数据来源于各评价对象的实际数据或者通过对实际数据的计算得出;对于定性指标因为无法直接通过实际数据取得指标的评价得分,因此需要对定性指标进行量化处理。

在具体评价中,对于无法直接借助实际数据得到评分结果的定性指标,可以通过专家或经验丰富的实践工作者的反复实验或相关统计数据的分析对指标进行打分。为了确保指标评分的合理性,评分结果可以是一个数据区间。假设有 m 个专家进行指标评分,第 j 位专家对第 i 个指标的评分数据区间值为 $(y_{ji1}, y_{ji2}]$,

$$\chi_{ji} = \begin{cases} 1, & u_i \in (y_{ji1}, y_{ji2}] \\ 0, & u_i \notin (y_{ji1}, y_{ji2}] \end{cases} \quad (9)$$

$$\mu_i(u_i) = \frac{1}{m} \sum_{j=1}^{m} \chi_{ji}(u_i) \quad (10)$$

上式中 y_{ji1} 是专家 j 对指标 i 的评分最小值;y_{ji2} 是专家 j 对指标 i 的评分最大值;u_i 是指标 i 的评价值;$X_{ji}(u_i)$ 是专家 j 对指标 i 的评价值的隶属度;$\mu_i(u_i)$ 为 m 个专家对指标 i 的评分的评价隶属度。因此指标的量化值 $\bar{u}_i$ 可以通过下式(11)求出:

$$\bar{u}_i = \frac{\int_0^{100} u\mu_i(u_i)\mathrm{d}u}{\int_0^{100} \mu_i(u_i)\mathrm{d}u} \quad (11)$$

公式(11)可简化为:

$$\bar{u}_i = \frac{\frac{1}{2}\sum_{j=1}^{m}[(y_{ij2})^2 - (y_{ij1})^2]}{\sum_{j=1}^{m}[y_{ij2} - y_{ij1}]} \quad (12)$$

对于本书中的定性指标,笔者请被评价的7个政府部门的从业工作者根据他们的工作经验或有关数据的分析给出评分区间,其中每个部门选取5位熟悉部门财务的工作人员对该部门的相应指标进行打分。本书将定性指标的评价等级表和评价分值进行如下设置：优为 [90, 100]，良为 [80, 90)，中为 [60, 80)，差为 (0, 60)，评分专家可以根据自己的知识和实践经验对指标进行区间打分。分别请上述 7 个部门的 5 位工作人员根据自身经验和业务知识，单独给出评价指标的评分区间。如 Y 市经信委的 5 位工作人员对本部门"目标明确性"这一三级指标的评分区间分别为 (85, 95)(75, 90)(70, 80)(80, 85)(80, 90)，由公式（12）可得出目标明确性的指标评价值为 83。由此，同理可求出其他定性指标的评分值。需要说明的是，关于某些定量指标缺失原始数据或相关部门不愿公开具体的数值，也可以通过这一方法计算出指标的评分值。

由此，对第三章构建的部门整体支出绩效评价指标库中的每一指标进行数值表示得到上述 7 个政府部门与之对应的指标数据，如表 4—2 所示。

表 4—2　　　　部门整体支出绩效评价三级指标数据

指标＼部门	经信委 A	粮食局 B	科技局 C	体育局 D	地勘局 E	民政厅 F	质监局 G
目标明确性 C_1	83	75	90	80	85	78	92
目标难度 C_2	90	85	75	78	80	86	89
绩效指标明确性 C_3	82.5	85	82	80.5	83.5	81.5	86
目标覆盖率 C_4	0.85	0.75	0.81	0.80	0.76	0.78	0.82
资金安排结构合理性 C_5	90	88	86	85	83	84	83.5
预决算信息公开 C_6	85	80	81	82	82.5	83.5	80.5
财政供养人员控制率 C_7	0.89	0.88	0.87	0.90	0.86	0.92	0.88
预算执行率 C_8	0.90	0.85	0.90	0.90	0.87	0.91	0.92
预算调整率 C_9	0.35	0.20	0.16	0.25	0.35	0.43	0.26
支付进度率 C_{10}	0.75	0.76	0.73	0.72	0.74	0.73	0.71
政府采购执行率 C_{11}	0.90	0.91	0.92	0.96	0.95	0.98	0.99
政府采购程序透明度 C_{12}	85	87.5	88	90	91.5	89.5	90.5
"三公经费"控制率 C_{13}	0.89	0.9	0.91	0.88	0.87	0.89	0.86
"三公经费"信息公开程度 C_{14}	70	71	71.5	76.5	72.5	72	75.5

续表

指标\部门	经信委 A	粮食局 B	科技局 C	体育局 D	地勘局 E	民政厅 F	质监局 G
"三公经费"管理制度健全性 C_{15}	90	89.5	89	90	91.5	88.5	92.5
公务卡刷卡率 C_{16}	0.91	0.95	0.90	0.95	0.93	0.92	0.93
日常公用经费使用合规性 C_{17}	90	94.5	91.5	92.5	92.5	93.5	96.5
日常公用经费控制率 C_{18}	0.91	0.92	0.93	0.92	0.90	0.94	0.91
会计信息完善性 C_{19}	90	90	91	90.5	91.5	90.5	91.5
项目支出管理制度健全性 C_{20}	80	81	82.5	81.5	80.5	79.5	80.5
重点项目绩效监控率 C_{21}	0.68	0.73	0.81	0.91	0.69	0.78	0.82
项目质量达标率 C_{22}	0.66	0.71	0.82	0.76	0.78	0.85	0.79
项目支出结转结余率 C_{23}	0.25	0.35	0.36	0.18	0.26	0.32	0.12
项目支出预算调整率 C_{24}	0.07	0.21	0.16	0.18	0.21	0.35	0.18
项目支出预算到位率 C_{25}	0.81	0.76	0.85	0.78	0.75	0.83	0.86
部门资产账实相符率 C_{26}	0.92	0.96	0.93	0.95	0.96	0.95	0.93
固定资产利用率 C_{27}	0.68	0.70	0.69	0.69	0.67	0.65	0.66
资产管理安全性 C_{28}	0.90	0.91	0.94	0.92	0.90	0.88	0.92
基础工作完成率 C_{29}	0.92	0.97	0.98	0.95	0.93	0.96	0.97
重点工作完成率 C_{30}	0.93	0.96	0.97	0.92	0.94	0.95	0.96
工作完成准时率 C_{31}	0.91	0.89	0.92	0.97	0.96	0.93	0.96
工作质量达标率 C_{32}	0.89	0.79	0.91	0.88	0.87	0.93	0.92
部门工作关键指标达标率 C_{33}	0.91	0.92	0.94	0.93	0.91	0.95	0.92
部门绩效自评项目占比率 C_{34}	0.86	0.91	0.92	0.89	0.91	0.89	0.93
项目成果转化率 C_{35}	0.52	0.38	0.39	0.56	0.71	0.68	0.75
公众建议采纳率 C_{36}	0.80	0.80	0.79	0.80	0.82	0.83	0.82
部门员工满意度 C_{37}	90.5	88.5	89.5	90.5	91.5	89	90
社会公众或服务对象满意度 C_{38}	88.5	86.5	89.5	87.5	87	86	85.5
人才队伍建设 C_{39}	90	88	89	91	93	91	91
部门团建活动参与率 C_{40}	1.00	0.98	0.99	0.99	0.99	1.00	0.99
部门基础设施完备性 C_{41}	79	78	79	80	79.5	80	81
部门信息化建设水平 C_{42}	78.5	75	80	83	82	86	88.5

续表

指标 \ 部门	经信委A	粮食局B	科技局C	体育局D	地勘局E	民政厅F	质监局G
部门管理理念创新性 C_{43}	80	78	79	79.5	80.5	80	81
部门管理规章制度健全性 C_{44}	90	94.5	97.5	95	91	92	93.5
部门长效机制健全性 C_{45}	89	79.5	81	86	82	85	89

资料来源：作者根据相关部门的实际数据资料及问卷数据整理而得

二 指标筛选的具体过程与结果

依据本书研究的需要与内容安排，在这一节中仅对部门整体支出绩效评价初始指标库中的三级指标进行筛选。筛选指标的目的是从指标库中找出最为适合的评价指标。由上可知，采用熵权法筛选指标具体包括以下几个步骤：

（一）评价矩阵的标准化处理

通常，指标熵权值的获得是建立在评价矩阵的基础之上的。为了消除指标单位的不同、度量不同等多种因素的影响，需要对指标进行标准化处理，从而得到相应指标的标准化矩阵。

以目标设定下的三级指标为例，原始评价矩阵为：

$$X_1 = \begin{bmatrix} 83 & 75 & 90 & 80 & 85 & 78 & 92 \\ 90 & 85 & 75 & 78 & 80 & 86 & 89 \end{bmatrix}$$

按照标准化公式（2）对目标明确性和目标难度两个指标数据进行归一化处理，得到标准矩阵为：

$$X_1' = \begin{bmatrix} 0.4706 & 0.0000 & 0.8824 & 0.2941 & 0.5882 & 0.1765 & 1.0000 \\ 1.0000 & 0.6667 & 0.0000 & 0.2000 & 0.3333 & 0.7333 & 0.9333 \end{bmatrix}$$

同理可求得目标申报 X_2、预算编制 X_3、预算执行 X_4、"三公经费"支出管理 X_5、日常公用经费支出管理 X_6、项目支出管理 X_7、资产管理 X_8、职责履行 X_9、履职效果 X_{10}、部门能力发展 X_{11}、部门长效发展 X_{12} 下的三级指标的标准化矩阵分别为 X_2'、X_3'、…、X_{12}'。

（二）计算每一指标的特征比重 p_{ij}

按照公式（5）计算出每一个三级指标在第 j 个被评价部门的特征比

重 p_{ij}，如表4—3所示。

表4—3   相关三级指标在第j个被评价部门的特征比重 p_{ij}

三级指标 p_{ij} \ 部门	经信委A	粮食局B	科技局C	体育局D	地勘局E	民政厅F	质监局G
C_1	0.1379	0.0000	0.2586	0.0862	0.1724	0.0517	0.2931
C_2	0.2586	0.1724	0.0000	0.0517	0.0862	0.1897	0.2414
C_3	0.1143	0.2571	0.0857	0.0000	0.1714	0.0571	0.3143
C_4	0.3125	0.0000	0.1875	0.1563	0.0313	0.0938	0.2188
C_5	0.3784	0.2703	0.1622	0.1081	0.0000	0.0541	0.0270
C_6	0.3448	0.0000	0.0690	0.1379	0.1724	0.2414	0.0345
C_7	0.1667	0.1111	0.0556	0.2222	0.0000	0.3333	0.1111
C_8	0.1818	0.0909	0.1818	0.0000	0.1273	0.2000	0.2182
C_9	0.2159	0.0455	0.0000	0.1023	0.2159	0.3068	0.1136
C_{10}	0.2353	0.2941	0.1176	0.0588	0.1765	0.1176	0.0000
C_{11}	0.0000	0.0323	0.0645	0.1935	0.1613	0.2581	0.2903
C_{12}	0.0000	0.0926	0.1111	0.1852	0.2407	0.1667	0.2037
C_{13}	0.1667	0.2222	0.2778	0.1111	0.0556	0.1667	0.0000
C_{14}	0.0000	0.0526	0.0789	0.3421	0.1316	0.1053	0.2895
C_{15}	0.1304	0.0870	0.0435	0.1304	0.2609	0.0000	0.3478
C_{16}	0.0526	0.2632	0.0000	0.2632	0.1579	0.1053	0.1579
C_{17}	0.0000	0.2143	0.0714	0.1190	0.1190	0.1667	0.3095
C_{18}	0.0769	0.1538	0.2308	0.1538	0.0000	0.3077	0.0769
C_{19}	0.0000	0.0909	0.1818	0.1364	0.2273	0.1364	0.2273
C_{20}	0.0556	0.1667	0.3333	0.2222	0.1111	0.0000	0.1111
C_{21}	0.0000	0.0758	0.1970	0.3485	0.0152	0.1515	0.2121
C_{22}	0.0000	0.0667	0.2133	0.1333	0.1600	0.2533	0.1733
C_{23}	0.1300	0.2300	0.2400	0.0600	0.1400	0.2000	0.0000
C_{24}	0.0000	0.1609	0.1034	0.1264	0.1609	0.3218	0.1264
C_{25}	0.1538	0.0256	0.2564	0.0769	0.0000	0.2051	0.2821
C_{26}	0.0000	0.2500	0.0625	0.1875	0.2500	0.1875	0.0625
C_{27}	0.1579	0.2632	0.2105	0.2105	0.1053	0.0000	0.0526
C_{28}	0.0952	0.1429	0.2857	0.1905	0.0952	0.0000	0.1905

续表

三级指标 p_{ij} \ 部门	经信委 A	粮食局 B	科技局 C	体育局 D	地勘局 E	民政厅 F	质监局 G
C_{29}	0.0000	0.2083	0.2500	0.1250	0.0417	0.1667	0.2083
C_{30}	0.0526	0.2105	0.2632	0.0000	0.1053	0.1579	0.2105
C_{31}	0.0645	0.0000	0.0968	0.2581	0.2258	0.1290	0.2258
C_{32}	0.1515	0.0000	0.1818	0.1364	0.1212	0.2121	0.1970
C_{33}	0.0000	0.0833	0.2500	0.1667	0.0833	0.3333	0.0833
C_{34}	0.0000	0.1724	0.2069	0.1034	0.1724	0.1034	0.2414
C_{35}	0.1053	0.0000	0.0075	0.1353	0.2481	0.2256	0.2782
C_{36}	0.0769	0.0769	0.0000	0.0769	0.2308	0.3077	0.2308
C_{37}	0.2000	0.0000	0.1000	0.2000	0.3000	0.0500	0.1500
C_{38}	0.2500	0.0833	0.3333	0.1667	0.1250	0.0417	0.0000
C_{39}	0.1176	0.0000	0.0588	0.1765	0.2941	0.1765	0.1765
C_{40}	0.2500	0.0000	0.1250	0.1250	0.1250	0.2500	0.1250
C_{41}	0.0952	0.0000	0.0952	0.1905	0.1429	0.1905	0.2857
C_{42}	0.0729	0.0000	0.1042	0.1667	0.1458	0.2292	0.2813
C_{43}	0.1667	0.0000	0.0833	0.1250	0.2083	0.1667	0.2500
C_{44}	0.0000	0.1915	0.3191	0.2128	0.0426	0.0851	0.1489
C_{45}	0.2714	0.0000	0.0429	0.1857	0.0714	0.1571	0.2714

(三) 计算每一指标的熵值

按照公式（6）计算出每一指标的熵值 H_i，具体如表 4—4 所示。

表 4—4　　　　　　　　各指标熵值 H_i

指标 C_i	C_1	C_2	C_3	C_4	C_5	C_6	C_7	C_8	C_9
熵值 H_i	0.8481	0.8612	0.8414	0.8377	0.7771	0.8156	0.8469	0.9015	0.8455
指标 C_i	C_{10}	C_{11}	C_{12}	C_{13}	C_{14}	C_{15}	C_{16}	C_{17}	C_{18}
熵值 H_i	0.8617	0.8265	0.8954	0.8695	0.8146	0.8212	0.8621	0.8669	0.8590
指标 C_i	C_{19}	C_{20}	C_{21}	C_{22}	C_{23}	C_{24}	C_{25}	C_{26}	C_{27}
熵值 H_i	0.8966	0.8469	0.8023	0.8858	0.8796	0.8790	0.8274	0.8569	0.8689

续表

指标 C_i	C_{28}	C_{29}	C_{30}	C_{31}	C_{32}	C_{33}	C_{34}	C_{35}	C_{36}
熵值 H_i	0.8816	0.8691	0.8689	0.8678	0.9108	0.8390	0.8966	0.8130	0.8383
指标 C_i	C_{37}	C_{38}	C_{39}	C_{40}	C_{41}	C_{42}	C_{43}	C_{44}	C_{45}
熵值 H_i	0.8580	0.8278	0.8719	0.8905	0.8816	0.8738	0.8930	0.8417	0.8402

（四）计算每一指标的差异性系数

按照公式（7）计算出各个指标的差异性系数，具体如表4—5所示。

表4—5　　　　　各指标差异性系数 g_i

指标 C_i	C_1	C_2	C_3	C_4	C_5	C_6	C_7	C_8	C_9
差异性系数 g_i	0.1519	0.1388	0.1586	0.1623	0.2229	0.1844	0.1531	0.0985	0.1545
指标 C_i	C_{10}	C_{11}	C_{12}	C_{13}	C_{14}	C_{15}	C_{16}	C_{17}	C_{18}
差异性系数 g_i	0.1383	0.1735	0.1046	0.1305	0.1854	0.1788	0.1379	0.1331	0.1410
指标 C_i	C_{19}	C_{20}	C_{21}	C_{22}	C_{23}	C_{24}	C_{25}	C_{26}	C_{27}
差异性系数 g_i	0.1034	0.1531	0.1977	0.1142	0.1204	0.1210	0.1726	0.1431	0.1311
指标 C_i	C_{28}	C_{29}	C_{30}	C_{31}	C_{32}	C_{33}	C_{34}	C_{35}	C_{36}
差异性系数 g_i	0.1184	0.1309	0.1311	0.1322	0.0892	0.1610	0.1034	0.1870	0.1617
指标 C_i	C_{37}	C_{38}	C_{39}	C_{40}	C_{41}	C_{42}	C_{43}	C_{44}	C_{45}
差异性系数 g_i	0.1420	0.1722	0.1281	0.1095	0.1184	0.1262	0.1070	0.1583	0.1598

（五）计算每一指标的熵权

根据公式（8）计算出各个指标的熵权 w_i 如表4—6所示。

第四章 基于熵权法的部门整体支出绩效评价指标筛选

表4—6　　　　　　　　各指标熵权 w_i

指标 C_i	C_1	C_2	C_3	C_4	C_5	C_6	C_7	C_8	C_9
熵权 w_i	0.0236	0.0216	0.0246	0.0252	0.0346	0.0286	0.0238	0.0153	0.0240
指标 C_i	C_{10}	C_{11}	C_{12}	C_{13}	C_{14}	C_{15}	C_{16}	C_{17}	C_{18}
熵权 w_i	0.0215	0.0269	0.0162	0.0203	0.0288	0.0278	0.0214	0.0207	0.0219
指标 C_i	C_{19}	C_{20}	C_{21}	C_{22}	C_{23}	C_{24}	C_{25}	C_{26}	C_{27}
熵权 w_i	0.0160	0.0238	0.0307	0.0177	0.0187	0.0188	0.0268	0.0222	0.0204
指标 C_i	C_{28}	C_{29}	C_{30}	C_{31}	C_{32}	C_{33}	C_{34}	C_{35}	C_{36}
熵权 w_i	0.0184	0.0203	0.0204	0.0205	0.0139	0.0250	0.0161	0.0290	0.0251
指标 C_i	C_{37}	C_{38}	C_{39}	C_{40}	C_{41}	C_{42}	C_{43}	C_{44}	C_{45}
熵权 w_i	0.0220	0.0267	0.0199	0.0170	0.0184	0.0196	0.0166	0.0246	0.0248

根据熵权的基本性质进行指标筛选，先将各个指标的权重系数由大到小进行排序，如表4—7所示。

表4—7　　　　　　　各指标熵权 w_i 排序

指标 C_i	C_5	C_{21}	C_{35}	C_{14}	C_6	C_{15}	C_{11}	C_{25}	C_{38}
熵权 w_i	0.0346	0.0307	0.0290	0.0288	0.0286	0.0278	0.0269	0.0268	0.0267
指标 C_i	C_4	C_{36}	C_{33}	C_{45}	C_3	C_{44}	C_9	C_7	C_{20}
熵权 w_i	0.0252	0.0251	0.0250	0.0248	0.0246	0.0246	0.0240	0.0238	0.0238
指标 C_i	C_1	C_{26}	C_{37}	C_{18}	C_2	C_{10}	C_{16}	C_{17}	C_{31}
熵权 w_i	0.0236	0.0222	0.0220	0.0219	0.0216	0.0215	0.0214	0.0207	0.0205
指标 C_i	C_{30}	C_{27}	C_{29}	C_{13}	C_{39}	C_{42}	C_{24}	C_{23}	C_{41}
熵权 w_i	0.0204	0.0204	0.0203	0.0203	0.0199	0.0196	0.0188	0.0187	0.0184
指标 C_i	C_{28}	C_{22}	C_{40}	C_{43}	C_{12}	C_{34}	C_{19}	C_8	C_{32}
熵权 w_i	0.0184	0.0177	0.0170	0.0166	0.0162	0.0161	0.0160	0.0153	0.0139

在实际绩效评价中，评价指标的数量不是越多越好，也不是越少越好，关键在于评价指标在绩效评价中所起作用的大小。从已有研究情况来看，评价指标的数量一般为35个左右。由此，本书遵循熵权法筛除指

标的基本原理，依据指标选取的规则，结合专家和相关实践工作者的建议，保留35个评价指标，筛除熵权值排序在后10位的所有指标，即删除预算执行率、采购程序透明度、会计信息完善性、项目质量达标率、资产管理安全性、工作质量达标率、部门绩效自评项目占比率、部门团建活动参与率、部门基础设施完备性、部门管理理念创新性共10个指标。由此，本书最终确定的部门整体支出绩效评价指标体系如表4—8所示。

表4—8　　　　　　　　部门整体支出绩效评价指标体系

一级指标	二级指标	三级指标
绩效目标管理 A_1	目标设定 B_1	目标明确性 C_1
		目标难度 C_2
	目标申报 B_2	绩效指标明确性 C_3
		目标覆盖率 C_4
综合管理 A_2	预算编制 B_3	资金安排结构合理性 C_5
		财政供养人员控制率 C_6
		预决算信息公开 C_7
	预算执行 B_4	预算调整率 C_8
		支付进度率 C_9
		政府采购执行率 C_{10}
	"三公经费"支出管理 B_5	"三公经费"控制率 C_{11}
		"三公经费"信息公开程度 C_{12}
	日常公用经费支出管理 B_6	"三公经费"管理制度健全性 C_{13}
		公务卡刷卡率 C_{14}
	项目支出管理 B_7	日常公用经费使用合规性 C_{15}
		日常公用经费控制率 C_{16}
		项目支出管理制度健全性 C_{17}
		重点项目绩效监控率 C_{18}
		项目支出结转结余率 C_{19}
	资产管理 B_8	项目支出预算调整率 C_{20}
		项目支出预算到位率 C_{21}
		部门资产账实相符率 C_{22}
		固定资产利用率 C_{23}

续表

一级指标	二级指标	三级指标
产出与效果 A_3	职责履行 B_9	基础工作完成率 C_{24}
		重点工作办结率 C_{25}
		工作完成准时率 C_{26}
		部门工作关键指标达标率 C_{27}
	履职效果 B_{10}	项目成果转化率 C_{28}
		公众建议采纳率 C_{29}
		部门员工满意度 C_{30}
		社会公众或服务对象满意度 C_{31}
可持续影响 A_4	部门能力发展 B_{11}	部门人才队伍建设 C_{32}
		部门信息化建设水平 C_{33}
	部门长效发展 B_{12}	部门管理规章制度完备性 C_{34}
		部门长效机制健全性 C_{35}

第五章

部门整体支出绩效评价指标的应用分析

——以 X 市科技局为例

理论研究的主要目的是用于指导实践。实践是检验真理的唯一标准。将本书构建的部门整体支出绩效评价指标体系应用于实践，也是对该指标体系的合理性与可行性进行全面的评估与检测。同时，借助评价实践，为进一步改进完善指标体系提供重要的信息。本章以 X 市科技局 2014 年度的部门整体支出绩效评价为例展开分析，主要从科技局部门整体支出绩效评价指标体系的设计、指标权重的计算以及基于模糊综合评价法的绩效评价方面展开讨论。

第一节 X 市科技局部门整体支出绩效评价指标体系设计

本章是以 X 市科技局 2014 年度部门整体支出为研究对象展开分析的。之所以选择以该局 2014 年度的部门整体支出绩效评价为例，主要有以下两个原因：一是该局是 X 市首批实施部门整体支出绩效评价的试点部门之一，该局在实践评价过程中积累了许多丰富的经验，笔者从相关实践工作者的访谈中可以获得非常多的有效信息；虽然该局在实践评价中采用的评价指标体系与本书的评价指标体系不同，但是该局已经对 2014 年度的部门整体支出绩效评价进行过试点评价，因而可以较为容易地获取到本书中相关指标所需的数据资料。二是相比私人企业而言，由于政府部门的特殊性,其财政支出产生的效果和影响有些在短期内难以得到全面体现,选择该局 2014 年作为评价年度,是因为 2014 年度的部门预算支出所产生的效果和影响更能够得到有效体现,因此能够得到更为准确的绩效评价结果。

一 科技局基本情况

由于政府部门职能的不同,不同职能部门的财政预算支出类型复杂多样,所得产出和结果也就千差万别。由此,对 X 市科技局进行部门整体支出绩效评价时,以本书构建的评价共性指标框架为基础,有必要从中灵活选择最能够反映科技局实际绩效特征的共性指标,并依据科技局的基本情况和实际特点,主要从产出效果维度方面设计具体的个性指标,从而共同组成评价科技局部门整体支出绩效的指标体系,以求准确有效地反映科技局在评价年度内所有财政资金支出的绩效情况。

（一）科技局机构设置

X 市科技局是市政府主管全市科技工作的一个职能部门,属于市一级预算管理行政单位。科技局机关包括科技合作处、体系创新处、社会科技处、高新技术处、发展计划处和综合处 6 个行政处室,还包括监察室和直属党委两个机构。截至 2014 年年底,科技局机关的人员编制数为 28 人,在职人数实为 28 人,非在编人数为 17 人,离退休人数为 29 人。该科技局还包括 6 家下属事业单位。

（二）科技局主要职责

由于部门整体支出主要包括基本支出和项目支出两大类。部门整体支出的主要目的是确保部门的正常运行和部门职责的有效履行。关于部门整体支出的产出和效果部分主要是考评部门职责的实际履行和履职效果两方面。由此,设计科技局的部门整体支出绩效评价中的个性指标,首先就要对该科技局的主要职责进行梳理。

该科技局的主要职责体现在以下几个方面:（1）积极贯彻执行上级与科技有关的法律法规、方针政策,并起草本市相关领域的地方性政策法规,经过批准后组织实施和监督。（2）研究提出科技促进经济社会发展的重要问题,并确定本市科技发展布局和重点发展领域,推进本市科技创新能力的提高。(3) 制定本市中长期科技发展规划与年度计划,负责创造和营造科技创新条件和环境,并负责科技相关经费的使用与管理工作。(4) 会同有关部门拟定科技创新与科技体制改革的政策和措施,负责管理并促进科技成果的转化,负责全市科学技术的宣传与普及。(5) 负责全市高新技术产品与企业的认定以及科技奖励工作,负责科技保密以及科技档案等管理工作,负责规划、建设与管理各类科技创新载体与平台。(6) 在权限范围内,负责管理本市的科技外事工作,并组织对外科技合作与交流活动。(7) 负责本部门科学技术经费的预决算及经费使用管理工作,优化配置科技资源。(8) 会同有关部门制定与科技人才相关的各类政策,培养和引进科技人才。(9) 拟定促进科技技术市场、科技中介组织发展的政策措施,指导和管理各类技术市场和科技中介组织。(10) 完成市政府要求的其他事项等。

二 科技局部门整体支出绩效评价指标体系构建

构建合理适用的指标是实施绩效评价工作的前提。"唯有指标体系合理均衡、简繁适中、简便易行,数据符合规范化、标准化原则,才能具有极强的操作性"。[①] 关于科技局部门整体支出绩效评价指标的设计思路是以本书第四章确定的部门整体支出绩效评价共性指标体系为基础的,充分结合科技局的职责履行、履职效果与绩效目标等实际情况,尝试从本书构建的共性指标框架中选取共性指标,并结合科技局的具体特征设计个性指标。由此,科技局部门整体支出绩效评价指标主要包括共性指标和个性指标两大类。也就是说,将本书第四章构建的部门整体支出绩效评价指标体系与科技局的部门整体支出的实际情况相结合,通过将共性指标和个性指标有效结合,最终确定科技局的部门整体支出绩效评价指标体系。

关于科技局共性指标是根据科技局绩效评价的实际需要,从本书构建的部门整体支出绩效评价指标体系中灵活选取得出的,因此这一类型

[①] 张丽:《基于模糊综合评价法的高校财务预算绩效评价研究》,《会计之友》2017年第6期。

的指标比较容易获得，由于前文对共性指标的构建已有重点分析论述，在这里不再详细展开讨论，下文仅做简要的说明。根据本书的部门整体支出绩效评价共性指标框架，科技局的部门整体支出绩效评价的一级指标包括绩效目标管理、综合管理、产出与效果、可持续影响4项。与之对应的二级指标与本书制定的指标框架相同，三级指标的设计则根据科技局部门整体支出的实际情况而有所不同。关于科技局部门整体支出绩效评价的共性指标，主要是从绩效目标管理、综合管理和可持续影响维度中选取三级指标；主要从产出和效果维度中设计个性指标。

（一）绩效目标类指标

绩效目标类指标是属于目标决策类的指标，主要是对部门绩效目标的设定与目标申报方面进行评价，包括绩效目标设定和目标申报两个二级指标。

绩效目标设定的三级指标包括绩效目标难度和绩效目标明确性两项。绩效目标明确性的评价要点主要从是否符合国民经济和社会发展总体规划、是否符合X市政府工作部署的要求、年度目标是否符合部门的中长期规划3个方面考评。

从绩效目标的可实现方面考察科技局设定的绩效目标的难易程度。目标申报主要考察科技局设定的绩效指标的明确程度以及实际申报的项目资金数与预算数差异情况。绩效指标明确性主要考评是否将绩效目标细化分解为具体的工作任务、是否制定清晰的可测量的评价指标予以体现、是否对应部门年度的任务数或计划数等。绩效目标覆盖率重点在于考察科技局2014年度实际申报绩效目标的项目资金总额和部门项目预算资金总额的情况对比。

（二）综合管理类指标

综合管理类指标是属于资金运作流程的管理类指标，是对部门财政支出的具体过程绩效的评价。包括预算编制、预算执行、"三公经费"支出管理、日常公用经费支出管理、项目支出管理和资产管理共6个二级指标。

预算编制与执行主要考评的是科技局2014年度预算的安排、调整、支付与政府采购执行等方面。对科技局预算编制的绩效考察，主要是通过考察科技局所评价年度的资金安排结构、人员经费的保障情况以及预决算信息的公开等方面。

合理的预算编制是预算有效执行的基本前提。作为预算编制职能的延续，预算执行还必须落实好预算编制。实际上，对预算执行的考察点众多，结合科技局的实际情况，并结合相关岗位实践工作者和专家的意见，从共性指标框架中选取了预算调整率和政府采购执行率两个指标，取消了支付进度率。因为支付进度率是资金的实际支付进度与既定支付进度的比率，从相关实践工作者的访谈中了解到，资金在某一时点的实际支付情况较难与部门绩效目标申报时所设定的支付时点保持同步，因此该指标难以执行和操作。

关于科技局的"三公经费"支出管理、日常公用经费支出管理、项目支出管理以及资产管理方面。从科技局"三公经费"支出的总额来看，比2013年下降了12.34%，而且对于"三公经费"的公开程度具体到了因公出国（境）、公务用车购置与运行经费以及公务接待等每项费用支出，并对经费的使用情况进行了详细说明。从科技局制定的有关"三公经费"的管理制度、公务卡使用情况、"三公经费"实际使用总数的降低以及对相关信息的公开等方面可以较好地衡量此类支出的绩效情况。对于科技局日常公用经费的管理，不仅从制度方面进行约束和规范，而且通过财务部门的核查与监督进一步保证资金使用的合规性。从科技局项目支出情况来看，主要用于市重大科技项目、科技创新研发资金、科技政策定额扶持资金、支出中小企业发展和管理，以及支持国家农林水科技成果转化等方面。从项目支出预决算来看，2014年科技局部门预算中项目支出的财政拨款数为41942.5万元，而2014年部门决算中项目支出数为46904.75万元，项目支出的完成率为111.8%。因此，结合科技局项目支出的特征，主要从项目支出管理制度、对重点项目的绩效监控、项目支出的实际完成情况与预算资金到位等方面设计指标。资产管理主要从两个方面进行重点考察：一是考察科技局的资产是否账实、账证、账账相符；二是部门拥有的固定资产利用情况。由此可知，结合科技局财政支出的具体特征和用途，基本能从共性指标框架中进行选取，有个别指标稍有不同。

(三) 产出与效果类指标

在这一小节将重点讨论科技局部门整体支出绩效评价个性指标的设计。关于部门整体支出绩效评价指标中的个性指标，基本是从各个不同政府部门的产出和效果维度进行设计的。原因在于不同政府部门的职能存在很大差异，使不同部门提供的公共产品和服务会有不同，因此在部门的产出和效果方面，尤其是部门的实际履职效果会存有较大的不同。由此，关于科技局的评价指标体系中的个性指标，需要结合科技局的实际特征，主要是在产出效果维度进行具体个性指标的提炼与设计。需要说明的是，笔者曾经试图将产出效果维度下的三级指标进一步分解和细化成相应的四级指标，以构建一个由 4 个层级结构组成的评价指标体系。但是考虑到部门整体支出绩效评价工作本身具有一定程度的复杂性，由此不宜采用层级过多的评价指标体系，为了简化指标体系的层级结构，保证指标的精简和实用性，因此将这一模块的个性指标直接体现在三级指标中。对于共性的三级指标，则通过对相关指标的具体评价考核点进行细化，以反映科技局产出效果方面的个性特征。

具体来说，产出与效果类指标属于绩效类指标，反映部门职责的实际履行情况与部门履职的效果。在产出与效果评估维度包括职责履行与履职效益两个二级指标。依据科技局的实际产出与效果，对于反映科技局的产出与效果绩效的三级指标，有必要设计相应的个性指标。

职责履行是评价部门产出的唯一指标，是对部门实际工作完成的质量、数量和时效的评价，三级指标与本书的共性框架一致。但是本书充分结合科技局履职工作的实际情况对具体的评价考核点进行了细化和具体化。比如，在重点项目方面，如科技局 2014 年度重点支持企业创新项目、高校科研院所项目、科技惠民项目、市级孵化器的认定、公共服务或企业创新平台建设项目、重点实验室组建与验收等，因此，可以从这些方面考察科技局产出的实际完成情况。还有部门工作的完成及时性，主要是从科技局是否及时出台相关科技政策、建立产业技术创新战略联盟是否及时、申报国家项目是否及时、完成市级科技重大平台项目是否及时、重大项目专项资金拨付是否及时等方面进行考评。

关于履职效益的具体指标则需要根据科技局部门整体支出产生的实际效益和特点,设计相应的个性化指标。在设置此类指标时,必须考虑相关指标的可操作性和相关数据的可获得性,以便准备判断指标的重要性并进行评分。部门履行职责对经济发展会带来或多或少的影响。科技局2014年度项目总投入资金为315769.18万元,下达的资助资金为21287.50万元,可知科技局的财政投入后带动了其他资金的投入,由此可以提炼出"科技计划项目"财政投入乘数这一个性指标。从《X市高新技术产业专项调查资料(2015)》中可知,2014年高新技术产业增加值占地区生产总值的比重有所增长。科技项目成果的转化也是考察科技局资金支出的一个重要方面。从部门履职对社会发展带来的综合影响来看,主要体现为科技成果促进产业进步和创新作用、资源配置的优化作用两个方面。科技局在支持生态农业科技项目的投入、在新能源和节能环保领域的科技成果等方面都产生了较好的环境效益,因此这也是评价科技局履职效益的重要衡量点。此外,满意度也是测评科技局部门整体支出效益的一个有效考核因素,主要表现为一是社会公众或服务对象对部门依法行政的满意程度;二是部门履职的服务对象对部门履职效果的满意程度。

(四)可持续影响类指标

部门整体支出的可持续影响可以在部门能力建设和长效发展方面得以体现。关于科技局的部门能力建设方面,如科技局的人才队伍建设、员工业务培训和业务指导、信息化水平、公共服务和公共产品的提供能力等方面都能反映部门的能力建设情况。有关部门长效发展,主要体现为科技局在部门管理的规章制度建设与部门长效机制建立方面。比如,科技局把绩效评价工作当作本部门的一项日常性的工作,重视部门绩效评价考核的长效机制的建设。

由此可得,X市科技部整体支出绩效评价指标体系如表5—1所示。

表 5—1　　　　　X 市科技部整体支出绩效评价指标体系

一级指标	二级指标	三级指标
绩效目标管理 A_1	目标设定 B_1	目标明确性 C_1
		目标难度 C_2
	目标申报 B_2	绩效指标明确性 C_3
		目标覆盖率 C_4
综合管理 A_2	预算编制 B_3	资金安排结构合理性 C_5
		财政供养人员控制率 C_6
		预决算信息公开 C_7
	预算执行 B_4	预算完成率 C_8
		政府采购执行率 C_9
	"三公"经费支出管理 B_5	"三公"经费控制率 C_{10}
		"三公"经费信息公开程度 C_{11}
		"三公"经费管理制度健全性 C_{12}
	日常公用经费支出管理 B_6	公务卡刷卡率 C_{13}
	项目支出管理 B_7	日常公用经费使用合规性 C_{14}
		日常公用经费控制率 C_{15}
		项目支出管理制度健全性 C_{16}
		重点项目绩效监控率 C_{17}
		项目支出结转结余率 C_{18}
	资产管理 B_8	项目支出预算调整率 C_{19}
		项目支出预算到位率 C_{20}
		部门资产账实相符率 C_{21}
		固定资产利用率 C_{22}
产出与效果 A_3	职责履行 B_9	重点项目实际完成率 C_{23}
		重点工作办结率 C_{24}
		工作完成准时率 C_{25}
	履职效果 B_{10}	高新技术企业复审通过率 C_{26}
		科技项目成果转化率 C_{27}
		"科技计划项目"财政投入乘数 C_{28}
		高新技术产业增加值占 GDP 比重 C_{29}
		产业技术进步和产业促进作用 C_{30}
		生态环境保护作用 C_{31}
		依法行政满意度 C_{32}
		服务对象满意度 C_{33}

续表

一级指标	二级指标	三级指标
可持续影响 A_4	部门能力发展 B_{11}	部门人才队伍建设 C_{34}
		部门信息化建设水平 C_{35}
	部门长效发展 B_{12}	部门管理规章制度完备性 C_{36}
		部门长效机制健全性 C_{37}

第二节　X市科技局部门整体支出绩效评价指标权重确定

在设计好评价指标后，需要确定各指标的权重系数。权重是各指标重要性程度的反映，能够体现评价的导向意图和价值取向，对考评结果产生重要影响。需要说明的是，第四章中各指标的熵权值仅代表各指标在竞争意义上的激烈程度系数，依评价对象取值的不同而有所变化，因此需要重新考虑各指标的重要性权重。通常，确定指标权重有主观赋值法、客观赋值法和主客观相结合赋值法。考虑到本书的实际需要，选择采用层次分析法来计算科技局各指标的权重，既能结合专家的有效建议，又能获得较为客观的权重结果，而且易于操作。

一　层次分析法的基本步骤

层次分析法是一种定量与定性相结合的指标权重计算方法。在现有的各类研究中，采用层次分析法计算各评价指标的权重系数的文献有很多。例如，彭迪云、温涛（2014）[①]；王莹、沈建新（2014）[②]；闫学元、齐静（2014）[③]；

[①] 参见彭迪云、温涛《地方公共财政绩效评估指标体系的构建及其应用》，《南昌大学学报》（理科版）2014年第4期。

[②] 参见王莹、沈建新《农业科技财政专项资金绩效评价的指标体系研究》，《江苏农业科学》2014年第2期。

[③] 参见闫学元、齐静《天津市高校财金支出绩效评价实证分析》，《教育财会研究》2014年第2期。

马乃云、侯倩（2016）[①]等都运用层次分析法来确定各评价指标的权重。

由于层次分析法是一种较为常用的计算指标权重的方法，应用非常广泛，被人们所熟知，因此有关层次分析法的基本理论方面的内容，在此不详细展开。"用层次分析法计算指标权重，实际上是在建立有序递阶的指标系统的基础上，通过指标间的两两比较，对系统中各指标予以优劣评判，并利用这种评判结果来综合计算各指标的权重系数。"[②] 也就是说，采用层次分析法确定指标权重需要根据评价目标、评价功能等，构建多层次递阶结构体系；将各阶层要素进行两两比较，得出判断矩阵。

运用层次分析法确定指标的权重系数包括以下几个基本步骤：

（1）构建多层次的结构体系。关于X市科技部的部门整体支出绩效评价指标的多层次结构也就是本章第一节构建的评价指标体系。

（2）构造判断矩阵。判断矩阵体现了评价指标体系的同一层级中的同一目标或准则的各指标间的相对重要性，可以通过对每一准则中各个指标的重要程度进行两两比较而得出。为比较指标间的相对重要性，通常采用T. L. Saaty教授提出的"九分位比例标度法"[③]，如表5—2所示。

表5—2　　　　　　　　　判断矩阵标度及其含义

标度	相对重要程度	说明
1	同等重要	两者对目标的贡献相同
3	略微重要	根据经验一个比另一个评价稍有利
5	基本重要	根据经验一个比另一个评价更为有利
7	确实重要	一个比另一个评价更有利，且被证明
9	绝对重要	重要程度明显
2，4，6，8		表示上述相邻判断的中间值

[①] 参见马乃云、侯倩《基于平衡计分卡方法的财政科技经费绩效评价体系研究》，《中国软科学》2016年第10期。

[②] 邓毅：《绩效预算制度研究》，湖北人民出版社2009年版，第166页。

[③] 许树柏：《实用决策方法——层次分析法原理》，天津大学出版社1988年版，第9页。

(3) 计算各指标权重，并对指标权重进行一致性检验。为了有效衡量判断矩阵的质量，还需要对判断矩阵进行一致性检验，以判断计算结果是否合理。当判断矩阵的一致性指标小于0.1时，方可认为判断矩阵的一致性是可以被接受的，否则应该对该矩阵进行适当的修正，直到判断矩阵的一致性获得通过。

二 各指标权重的计算

依据层次分析法的原理和基本步骤，下文将对科技局的部门整体支出绩效评价指标进行权重的计算。权重的确定要尽可能地减少主观随意性，以求得到更为科学的指标权重系数。

关于科技局的部门整体支出绩效评价指标体系分为3个层级，分别是一级指标、二级指标、三级指标共3个组成部分。因此，根据表5—1所设计的评价指标体系，形成专家咨询问卷表（见表5—3，表5—5，表5—6），采用表5—2中的"九分位比例标度法"对每一层级的同一准则中的指标进行重要性的两两比较，获得指标的数量等级表。

利用层次分析法进行专家问卷咨询调查，需要选择合适的调查对象。恰当的调查对象需要具备评价主题方面的丰富知识或实践经验、保持客观中立的立场、仔细认真的态度以及熟悉研究问题等。因为层次分析法中的专家问卷调查具有一定的难度，需要向填写问卷的专家进行详细的解释与说明，所以被调查的专家样本不需要很大，多则几十个专家，少则五、六个专家即可。对科技局的部门整体支出绩效评价指标重要性进行问卷调查，笔者选取了8位政府部门相关领域实践工作者、8位会计师事务所从事财务会计审计工作的从业人员、6位相关专业的高校教师、5位政府会计专业的博士研究生和3位绩效评估咨询机构的工作人员共30位专家。发放30份调查问卷，共收回26份问卷，回收率为86.67%，经过鉴别分析这26份问卷都为有效问卷。

依据层次分析法的基本步骤，首先计算绩效目标管理、综合管理、产出与效果、可持续影响这一层级指标的权重。通过适用"九分位比例标度法"确定各指标的数值等级，构造判断矩阵如表5—3所示。

表 5—3　　　　　　　　　　一级指标判断矩阵

一级指标	绩效目标管理	综合管理	产出与效果	可持续影响
绩效目标管理	1	1/4	1/4	2
综合管理	4	1	1/3	5
产出与效果	4	3	1	4
可持续影响	1/2	1/5	1/4	1

通过采用和积法来计算各指标的权重。即根据表5—3的结果，得出标准判断矩阵和各指标的相对权重如表5—4所示。

表 5—4　　　　　　　标准判断矩阵和各指标相对权重

一级指标	绩效目标管理	综合管理	产出与效果	可持续影响	相对权重
绩效目标管理	0.1052	0.0561	0.1364	0.1667	0.1161
综合管理	0.4211	0.2247	0.1819	0.4167	0.3111
产出与效果	0.4211	0.6741	0.5456	0.3333	0.4935
可持续影响	0.0526	0.0449	0.1363	0.0833	0.0793

根据和积法计算得到绩效目标管理、综合管理、产出与效益、可持续影响4个评估维度的权重系数分别为：0.1161、0.3111、0.4935、0.0793。为检验评判矩阵的一致性，计算出 CR = 0.0879 < 0.1，所以可知矩阵符合一致性要求，通过了一致性检验。

其次，计算二级指标的权重系数。同理可求得二级指标的相对权重。由于绩效目标管理、产出与效果、可持续影响维度下的二级指标都是2个，利用层次分析法计算指标权重时，得到的二阶判断矩阵具有完全一致性，因此无需对其进行一致性检验。通过计算综合管理维度下的 CR 值为 0.0599 < 0.1，表明判断矩阵符合一致性检验的要求。所有二级指标的权重如表5—5所示。

表 5—5 二级指标权重系数

一级指标 A_i	二级指标 B_j	总权重
绩效目标管理 A_1	目标设定 B_1	0.0774
	目标申报 B_2	0.0387
综合管理 A_2	预算编制 B_3	0.0411
	预算执行 B_4	0.0411
	"三公经费"支出管理 B_5	0.0748
	日常公用经费支出管理 B_6	0.0410
	项目支出管理 B_7	0.0833
	资产管理 B_8	0.0298
产出与效果 A_3	职责履行 B_9	0.1643
	履职效果 B_{10}	0.3292
可持续影响 A_4	部门能力发展 B_{11}	0.0529
	部门长效发展 B_{12}	0.0264

最后，计算三级指标的权重系数。通过将每个二级指标下的三级指标进行重要性的两两比较得到判断矩阵，从而计算出各三级指标的权重，然后将每一个三级指标乘以相对应的二级指标的权重，则得到该三级指标的权重。由此可得，三级指标权重系数如表 5—6 所示。由于目标设定、目标申报、预算执行、日常公用经费支出管理、资产管理、部门能力发展和部门长效发展下的三级指标构成的判断矩阵都为二阶判断矩阵，符合一致性要求。通过计算预算编制、"三公经费"支出管理、项目支出管理、职责履行、履职效果 5 个二级指标下三级指标构成的判断矩阵的 CR 值，所得结果全都小于 0.1，因此全部通过了一致性的检验。

表 5—6　　　　　　　　　　三级指标权重系数

一级指标 A	二级指标 B	三级指标 C	总权重
绩效目标管理 A_1	目标设定 B_1	目标明确性 C_1	0.0516
		目标难度 C_2	0.0258
	目标申报 B_2	绩效指标明确性 C_3	0.0258
		目标覆盖率 C_4	0.0129
综合管理 A_2	预算编制 B_3	资金安排结构合理性 C_5	0.0205
		财政供养人员控制率 C_6	0.0103
		预决算信息公开 C_7	0.0103
	预算执行 B_4	预算完成率 C_8	0.0274
		政府采购执行率 C_9	0.0137
	"三公经费"支出管理 B_5	"三公经费"控制率 C_{10}	0.0192
		"三公经费"信息公开程度 C_{11}	0.0103
		"三公经费"管理制度健全性 C_{12}	0.0357
		公务卡刷卡率 C_{13}	0.0096
	日常公用经费支出管理 B_6	日常公用经费使用合规性 C_{14}	0.0273
		日常公用经费控制率 C_{15}	0.0137
	项目支出管理 B_7	项目支出管理制度健全性 C_{16}	0.0074
		重点项目绩效监控率 C_{17}	0.0297
		项目支出结转结余率 C_{18}	0.0285
		项目支出预算调整率 C_{19}	0.0046
		项目支出预算到位率 C_{20}	0.0131
	资产管理 B_8	部门资产账实相符率 C_{21}	0.0149
		固定资产利用率 C_{22}	0.0149
产出与效果 A_3	职责履行 B_9	重点项目实际完成率 C_{23}	0.0268
		重点工作办结率 C_{24}	0.0955
		工作完成准时率 C_{25}	0.0152
		高新技术企业复审通过率 C_{26}	0.0268
	履职效果 B_{10}	科技项目成果转化率 C_{27}	0.0345
		"科技计划项目"财政投入乘数 C_{28}	0.0374
		高新技术产业增加值占 GDP 比重 C_{29}	0.0671
		产业技术进步和产业促进作用 C_{30}	0.0687
		生态环境保护作用 C_{31}	0.0439
		依法行政满意度 C_{32}	0.0288
		服务对象满意度 C_{33}	0.0488

续表

一级指标 A	二级指标 B	三级指标 C	总权重
可持续影响 A_4	部门能力发展 B_{11}	部门人才队伍建设 C_{34}	0.0353
		部门信息化建设水平 C_{35}	0.0176
	部门长效发展 B_{12}	部门管理规章制度完备性 C_{36}	0.0176
		部门长效机制健全性 C_{37}	0.0088

第三节　基于模糊综合评价法的科技局部门整体支出绩效评价

将评价指标应用于实践，可以借助实践进一步改进完善评价指标体系。评价指标的实践应用也是进行指标理论研究的最终目的。本节对 X 市科技局 2014 年度部门整体支出进行绩效评价，并借助模糊综合评价法来评价科技局的部门整体支出的实际绩效。

一　模糊综合评价法阐释

在这一小节中，主要讨论模糊综合评价法的基本理论、已有应用及基本步骤 3 个方面的内容。通过阐述模糊综合评价法的基本理论和部门整体支出绩效评价的模糊性特点等，说明模糊综合评价法用于部门整体支出绩效评价是可行的。其中，通过介绍模糊综合评价法的主要应用情况，进一步阐明该方法是一种应用领域广泛且较为成熟的绩效评价方法，能够适用于评价部门整体支出的绩效。

（一）模糊综合评价法的基本理论阐析

模糊综合评价法是由美国学者查德（L. A. Zadeh）在 1965 年提出的，它是一种基于模糊知识的方法，该方法主要是为了解决当时美国在经济方面带有模糊属性的状况，从而创立了带有模糊属性的一种数学算法，并逐渐应用到其他各个领域，且不断得到完善。模糊综合评价法能够比较全面地反映出各个评价主体的意见，进而从总体上对被评价对象的整体状况作出判断。对事物或系统进行综合评价时，如果评价因素具有模糊性，则可以称这种评价为模糊综合评价。

一般来说，评价一个项目、一件物品、一个系统甚至一个人，经常会从多个因素或多个指标进行整体性的评判。比如，评价一双鞋子，需要从其质量、颜色、尺码、舒适度、款式、价格等诸多因素进行综合考虑。还比如，评价一个人，需要对其品德、性格、能力、学历、工作生活经历等方面进行综合性评价。但是在具体评价中，许多的评价因素本身就是模糊的，比如评价一双鞋子的款式和舒适程度、评价一个人的品德和能力等。事实上，许多事情难以直接用简单的定量数值来表示，通常需要给出模糊的评语。例如，评价一个人的品德可以用评语："好、一般、差"。由此不难看出，采用模糊理论对事物进行综合评价是非常重要的。

模糊综合评价法的基本原理是把被评价对象分解为几个不同的要素，这些不同要素组成的集合为因素集 U；接着，通过把分解出的各个不同要素归类到不同的评估等级，这些评估等级组成一个集合，即评语集 V；然后，利用数学公式计算出每一要素本身属于哪一评估等级（判断矩阵 R）；最后，把已确定的权重值与判断矩阵 R 结合，最终得到定量化的评价结果。[1] 模糊综合评价法具有系统性强、结构清晰的特点，能够较好地解决方案优选，影响因素筛选等模糊、难以量化的复杂问题，适合用于评价多层次、多因素的问题，且评价效果较好。[2] 但模糊综合评价法也有一些缺点，如可能无法筛除重复性指标；各指标权重具有一定程度的主观性；在一些情况下难以确定隶属函数，特别是要对多目标评价模型中的每一目标、每一因素确定隶属度函数，不仅烦琐，而且实用性不强。[3]

（二）模糊综合评价法用于部门整体支出绩效评价的可行性分析

关于部门整体支出的绩效是一个较为模糊的、相对的概念。也就是说，部门整体支出绩效的"好""一般"与"差"等情况实质上并没有一个公认的、规定的明确标准或界定。对于"好""一般"与"差"所表达的实际含义和属性特征明显不同，但是对于这三个概念间的差异，

---

[1] 参见周超、马海群《基于模糊综合评价法的高校信息公开绩效评价研究》，《图书馆理论与实践》2014 年第 2 期。
[2] 参见孙福东、魏凤荣《应用 Excel 巧解模糊综合评价法》，《统计与决策》2011 年第 23 期。
[3] 参见郑芳《海南省居民福利指标体系构建其筛选方法选择》，《统计与决策》2012 年第 3 期。

是循序渐进的而非突然转变的，不过对于这三个概念的等级区分并没有十分明显的分界线。因此，可以说这三个概念本身就具有一定的模糊性。对于部门整体支出的绩效进行评价，需要考虑的评价指标较多，一些指标本身也具有模糊性的特点，再加上在评价中可能会遇到一些"亦此亦彼"的问题。模糊综合评价法具有模糊属性的功能，它可以采用模糊语言给出相应的"评语"来表达评价结果。因此，将模糊综合评价法用于部门整体支出的绩效评价是一种适合的、可行的方法。

在绩效评估中，模糊综合评价法是一种较为成熟的、常用的方法。例如，姜超雁等（2011）运用模糊综合评价法建立中小型第三方物流企业的绩效评价模型，并采用具体的实例来验证该模型的有效性。[1] 周超和马海群（2014）认为高校信息公开是一个较为模糊的概念，因此作者采用模糊综合评价法进行高校信息公开的绩效评价。[2] 张丽（2017）认为高校财务预算绩效评价需要大量的研究样本，而且难以确定评判标准，所以采用模糊综合评价法评判高校财务预算绩效是一种较为适用的方法。[3] 巫朝辉（2016）也将模糊综合评价法应用于高校预算绩效评价研究。[4] 此外，模糊综合评价法还被用于供应链管理绩效评价、[5] 政府行政成本绩效评价、[6] 企业绩效评价、[7] 人力资源绩效评价、[8] 政法支出绩效评价[9]等领

---

[1] 参见姜超雁、真虹、高洁《基于模糊综合评价法的中小型第三方物流企业绩效评价》，《上海海事大学学报》2011年第1期。

[2] 参见周超、马海群《基于模糊综合评价法的高校信息公开绩效评价研究》，《图书馆理论与实践》2014年第2期。

[3] 参见张丽《基于模糊综合评价法的高校财务预算绩效评价研究》，《会计之友》2017年第6期。

[4] 参见巫朝辉《高校预算绩效模糊综合评价研究》，《福州大学学报》（哲学社会科学版）2016年第1期。

[5] 参见姜方桃《供应链管理绩效评价的模糊综合评价法》，《统计与决策》2006年第18期。

[6] 参见沙治慧、薛军玺《行政成本绩效评价指标体系构建研究》，《贵州社会科学》2012年第6期。

[7] 参见文小玲《基于模糊综合评价法的企业绩效评价》，《武汉理工大学学报》2006年第8期。

[8] 参见刘长江《基于模糊综合评价法的人力资源绩效评价指标体系》，《统计与决策》2010年第10期。

[9] 参见赵学群《基于模糊综合评价法的政法支出绩效评价研究》，《现代管理科学》2010年第9期。

域中。

总之，部门整体支出绩效评价具有模糊性的特点。模糊综合评价法的模糊属性功能，能够处理一些模糊性问题，尤其对一些受主观影响较大及评价因素很多的对象开展绩效评价时，表现出特有的适用性和优越性。因此，将模糊综合评价法应用于部门整体支出绩效评价中是合理的、可行的。

（三）模糊综合评价法的建模过程

模糊综合评价法模型通常包括一级模型和多级模型，鉴于一级模型使用的相对广泛性，且考虑到本书的实际需要，在此只介绍一级模型。一般来说，一级模型大致包括以下几个评价步骤[①]：

（1）建立评价对象的因素集。假设影响评价对象的因素或评价指标有 m 个，那么将它们所组成的集合称为评价因素集 $X = \{x_1, x_2, x_3, \cdots, x_m\}$，X 就是评价因素集。

（2）建立评价集。评价集也称为评语等级集。假设评价主体对评价结果的所有可能出现的评语有 n 个，那么它们组成的集合称为评价集 $Y = \{y_1, y_2, y_3, \cdots, y_n\}$，Y 为评价等级集。

（3）建立单因素评价。对因素集 X 中的每个指标 x_i（i = 1, 2, 3, $\cdots$, m）进行单个指标的评价，确定每一指标层中指标对评价集 Y_j（j = 1, 2, 3, $\cdots$, n）的隶属度 r_{ij}，从而得到第 i 个评价指标 x_i 的单指标评语等级集 $r_i = (r_{i1}, r_{i2}, r_{i3}, \cdots, r_{in})$。其中 $r_{ij} = Z_{ij}/Z$，Z 为参与评价的专家总数，Z_{ij} 是第 i 个指标评价专家中选取第 j 种评语等级的评价人数。r_i 就是 Y 上的模糊集，因此将 m 个单项指标评价集当作判断矩阵的行，可以构造出判断矩阵为：

$$R = (r_{ij})_{m \times n} = \begin{bmatrix} r_{11} & r_{12} & \cdots & r_{1n} \\ r_{21} & r_{22} & \cdots & r_{2n} \\ \vdots & \vdots & \ddots & \vdots \\ r_{m1} & r_{m2} & \cdots & r_{mn} \end{bmatrix}$$

[①] 参见刘承平、谢季坚《模糊数学方法及其应用》，华中科技大学出版社 2000 年版，第 197—200 页。

（4）建立权重集。每一评价因素（评价指标）在总评价中的影响程度，即为评价指标的权重系数集 W ＝（w_1, w_2, w_3, …, w_m），m 为评价指标数。

（5）综合评价。根据层次分析法计算得出的指标权重集 W 和综合判断矩阵 R，求出模糊综合评价集的评价向量 B ＝ W * R ＝（b_1, b_2, b_3, …, b_n），n 为评语等级数。然后根据最大隶属度原则，选择 B ＝（b_1, b_2, b_3, …, b_n）中最大的 b_j 所对应的评语 Y_j（j = 1, 2, 3, …, n）作为最终的综合评价结果。

可以说，为了有效解决绩效评价中定性指标难以量化这一问题，通过把层次分析法和模糊综合评价法结合起来，实现主观和客观的合理结合，能够得到一个与客观实际更相符的评价结果。

二 科技局部门整体支出绩效评价实例分析

本书以 X 市科技局的 2014 年度部门整体支出绩效评价为例展开分析，并将模糊综合评价法具体应用到科技局的部门整体支出绩效评价。

（一）相关数据资料

本节以 X 市科技局为例，对该局的部门整体支出进行绩效测评。评价范围是科技局 2014 年度的部门整体支出，资金总额为 52913.71 万元。由于部门整体支出主要由基本支出和项目支出两大部分构成，因此，本次选取的评价资金为 2014 年科技局的基本支出和项目支出总额，约为 52913.71 万元，其中工资福利支出为 3036.09 万元，商品和服务支出为 3703.20 万元，对个人和家庭的补助为 1991.27 万元，对企事业单位的补助为 43156.29 万元，其他资本性支出为 1026.86 万元。按经济分类来划分，科技局的部门支出情况，详见表 5—7。

表 5—7　2014 年 X 市科技局部门整体支出决算（单位：万元）

序号	项目（按经济分类）	支出总额	占比
1	工资福利支出	3036.09	5.74%
2	商品和服务支出	3703.20	7.00%

续表

序号	项目(按经济分类)	支出总额	占比
3	对个人和家庭的补助	1991.27	3.76%
4	对企事业单位的补助	43156.29	81.56%
5	其他资本性支出	1026.86	1.94%

资料来源：笔者根据 X 市科技局 2014 年收支决算总表绘制。

在 X 市科技局的官方网站上，可以找到与所评价年度有关的部门预算表、部门决算表、国内接待公务支出表、计划立项报告、"三公经费"使用情况表等资料。还有关于该局的主要职责、工作目标与任务等许多数据资料也都可以通过科技局的官方网站获得。此外，还通过实地访谈、电话咨询等方式获取评价所需的一些资料和数据。需要说明的是，对于个别指标，难以获得相应的具体数据，主要通过同类指标的替换或相近年度的数据进行推算得出。

关于模糊综合评价中的评价等级集及其相应的赋值等，通过邮件、实地访谈等方式咨询了 30 位专家（这 30 位专家与上文采用层次分析法计算指标权重咨询的专家相同）的意见。根据专家组的投票情况，对指标等级进行频次统计。

(二) 基于模糊综合评价法的科技局部门整体支出绩效评价

如上所述，采用模糊综合评价法进行科技局的部门整体支出绩效评价，需要建立关于评价对象的模糊综合评价模型，基本步骤如下：

(1) 建立评价因素集。关于科技局整体支出绩效的评价因素集就是我们上文建构的 X 市科技局的部门整体支出绩效评价指标集。依据这一指标体系，得到各个一级指标的评价因素集 X = {X_1（绩效目标管理层面指标），X_2（综合管理层面指标），X_3（产出与效果层面指标），X_4（可持续影响层面指标）}；二级指标评价因素集 X_1 = {x_{11}（目标设定），x_{12}（目标申报）}，以此类推可以得到 X_2，X_3，X_4 的评价因素集；三级指标的评价因素集 x_{11} = {x_{111}（目标明确性），x_{112}（目标难度）}，以此类推可得到其他指标要素的评价因素集。

(2) 建立评语等级集。评语等级集就是评价者列出的关于最终评价结果等级的集合。本书将关于科技局部门整体支出绩效的最终评价结果的评语等级 Y 分为 $\{y_1$（优秀），y_2（良好），y_3（中），y_4（差）$\}$ 4 个等级。为了便于比较，依据判定评价等级的习惯和最大隶属度原则，分别对以上 4 个等级进行相应的赋值。将 y_1（优秀）赋值为 90 分，其最大的隶属度范围为 [90—100]；将 y_2（良好）赋值 80，其最大隶属度范围为 [80—90]；将 y_3（中）赋值为 70，其最大隶属度范围为 [60—80]；将 y_4（差）赋值 59，其最大隶属度范围为 [0—60]。由此，评语等级集 Y = (90, 80, 70, 59)。

(3) 建立单因素评价。对于每一评价指标层面，从具体指标开始逐级向其对应的上一级指标层面采用模糊综合评价法得出其隶属向量。为得到相关指标的评判矩阵，首先需要请专家对该指标的评语等级进行评判。因此，请选定的 30 位专家依据已获取的有关 X 市科技局的相关财务数据对二级指标下的各个具体指标在评语集下进行等级评判。

以绩效目标管理层面的绩效目标设定为例，说明评价矩阵是如何得出的。由于绩效目标包括绩效目标设定和目标申报两个二级指标，其中绩效目标设定包括目标明确性与目标难度两个具体指标。假如 30 位评价专家中有 18 人认为目标明确性指标为优秀，有 9 人认为该指标为良好，有 3 人认为该指标等级为中，有 0 人认为该指标等级为差。由此可得，目标明确性这一指标的评价向量集为 r_{111} = (0.6, 0.3, 0.1, 0)。同理可得，目标难度这一指标的评价向量集为 r_{112} = (0.5, 0.4, 0.1, 0)。因此可得到绩效目标设定二级指标下对应的各个具体指标相对应的评判矩阵为：

$$R_{111} = \begin{bmatrix} 0.6 & 0.3 & 0.1 & 0 \\ 0.5 & 0.4 & 0.1 & 0 \end{bmatrix}$$

按照同样的方法，可以得到其他二级指标下对应的具体指标的评价矩阵，具体的评价矩阵如下：

目标申报二级指标下对应各具体指标的评价矩阵为：

$$R_{122} = \begin{bmatrix} 0.53 & 0.27 & 0.2 & 0 \\ 0.33 & 0.5 & 0.17 & 0 \end{bmatrix}$$

预算编制二级指标下对应各具体指标的评价矩阵为：

$$R_{211} = \begin{bmatrix} 0.27 & 0.56 & 0.17 & 0 \\ 0.17 & 0.67 & 0.16 & 0 \\ 0.2 & 0.6 & 0.2 & 0 \end{bmatrix}$$

预算执行二级指标下对应各具体指标的评价矩阵为：

$$R_{222} = \begin{bmatrix} 0.33 & 0.5 & 0.17 & 0 \\ 0.17 & 0.5 & 0.3 & 0.03 \end{bmatrix}$$

"三公经费"支出管理二级指标下对应各具体指标的评价矩阵为：

$$R_{233} = \begin{bmatrix} 0.3 & 0.6 & 0.1 & 0 \\ 0.2 & 0.73 & 0.07 & 0 \\ 0.2 & 0.67 & 0.13 & 0 \\ 0.17 & 0.5 & 0.3 & 0.03 \end{bmatrix}$$

日常公用经费支出管理二级指标下对应各具体指标的评价矩阵为：

$$R_{244} = \begin{bmatrix} 0.37 & 0.6 & 0.03 & 0 \\ 0.3 & 0.5 & 0.2 & 0 \end{bmatrix}$$

项目支出管理二级指标下对应各具体指标的评价矩阵为：

$$R_{255} = \begin{bmatrix} 0.3 & 0.6 & 0.1 & 0 \\ 0.4 & 0.5 & 0.1 & 0 \\ 0.2 & 0.73 & 0.07 & 0 \\ 0.2 & 0.67 & 0.13 & 0 \\ 0.47 & 0.5 & 0.03 & 0 \end{bmatrix}$$

资产管理二级指标下对应各具体指标的评价矩阵为：

$$R_{266} = \begin{bmatrix} 0.4 & 0.5 & 0.1 & 0 \\ 0.33 & 0.47 & 0.2 & 0 \end{bmatrix}$$

职责履行二级指标下对应各具体指标的评价矩阵为：

$$R_{311} = \begin{bmatrix} 0.3 & 0.6 & 0.1 & 0 \\ 0.2 & 0.73 & 0.07 & 0 \\ 0.2 & 0.67 & 0.13 & 0 \\ 0.17 & 0.5 & 0.3 & 0.03 \end{bmatrix}$$

履职效果二级指标下对应各具体指标的评价矩阵为：

$$R_{322} = \begin{bmatrix} 0.2 & 0.67 & 0.13 & 0 \\ 0.17 & 0.53 & 0.3 & 0 \\ 0.2 & 0.6 & 0.2 & 0 \\ 0.4 & 0.5 & 0.1 & 0 \\ 0.33 & 0.47 & 0.2 & 0 \\ 0.33 & 0.67 & 0.1 & 0 \\ 0.3 & 0.5 & 0.2 & 0 \end{bmatrix}$$

部门能力发展二级指标下对应各具体指标的评价矩阵为：

$$R_{411} = \begin{bmatrix} 0.3 & 0.6 & 0.1 & 0 \\ 0.4 & 0.5 & 0.1 & 0 \end{bmatrix}$$

部门长效发展二级指标下对应各具体指标的评价矩阵为：

$$R_{422} = \begin{bmatrix} 0.6 & 0.3 & 0.1 & 0 \\ 0.4 & 0.5 & 0.1 & 0 \end{bmatrix}$$

（4）列出指标权重集。指标权重是指各个指标在部门整体支出绩效评价中所占的比重。关于科技局整体支出绩效评价指标的每一层级中各指标的权重系数 W_i 在上文已经计算得出，如表5—4，表5—5，表5—6所示。

（5）进行综合评价。事实上，进行部门整体支出绩效的模糊综合评价，关键的一步就是求出模糊综合评价集。依据模糊综合评价法的原理，可得出绩效目标设定二级指标的综合评价指标 R_{11} 为：$R_{11} = W_{111} R_{111}$ 其中，W_{111} 为目标设定下一层级三级指标的权重系数。W_{111} = （0.0516, 0.0258）

所以，可得出 R_{11} = （0.0516, 0.0258）$\begin{bmatrix} 0.6 & 0.3 & 0.1 & 0 \\ 0.5 & 0.4 & 0.1 & 0 \end{bmatrix}$

= （0.0439, 0.0258, 0.0077, 0）

因此，依据上述同样的计算方法，可以采用模糊综合评价法计算出各其他二级指标的综合评价指标。目标申报绩效 $R_{12} = W_{122} R_{122} =$ （0.0179，0.0134，0.0074，0）；预算编制绩效 $R_{21} = W_{211} R_{211} =$ （0.0093，0.0246，0.0072，0）；预算执行绩效 $R_{22} = W_{222} R_{222} =$ （0.0114，0.0206，0.0088，0.0004）；"三公经费"支出管理绩效 $R_{23} = W_{233} R_{233} =$ （0.0166，0.0478，0.0102，0.0003）；日常公用经费支出管理绩效 $R_{24} = W_{244} R_{244} =$ （0.0142，0.0232，0.0036，0）；项目支出管理绩效 $R_{25} = W_{255} R_{255} =$ （0.0269，0.0497，0.0067，0）；资产管理绩效 $R_{26} = W_{266} R_{266} =$ （0.0109，0.0145，0.0045，0）；职责履行绩效 $R_{31} = W_{311} R_{311}$ = （0.0347，0.1094，0.0194，0.0008）；履职效果绩效 $R_{32} = W_{322} R_{322} =$ （0.0899，0.1819，0.0574，0）；部门能力发展绩效 $R_{33} = W_{333} R_{333} =$ （0.0176，0.0300，0.0053，0）；部门长效发展绩效 $R_{41} = W_{411} R_{411} =$ （0.0141，0.0097，0.0026，0）。

由上可得：

$$R_{1i} = \begin{bmatrix} R_{11} \\ R_{12} \end{bmatrix} = \begin{bmatrix} 0.0439 & 0.0258 & 0.0077 & 0 \\ 0.0179 & 0.0134 & 0.0074 & 0 \end{bmatrix}$$

$$R_{2i} = \begin{bmatrix} R_{21} \\ R_{22} \\ R_{23} \\ R_{24} \\ R_{25} \end{bmatrix} = \begin{bmatrix} 0.0093 & 0.0246 & 0.0072 & 0 \\ 0.0114 & 0.0206 & 0.0088 & 0.0004 \\ 0.0166 & 0.0478 & 0.0102 & 0.0003 \\ 0.0142 & 0.0232 & 0.0036 & 0 \\ 0.0269 & 0.0497 & 0.0067 & 0 \\ 0.0109 & 0.0145 & 0.0045 & 0 \end{bmatrix}$$

$$R_{3i} = \begin{bmatrix} R_{31} \\ R_{32} \end{bmatrix} = \begin{bmatrix} 0.0347 & 0.1094 & 0.0194 & 0.0008 \\ 0.0899 & 0.1819 & 0.0574 & 0 \end{bmatrix}$$

$$R_{4i} = \begin{bmatrix} R_{41} \\ R_{42} \end{bmatrix} = \begin{bmatrix} 0.0176 & 0.0300 & 0.0053 & 0 \\ 0.0141 & 0.0097 & 0.0026 & 0 \end{bmatrix}$$

由表5—5可知，绩效目标管理下的目标设定和目标申报的权重系数 $W_1 =$ （0.0774，0.0387）。因此可得出目标决策评估维度下的二级指标的模糊综合评价矩阵为：

$$R_1 = W_1 R_{1i} = (0.0774, 0.0387) \begin{bmatrix} 0.0439 & 0.0258 & 0.0077 & 0 \\ 0.0179 & 0.0134 & 0.0074 & 0 \end{bmatrix}$$

$$= (0.0041, 0.0025, 0.0009, 0)$$

综合管理流程维度下预算编制、预算执行、"三公经费"支出管理、日常公用经费支出管理、项目支出管理、资产管理6个二级指标的权重系数 W_2 = (0.0411, 0.0411, 0.0748, 0.0410, 0.0833, 0.0298)。于是可得综合管理维度下的二级指标的评价矩阵为：

$$R_2 = W_2 R_{2i} = (0.0411, \cdots, 0.0298) \begin{bmatrix} 0.0093 & 0.0246 & 0.0072 & 0 \\ 0.0114 & 0.0206 & 0.0088 & 0.0004 \\ 0.0166 & 0.0478 & 0.0102 & 0.0003 \\ 0.0142 & 0.0232 & 0.0036 & 0 \\ 0.0269 & 0.0497 & 0.0067 & 0 \\ 0.0109 & 0.0145 & 0.0045 & 0 \end{bmatrix}$$

$$= (0.0052, 0.0110, 0.0023, 0.00004)$$

产出与效果评估维度下包括职责履行、履职效益2个二级指标，其权重系数为 W_3 = (0.1643, 0.3292)。于是得出成效维度下二级指标的评判矩阵为：

$$R_3 = W_3 R_{3i} = (0.1643, 0.3292) \begin{bmatrix} 0.0347 & 0.1094 & 0.0194 & 0.0000 \\ 0.0889 & 0.1819 & 0.0574 & 0 \end{bmatrix}$$

$$= (0.0353, 0.0779, 0.0221, 0.0001)$$

可持续影响评估维度下包括部门能力发展与部门长效发展2个二级指标，其权重系数为 W_4 = (0.0529, 0.0264)。因此得出利益相关者满意度维度下二级指标的评价矩阵为：

$$R_4 = W_4 R_{4i} = (0.0529, 0.0264) \begin{bmatrix} 0.0176 & 0.0300 & 0.0053 & 0 \\ 0.0141 & 0.0097 & 0.0026 & 0 \end{bmatrix}$$

$$= (0.0013, 0.0018, 0.0003, 0)$$

由上可得，采用模糊综合评价法计算科技局部门整体支出绩效的综合评价矩阵为：

$$R = \begin{bmatrix} R_1 \\ R_2 \\ R_3 \\ R_4 \end{bmatrix} = \begin{bmatrix} 0.0041 & 0.0025 & 0.0009 & 0 \\ 0.0052 & 0.0110 & 0.0023 & 0.00004 \\ 0.0353 & 0.0779 & 0.0221 & 0.0001 \\ 0.0113 & 0.0018 & 0.0003 & 0 \end{bmatrix}$$

科技局整体支出绩效评价指标体系包括绩效目标管理、综合管理、产出与效果、可持续影响 4 个评估维度，各评估维度的权重系数 W = (0.1161, 0.3111, 0.4935, 0.0793)。于是得出最终的综合评价结果向量为：

$$B = W \cdot R = (0.1161, 0.3111, 0.4935, 0.0793)$$

$$\begin{bmatrix} 0.0041 & 0.0025 & 0.0009 & 0 \\ 0.0052 & 0.0110 & 0.0023 & 0.00004 \\ 0.0353 & 0.0779 & 0.0221 & 0.0001 \\ 0.0113 & 0.0018 & 0.0003 & 0 \end{bmatrix} = (0.0196, 0.0423, 0.0118, 0.00006)$$

综合评价结果向量 B = (0.0196, 0.0423, 0.0118, 0.00006) 并不能作为最终的评判结果。因此，对向量 B 再次进行模糊化处理，即 Z = B × Y^T 为最终的评价结果。根据前文可知评语等级集 Y = (优秀，良好，中，差)，其对应的赋值为 Y = (90, 80, 70, 59)。接着，依据模糊综合评价法的加权平均原则，于是该部门整体支出绩效评价最终的评价结果为：

$$Z = \frac{0.0196 \times 90 + 0.0423 \times 80 + 0.0118 \times 70 + 0.00006 \times 59}{0.0196 + 0.0423 + 0.0118 + 0.00006} \approx 81.0404$$

通过模糊综合评价法计算得出的 X 市科技局的部门整体支出绩效评价的最终评价结果为 81.0404。根据模糊综合评价法，由已设定的评语等级集可知，X 市科技局的部门整体支出绩效等级为"良好"。此结果也说明了科技局还需要进一步提高该部门预算支出的使用绩效，努力加强部门整体支出的过程管理，提高履职效率和效益。

（三）小结

本书采用层次分析法和模糊综合评价法对 X 市科技局的部门整体支出绩效进行评价。通过应用层次分析法计算评价指标的权重，借助模糊综合评价法的基本思想和原理来开展部门整体支出绩效评价实践，能够得到更为准确的评价结果。同时，也是首次将模糊综合评价法应用于部门整体支出绩效评价，说明了该方法的可行性。

　　由此，本书有效解决了部门整体支出绩效评价中的定性因素难以定量化的问题，而且较好地解决了评价中存在的模糊化问题。本书通过将层次分析法和模糊综合评价法结合起来进行绩效结果的评定，将绩效评价中的定性评价指标进行定量化处理，并合理解决评价中存在的模糊化问题，这充分体现了主观和客观相结合的思想、定性与定量相结合的评价理念，在很大程度上降低了科技局部门整体支出绩效评价中的主观性，最终得到一个与客观实际相符合的部门整体支出绩效评价结果。

第六章

结　　语

部门整体支出绩效评价是一个新的研究内容，在理论研究和实践领域都处于起步阶段。部门整体支出绩效评价是推进预算绩效管理的关键手段，也是公共财政管理研究的一个重要方面。构建合理可行的评价指标体系是有效实施部门整体支出绩效评价的核心环节。本书通过梳理部门整体支出绩效评价的理论研究和实践进展，参考借鉴相近领域的研究成果，基于逻辑模型和绩效三棱镜模型，经过理论遴选和实证筛选两个阶段提炼出一套部门整体支出绩效评价共性指标体系。通过对指标体系的实例应用，进一步说明该指标体系的可行性与适用性。经过系统的探索分析，本章将给出本书的主要研究结论和创新点；归纳研究不足，提出研究展望。

第一节　研究结论

将逻辑模型与绩效三棱镜模型进行整合，参考吸取其他相关评价框架的设计思路，归纳提炼出绩效目标管理、综合管理、产出与效果、可持续影响4个维度构成本书的评价框架。通过逐级分解和细化评估维度，设计具体的评价指标。本书以部门整体支出为绩效评价对象，重点探讨评价指标体系的构建，力图丰富部门整体支出绩效评价的理论研究，企图为具体实践提供些许的参考，得出以下几点主要结论。

（一）本书在构建指标体系的逻辑思路方面是合理的，最终确定的指标总体上符合可操作性和实用性的要求

全书研究过程可以说明本书结合逻辑模型和绩效三棱镜模型构建评价框架，进而设计部门整体支出绩效评价指标体系的逻辑思路是合理的，提炼各层次的指标的方法也是可行的。具体而言，本书遵循从一级指标、二级指标、三级指标层层递进的逻辑思路来设计评价指标体系。即首先提炼准则层中的所有一级指标，以组成评价框架。其次，设计子准则层中的二级指标，以建立一级指标和三级指标之间的桥梁。最后，设计指标层中的三级指标，以组建指标库。

在具体操作中，本书从"绩效目标管理—综合管理—产出与效果—可持续影响"这一绩效逻辑链条上评价部门整体支出的"目标绩效—管理绩效—结果绩效—影响绩效"。通过对绩效逻辑循环链条上的每一个要素进行层层分解，来设计二级和三级评价指标。依据这一逻辑链条，本书主要采用以下三种方法设计二级和三级指标：（1）通过收集国内外已有的相关文献和一些实践部门的实践成果，采用频次统计的方法进行相应指标的频次统计，进而选取那些出现频次较高的指标；（2）通过对一些部门的职责、绩效目标、评价目的，以及部门整体支出的基本内涵、特点等进行理论分析，在综合分析与比较后，选取出那些针对性较强的关键影响因素设计评价指标；（3）通过专家咨询法和实地访谈法获取一些重要指标，即通过征询相关领域的专家意见，并结合对实践工作者的访谈记录，提炼出关键评价指标。总体来看，经过全书的系统研究表明，本书在构建指标体系方面的逻辑思路是合理的、正确的。

由于本书构建的初始指标体系是经过理论推演得出的，由此或多或少会存在一些次要指标，本书采用熵权法基本上能够剔除这些相对不重要的指标，并保留关键指标，从而得到更为合理的评价指标体系。经过科技局的实例分析，也进一步说明了本书构建的指标体系的合理性与适用性，也表明该指标体系大致符合实践部门的实际需要。

但是，将本书的共性指标体系应用于科技局的部门整体支出绩效评价实例分析后发现，该指标体系中的个别指标仍旧值得商榷，还有待更进一步修正或调整。比如，"支付进度率"这一指标的可操作性问题，因

为碍于现行的预算管理实际,既定支付还是一种比较理想的状况,较难执行,是否保留该指标还需要进一步考虑。还有在产出效果维度,"财政投入乘数"是一个较能反映部门整体支出绩效的指标,在相应指标数据可获得的情况下,或许应该考虑增设这一指标。总之,关于部门整体支出绩效评价指标体系应该结合具体评价对象的实际情况,适当予以调整或修正。

(二)部门整体支出绩效评价指标体系的构建是一个完整的、符合规范的过程

从纵向来看,本书是一个系统的、规范的研究过程。本书共分为7个部分,每个部分的内容都是紧密衔接的。在文章的导论部分讨论研究背景、研究意义、文献综述及研究设计等内容,重在提出研究问题。第一章以研究问题为主线,阐释部门整体支出绩效评价的理论和实践进展,说明指标体系主要的设计流程。第二章以部门整体支出绩效评价相同或相近领域的已有评价框架为基础,整合逻辑模型和绩效三棱镜模型,提炼绩效目标管理、综合管理、产出与效果、可持续影响4个要素组成绩效逻辑链,形成评价框架。第三章设计二级和三级指标,是对第二章评价框架中4个一级指标的细分和具体化,进而组成初始指标库。第四章在对比分析几个指标筛选方法后,选用熵权法筛选第三章组建的初始指标库,以确定最终的评价指标体系。第五章是指标验证环节,用实例来应用第四章构建的评价指标体系,以进一步验证指标体系的可行性和合理性。第六章为结语部分,总结研究结论和创新点,归纳研究不足,提出研究展望。由此可知,本书的章节内容前后相互衔接、紧密联系、环环相扣。

事实上,本书指标体系的构建是一个完整的、符合规范的过程。具体而言,首先,梳理相关的理论研究现状和实践进展情况,以摸清部门整体支出绩效评价相关研究与实践的来龙去脉。其次,通过参考借鉴已有研究成果,结合研究对象的实际特征,将逻辑模型和绩效三棱镜模型进行整合,提炼绩效逻辑链上的4个关键要素组成评价框架。再次,通过采用专家咨询法、频度分析法、关键绩效指标法及理论分析等方法,对二级指标和三级指标进行理论遴选与设计,构建部门整体支出绩效评

价初始指标库。最后，通过对指标的筛选，剔除次要指标，保留重要的关键指标，从而确定最终的评价指标体系。

（三）在具体实例评价中，需要结合所评价对象的特点设计相应个性指标

本书构建的部门整体支出绩效评价指标体系是一种共性指标框架，在实际应用中，需要结合所评价对象的特征，从中灵活选取共性指标，并设计相应的个性指标，共同组成评价指标体系。在第五章将部门整体支出绩效评价指标体系应用于科技局的部门整体支出绩效评价实践，评价科技局2014年度的部门整体支出的绩效。在对科技局的实例评价中，需要结合科技局的实际，从本书的共性评价框架中选取共性指标，并依据科技局的实际，设计相应的个性指标。

对于部门整体支出绩效评价而言，由于部门职能和职责的不同，部门财政支出所得的产出和效果存在很大的差异。因此在产出和效益维度的具体指标则更多地需要根据评价对象的特征和评价目的的要求，设计更有针对性的个性指标。部门整体支出个性指标的选择，应更多地考虑部门履职的实际产出、效果和可持续影响。对于部门整体支出的绩效目标和综合管理维度的具体指标，则较多地体现为部门共性的特征。

由于政府部门的职能多样，各部门的战略目标也较为复杂和多样，因此对于不同的职能部门的财政资金支出所得到的产出和效益也会有很大不同。这种不同更多的是因为各个部门的职责和使命的不同带来的，因此直接决定了不同部门的财政资金支出的产出和结果的不同，所以在设置具体的产出效益类指标时，应根据相应部门的实际情况提炼出能够最大程度体现部门绩效特征的具体指标。在科技局的履职效益类指标就体现出明显的个性特征。所以说，实施部门整体支出绩效评价的实践，需要根据被评价部门的实际情况，有目的性地挑选共性指标，并设计能够反映该部门绩效特征的个性指标。

设置个性指标主要表现为以下两种情况：（1）在所有一般性指标中未列入，需要结合部门预算支出的不同特点和具体目标设计特定的个性

指标；(2) 对一般性指标进行细化和具体表达。① 由于每个部门都各有其职能和特点，所以相应的部门预算支出形式也是多种多样的，当对共性指标进行细化和分解为更为具体的三级指标或四级指标时，通常表现为更具个性化和更具可操作性的指标特征。总之，本书所建构的部门整体支出绩效评价指标体系是一种共性评价指标框架，能够反映部门整体支出绩效中的共性评价部分，但在具体评价实践中，需要根据预算部门的实际情况灵活选取共性指标，并根据研究需要设计更为具体的个性指标。

(四) 熵权法用于筛选部门整体支出绩效评价指标是可行的

通过比较分析结构方程模型、隶属度分析、粗糙集理论、灰色关联分析等多种指标筛选方法，依据部门整体支出绩效评价指标构建的实际特点，本书最终选取熵权法用于指标的筛选。熵权法是根据每项指标观测值所提供的信息量的大小来确定指标权数的一种客观的指标筛选方法。在绩效评价中，熵权法虽然在评价指标的熵权计算和指标筛选中得到广泛的应用，但是将熵权法具体应用到公共部门绩效评价中，尤其是公共部门预算支出的绩效评价中还是一个新的尝试。本书运用熵权法这一客观综合的指标筛选方法来筛选部门整体支出绩效指标库中的指标，剔除那些熵权值相对较低的指标，能够得到一个精简适用的部门整体支出绩效评价指标体系，研究结果也表明在公共部门财政支出绩效评价领域运用熵权法筛选指标是具有可操作性的。

第二节 创新之处

(一) 重构部门整体支出绩效评价指标体系是一个较新的探索

本书以部门整体支出绩效评价指标体系的构建为研究的切入点与重点，是一个较新的探索。目前为止，以部门整体支出绩效评价为主题的理论研究并不多，有关这一主题的指标体系研究则更为缺乏。因此，本书选取部门整体支出绩效评价为研究主题，以指标体系的构建为研究的切入点与重点，是一个较为新颖的探索和尝试。

---

① 参见孙克竞《政府部门预算支出绩效管理研究》，博士学位论文，东北财经大学，2009年。

事实上，实施绩效评价主要包括设置评价目标、确定评价对象、选择评价方法、明确评价标准、设计评价指标体系、计算指标权重等多项工作。虽然实施绩效评价工作包含众多的环节，但是评价指标体系的构建则是整个绩效评价工作中最为核心和关键的环节。由此，在部门整体支出绩效评价研究的起步阶段，本书重点探讨部门整体支出绩效评价指标体系的构建这一绩效评价的核心内容，是一个积极的尝试。

现今关于部门整体支出绩效评价在理论研究和实践领域都很不成熟，还停留在起步的探索阶段。由于部门职能的多样性，部门整体支出类型千差万别。由此，部门整体支出绩效评价与其他类型的绩效评价一样，其复杂性主要体现在对绩效的测量上。测量绩效直接反映出部门绩效目标的完成程度和评价的实际结果，准确有效地测量部门整体支出的绩效需要一套科学合理的评价指标体系。因为只有借助一套科学的指标体系，才能准确地测量部门整体支出的实际产出和效果，所以选择或构建合理实用的评价指标体系成为评价工作的关键。总的来说，部门整体支出绩效评价研究是一个较为新颖的研究主题，作为评价工作核心环节的指标体系构建则是推进部门整体支出绩效评价研究的一个更为关键且新颖的研究问题。

（二）本书基于绩效逻辑链设计的评价框架是一个全新的尝试

以绩效目标管理—综合管理—产出与效果—可持续影响4个要素形成部门整体支出绩效逻辑链的分析框架是一个全新的尝试。

逻辑模型是对整个计划或者项目过程中的各个环节的因果关系的全面体现，可以根据事物间的因果逻辑关系找出关键影响因素，归纳提取相应的评估维度。对于部门整体支出绩效评价而言，可以从部门绩效目标、投入、过程、产出、效果和可持续影响这一逻辑思路出发，找出关键影响因子，设计评估维度。绩效三棱镜理论是在平衡计分卡的基础上，提出的一个较新的三维式评价框架模型，它以利益相关者理论为基本导向，三棱镜包括利益相关主体满意度、利益相关主体贡献、组织战略、组织能力和业务流程5个评估维度。绩效三棱镜模型的战略、流程、能力、满意度和贡献度这5个指标相互联系，从多方面、多视角实施绩效评价，能够充分地体现评价对象的绩效情况。绩效三棱镜理论已经在企业管理中得到广泛应用，它强调对组织战略的评价也可以适用于公共部门的战略目标管理和协调，引导部门重视战略目标的制定与管理，从而有利于更好地实现部门的整体战略目标。将绩效三棱镜评价框架引入公共部门整体支出的绩效评价还是一个较新的尝试。通过整合逻辑模型和绩效三棱镜理论，从中提炼绩效评价框架，更是一个全新的尝试和探索。

从已有的研究中可知，关于部门整体支出绩效评价指标框架的构建，主要有以下4种类型：一是从投入、过程、产出和效果4个评估维度构建评价框架；二是从部门决策、部门管理和部门绩效3个维度构建评价框架；三是从经济性、效率性和效果性3个方面构建评价框架；四是直接从预算的运作管理过程，如预算编制、预算执行、预决算管理、绩效评价管理和监督管理5个维度构建评价框架。这些评价框架或从投入产出视角、或从战略管理模型视角、或从管理过程的因果关系视角进行设计，或多或少具有一定程度的片面性，未能全面地体现部门整体支出的绩效情况。本书所构建的评价框架将逻辑模型和业绩三棱镜理论结合起来提炼评价框架，是通过考评部门战略目标、资金运作管理流程、产出和效果以及项目的可持续影响等各个环节的绩效情况，更为系统全面地实施部门整体支出绩效评价，因而更能反映部门整体支出的实际绩效。

（三）本书具体指标的设计具有一定创新性

与现有的部门整体支出绩效评价指标相比，本书在指标设计方面具有创新性。由前文可知，本书的评价指标体系与现有的部门整体支出绩效评价指标体系相比，都存在不同程度上的差别。尤其在具体指标的设计方面，本书不仅吸取了现有指标中那些较为成熟的、适用的指标，而且依据部门整体支出绩效的特点，结合绩效的理念和方法，设计了一些新的指标。

比如，关于二级指标，本书根据部门整体支出的主要类型，分别设计"三公经费"管理、日常公用经费管理和项目支出管理3个新的指标。关于三级指标，设计了如目标难度、目标申报覆盖率、"三公经费"信息公开细化程度、公务卡刷卡率等新的指标。本书提出的这些新的指标，是通过系统的理论推演或实践经验的总结得出的，并采用熵权法进行指标的筛选，选用科技局的实例进行验证，结果表明这些新的指标具有合理性和可操作性。

实际上，通过梳理已有的部门整体支出绩效评价指标体系发现，现有的指标体系或多或少存在一些不足或缺陷。本书提出的新指标，不仅可以丰富已有的指标库，而且可以在一定程度上弥补现有指标的不足，从而为构建更为科学合理的部门整体支出绩效评价指标体系提供一种新的思路。总之，本书构建的指标体系具有一定程度上的创新性，不仅包括现有的较为成熟的具有可操作性的指标，而且包括经过系统推演得出的新的实用的指标。

第三节　研究不足与研究展望

由于时间、能力与技术等主客观因素的限制，本书存在几点不足，在未来的研究中有待进一步改进与深化。

一　研究不足

（一）评价指标体系方面的问题

本书所构建的部门整体支出绩效评价框架是基于逻辑模型和绩效三棱镜评价框架模型推演得出的。通过这种方法构建的评价框架相对于直接采用已有的评价框架模型来说，更具创新性和全面性，但是该评价框架是笔者在经过综合比较分析的基础上提炼得出的，由于笔者自身知识背景的局限，其中或多或少带有一些主观因素的色彩。评价框架的设定直接决定了其下级具体指标的设计方向，可以说评价框架在整个指标体系的构建过程中至关重要。如果将该评价框架应用于实践案例中，则还应该结合案例自身的特点和实际情况，对评价框架进行调整和改进。事实上，在构建本书的评价框架时，虽然上文也有系列的讨论分析，笔者也多次通过问卷调查、对实践工作者进行现场访谈、电话咨询等多种途径获取专家意见和建议，但是该评价框架是经过理论推演得出的。由于访谈和调研的实践工作者的人数有限，再加上政府部门的职能多样，各部门支出类型也就各有不同，所以这一评价框架还有待通过更多的实地调研或实例应用进行验证和改进。

对于评价指标体系中的二级、三级指标的设计，是通过对已有相关领域的指标频度分析、专家咨询、实地访谈及理论分析得出的。尤其是测量部门整体支出绩效的产出与效益具有一定程度上的复杂性。因为政府部门目标的多样性和模糊性，其产出和结果或者难以直接测量，或者在短时期内难以得到体现，或者难以直接清晰界定。可以说，测量部门整体支出的产出和效益本身就具有一定的难度。对于一些共性的二级和三级指标，有的是客观指标，有的是主观指标，在指标筛选环节中考虑到指标的可操作性和相关数据的可获得性等多种影响因素，对一些指标进行了相应的替换或简化，在此环节中可能会欠缺考虑某些关键因素从而剔除了一些重要指标，这也是后续研究有待加强的内容。

需要说明的是，本书构建的部门整体支出绩效评价指标体系，在实践应用中还需要进一步改进或修正，使其适用于某特定部门的整体支出绩效评价的实际。因为不同政府部门职能的差异，使各部门预算支出的用途繁多，所以对产出效益类三级指标的设计，应根据具体评价部门的实际情况，进行个性指标的设计。

（二）评价指标权重的确定问题

关于评价指标权重的确定主要体现为以下两个方面的问题：

其一，有关权重计算方法的问题。确定指标权重的方法主要有主观赋值法、客观赋值法以及主客观相结合赋值的方法。研究者可以根据研究对象的具体特点和实际情况，进行方法的选取。在本书中关于评价指标体系的实例应用部分，选择层次分析法确定各个指标的权重。层次分析法是一种主客观相结合的权重赋值法，是一种定性与定量相结合的方法，虽然该方法优点明显，但也存在一些局限。比如，该方法在构造判断矩阵时，需要先对评价指标进行重要性的两两比较，在此环节可能受主观性因素影响较大，因为这在很大程度上还是需要专家依靠其自身知识和背景等进行主观判断的。该方法虽然能够排除整体思维过程的片面或失误，但是无法排除专家个人可能存在的片面性。

其二，评价实践案例评价目的侧重点的不同。通过收集已有的实践案例可知，不同的部门整体支出绩效评价实践活动的评价目的侧重点会有一些差异，因此在设置评价指标权重时也各有偏倚。有的实践部门偏向于部门整体支出所带来的产出绩效,有的则侧重于效益,有的侧重于部门财政资金支出所带来的长远影响,所以在确定指标权重时也会有所不同,这也是本书没有对共性指标框架进行指标权重讨论的一大主要原因。由于评价目的的不同所带来的问题,虽然不是研究中的主观因素带来的不足,但是也是一个难以避免的客观因素,笔者认为这也是值得深深思考和探讨的一个重要方面。

(三) 有关调查咨询对象的问题

本书所构建的部门整体支出绩效评价共性指标体系,是经过理论遴选和多轮的实证筛选得出的。毋庸置疑,本书最重要的调研对象应该是公共部门从事财务相关工作的工作人员。由于部门整体支出绩效评价是一个专业性相对较强的研究主题,寻找到大量的实践工作者存有一定的困难。再加上资源、时间、能力等种种因素的限制,本书所调研的实践部门的相关领域工作者人数有限,而更多的是寻求会计学、财务管理学、财政学等方面的专家、学者,根据他们给出的专业意见进行指标的筛选。所以说,调查对象选择的局限,也是研究中存在的一个不可小觑的影响因素。

二 研究展望

本书构建的部门整体支出绩效评价指标体系是通过理论遴选和实证筛选得出的,该评价指标体系的指标数量繁简适中,具有代表性和全面性。随着预算支出绩效评价实践的推进与发展,在未来可以从以下几个方面进一步深化研究。

(一) 进一步完善评价指标体系

部门整体支出绩效评价指标的设计是一项系统的工程,随着实践的发展,相应的指标体系理应符合实践的发展需求,不断进行改进与完善。事实上,完善部门整体支出绩效评价指标体系对于推进预算绩效管理改革意义重大。

在现有条件下,本书所构建的评价指标体系要尽可能地符合全面性、可操作性、合理性的要求,但是由于主观和客观因素的影响,该评价指标体系还有待进一步地完善和改进:第一,无论是理论研究还是实践领域，有关部门整体支出绩效评价的研究都还处于刚刚起步的探索阶段，关于部门整体支出绩效评价指标构建的研究很少，因而可以参考借鉴的资料也就非常有限。所以，应该加强关于部门整体支出绩效评价的理论研究，大力推进评价实践试点工作的进行。第二，碍于一些指标数据难以获得，一些能够体现部门整体支出绩效状况的关键指标没有被列入该指标体系。在较为理想的情况下，评价指标体系应该尽可能地涵盖所有的绩效内容，然而囿于现实条件的限制却很难兼顾。如果在后续研究中能够有效解决一些重要指标的数据可获得性问题，那么应该选取出合适的指标，使部门整体支出绩效评价指标体系更为完整。第三，在指标的理论遴选和实证筛选过程中，需要征求广泛的意见和建议，如果条件允许，应该增加征询相关实践工作者的意见，扩大调查样本的数量，以使评价指标体系更为合理可行。由此，需要加强部门整体支出绩效评价的理论研究和实践探索，以逐步完善部门整体支出绩效评价指标体系。

（二）选取更为合适的、客观的指标权重确定方法

指标权重直接代表了某一指标在指标体系中的重要程度，对评价结果产生重要影响。为了得到更为合理的评价指标权重，应选取最为合适的方法用于具体的部门整体支出绩效评价实践。层次分析法计算指标权重，仍旧带有一定程度的主观色彩。正如上文所言，确定指标权重的方法是多种多样的，每一种方法都有其优点和缺点，所以在具体案例实践中，应该根据评价对象的实际特征，结合评价目的等多种因素，选取更为客观的、适合的权重确定方法，以减少指标权重确定过程中的误差和主观性，从而得以保证评价结果的准确性。

（三）改善调查对象的分布情况，使得指标数据的获取渠道更加广泛

在构建部门整体支出绩效评价指标体系中，一些数据是直接通过评价实践部门的官方网站以及统计年鉴获得的，还有部门指标的数据需要通过问卷调查等方式获得，而且问卷调查的对象需具备一定的财务相关的专业知识或者相关领域的工作实践经验，因此这在无形中增加了相关指标数据获取的难度及部门整体支出绩效评价实证的困难。因指标数据的缺乏或难以获得，使相应指标的可操作性不强，直接导致的结果就是在指标设计或实证筛选环节直接剔除掉这些重要指标。因此，为进一步

提高指标体系的科学性与合理性，在时间、资源等允许的条件下，应该扩大调查对象的样本数量，以拓宽数据的覆盖面；而且在调查样本的类别分布方面，应更多地征求和咨询具有较深理论功底及实践经验的部门财务领域的实践者对指标要素重要性的意见。

（四）扩展部门整体支出绩效评价实践试点研究

在本书中，仅是以 X 市科技局为例进行指标体系的应用分析，代表性是非常有限的。所以，在今后应尽可能地增加部门整体支出绩效评价的实践试点研究，通过扩大实践试点部门，建立更为健全的评价指标体系。此外，开展部门整体支出绩效评价研究，还需尽可能地将研究结果进行实际应用，为相关决策部门提供些许的参考信息，而不仅仅是停留在评价这一环节。随着实践的发展，有关部门整体支出绩效评价的研究需要不断的完善与改进。本书仅仅是部门整体支出绩效评价研究工作的一个起点，其中有许多的不足，还有待在后续研究中进一步深化和改善。

参考文献

（一）中文著作

包丽萍：《政府预算》，东北财经大学出版社2011年版。

财政部财政科学研究所《绩效预算》课题组：《美国政府绩效评价体系》，经济管理出版社2004年版。

邓毅：《绩效预算制度研究》，湖北人民出版社2009年版。

范柏乃：《政府绩效评估理论与实务》，人民出版社2005年版。

郭亚军：《综合评价理论、方法与拓展》，科学出版社2012年版。

姜国兵：《政府绩效评估》，暨南大学出版社2016年版。

李怀祖：《管理研究方法论》，西安交通大学出版社2004年版。

李志、潘丽霞：《社会科学研究方法导论》，重庆大学出版社2012年版。

刘有宝：《政府部门预算管理》，中国财政经济出版社2006年版。

马国贤：《政府绩效管理》，复旦大学出版社2005年版。

马国贤：《政府预算》，上海财经大学出版社2011年版。

邱菀华：《管理决策与应用熵学》，机械工业出版社2001年版。

王雍君：《公共预算管理》，经济科学出版社2010年版。

张朝宓、苏文兵：《当代会计实证研究方法》，东北财经大学出版社2001年版。

张成福、党秀云：《公共管理学》，中国人民大学出版社2007年版。

张克竞：《政府部门预算支出绩效管理研究》，东北财经大学出版社2012年版。

张明：《政府预算实务与案例》，西南财经大学出版社2009年版。

张青：《公共部门预算研究》，中国财政经济出版社2007年版。

朱志刚：《财政支出绩效评价研究》，中国财政经济出版社2003年版。

卓越：《公共部门绩效评价》，中国人民大学出版社2011年版。

（二）中译本著作

[美] R. 爱德华·弗里曼：《战略管理：利益相关者方法》，王彦华、梁豪译，上海译文出版社2006年版。

[美] 埃莉诺·奥斯特罗姆、拉里·施罗德、苏珊·温：《制度激励与可持续发展》，陈幽泓等译，生活·读书·新知三联书店2000年版。

[美] 戴维·奥斯本、特德·盖布勒：《改革政府：企业家精神如何改革着公共部门》，周敦任等译，上海译文出版社2006年版。

[美] 海因茨·韦里克：《卓越管理：通过目标管理达到最佳绩效》，李平等译，成都电讯工程学院出版社1988年版。

[美] 赫尔曼·阿吉斯：《绩效管理》，刘昕、曹仰锋译，中国人民大学出版社2008年版。

[美] 霍姆斯：《公共支出管理手册》，王卫星校译，经济管理出版社2002年版。

[美] 劳伦斯·纽曼：《社会研究方法：定性和定量的取向》，郝大海译，中国人民大学出版社2007年版。

[美] 罗伯特·K. 殷：《案例研究：设计与方法》，周海涛等译，重庆大学出版社2010年版。

[美] 斯蒂芬·罗宾斯、玛丽·库尔特：《管理学》（第13版），刘刚等译，中国人民大学出版社2017年版。

[美] 托马斯·R. 戴伊：《理解公共政策》，谢明译，中国人民大学出版社2010年版。

[美] 威廉·N. 邓恩：《公共政策分析导论》（第四版），谢明等译，中国人民大学出版社2011年版。

[美] 西奥多·H. 波伊斯特：《公共与非营利组织绩效考评：方法与应用》，肖鸣政等译，中国人民大学出版社2005年版。

[澳] 欧文·E. 休斯：《公共管理导论》（第四版），张成福等译，中国人民大学出版社2015年版。

［英］安迪·尼利、克里斯·亚当斯、迈克·肯尼尔利：《战略绩效管理：超越平衡计分卡》，李剑峰等译，电子工业出版社 2004 年版。

（三）中文学位论文

郭永萍：《公共财政支出绩效评估研究》，博士学位论文，西北农林科技大学，2006 年。

孙克竞：《政府部门预算支出绩效管理研究》，博士学位论文，东北财经大学，2009 年。

张伟：《完善预算支出绩效评价体系研究》，博士学位论文，财政部财政科学研究所，2015 年。

（四）中文期刊论文

陈工：《加快构建财政支出绩效评价体系》，《中国财政》2008 年第 8 期。

陈丽娟：《财政项目支出绩效评价研究》，《财会研究》2009 年第 9 期。

陈庆云、鄞益奋、曾军荣、刘小康：《公共管理理念的跨越：从政府本位到社会本位》，《中国行政管理》2005 年第 4 期。

程晓龙：《逻辑模型及其在绩效管理中的作用》，《卫生软科学》2007 年第 2 期。

崔军、杨琪：《应急财政支出绩效评价指标体系构建研究——基于模糊层次分析法的考察》，《财贸经济》2013 年第 3 期。

范柏乃、段忠贤：《中国地方政府社会管理绩效测评量表编制及应用》，《上海行政学院学报》2012 年第 6 期。

范柏乃、楼晓靖：《我国公共管理研究方法的统计分析及演进路径研究》，《公共管理学报》2013 年第 2 期。

范柏乃、张维维、朱华：《我国经济社会协调发展评价体系的构建与实际测度研究》，《中共浙江省委党校学报》2014 年第 2 期。

方振邦、鲍春雷：《战略导向的政府绩效管理：动因、模式及特点》，《兰州学刊》2010 年第 5 期。

房巧玲、刘长翠、肖振东：《环境保护支出绩效评价指标体系构建研究》，《审计研究》2010 年第 3 期。

高宝森：《内蒙古自治区财政科技项目支出绩效评价研究》，《科学管理研究》2012 年第 5 期。

高小平、刘悦:《我国地方政府部门绩效评估研究》,《江苏行政学院学报》2010年第5期。

韩锋、孙建丽:《我国公共行政支出的战略性绩效管理初探》,《理论导刊》2010年第6期。

何增科:《政府治理现代化与政府治理改革》,《行政科学论坛》2014年第2期。

胡若痴、武靖州:《部门整体支出绩效目标编制优化原则研究》,《财政研究》2014年第6期。

江易华:《政府部门绩效评估初探》,《行政论坛》2005年第1期。

姜国兵、韩笑:《部门整体支出绩效评价探析:以Y省文化厅的案例为基础》,《广东行政学院学报》2017年第5期。

蓝志勇:《也谈公共管理研究方法》,《中国行政管理》2014年第1期。

李文彬、黄怡茵:《基于逻辑模型的财政专项资金绩效评价的理论审视——以广东省人大委托第三方评价为例》,《公共管理学报》2016年第3期。

李瑛、刘少山:《公共部门绩效评估模型》,《东北师大学报》(哲学社会科学版)2012年第4期。

李召存:《对学前教育质量评估框架建构的思考》,《中国教育学刊》2015年第10期。

林逢春、陈静:《企业环境绩效评估指标体系及模糊综合指数评估模型》,《华东师范大学学报》(自然科学版)2006年第6期。

刘安长:《关键绩效指标设计在财政支出绩效评价中的应用——以某市义务教育支出为例》,《地方政府研究》2013年第6期。

刘长江:《基于模糊综合评价法的人力资源绩效评价指标体系》,《统计与决策》2010年第10期。

刘国永、赵宝利、王萌:《部门支出、项目支出、公共政策绩效评价的思考》,《财政监督》2014年第7期。

刘敏、王萌:《整体支出绩效评价指标体系设计方法初探》,《财政监督》2015年第7期。

刘瑞乾:《部门整体支出绩效评价中存在的问题与对策》,《交通财会》

2016年第12期。

刘尚希：《财政与国家治理：基于三个维度的认识》，《经济研究参考》2015年第38期。

刘伟、张晋、阳秋林：《新政府会计制度下重构水利部门整体支出绩效评价体系》，《南华大学学报》（社会科学版）2021年第4期。

刘旭涛、纵向东：《欧盟国家公共部门通用评估框架评介》，《国家行政学院学报》2005年第6期。

刘勇辉、郭颖：《部门整体支出绩效评价工作实践与探索》，《交通财会》2016年第12期。

吕炜、王伟同：《中国公共教育支出绩效：指标体系构建与经验研究》，《世界经济》2007年第12期。

罗彪、郑姗姗：《国外管理控制理论研究脉络梳理与模型评介》，《外国经济与管理》2011年第4期。

马乃云、侯倩：《基于平衡计分卡方法的财政科技经费绩效评价体系研究》，《中国软科学》2016年第10期。

倪星、余琴：《地方政府绩效指标体系构建研究——基于BSC、KPI与绩效棱柱模型的综合运用》，《武汉大学学报》（哲学社会科学版）2009年第5期。

牛富荣：《地方公共财政绩效评价指标的构建》，《山西财经大学学报》2008年第2期。

彭迪云、温涛：《地方公共财政绩效评估指标体系的构建及其应用》，《南昌大学学报》（理科版）2014年第4期。

彭国甫：《价值取向是地方政府绩效评估的深层结构》，《中国行政管理》2004年第7期。

彭国甫、盛明科：《政府绩效评估指标体系三维立体逻辑框架的结构与运用研究》，《兰州大学学报》（社会科学版）2007年第1期。

彭向刚、程波辉：《服务型政府绩效评估问题研究述论》，《行政论坛》2012年第1期。

齐晓娟：《基于逻辑模型的矿产资源可持续发展财政支出绩效评价指标体系构建》，《内蒙古大学学报》（哲学社会科学版）2014年第3期。

沙秋：《部门整体支出绩效评价与部门行政效能评价的比较分析》，《财政监督》2017 年 1 期。

沙治慧、薛军玺：《行政成本绩效评价指标体系构建研究》，《贵州社会科学》2012 年第 6 期。

孙继辉、梁秀翡：《地方财政支出绩效评价研究——以辽宁省为例》，《会计之友》2016 年第 17 期。

孙婕、李彤、师俊巧：《农业财政支出绩效评价指标体系探讨》，《财会通讯》2012 年第 20 期。

田景仁：《高校项目支出绩效目标及其评审的指标体系构建》，《会计之友》2012 年第 24 期。

田中禾、张娇：《基于熵权法的西部制造业上市公司财务综合绩效测评——以甘肃省为例》，财会通讯 2013 年第 14 期。

童伟、田雅琼：《部门整体支出事前绩效评估方法及路径探讨》，《地方财政研究》2018 年第 1 期。

王国玺、邱玉、李金泽：《乡村教育振兴财政支出绩效评价指标体系的构建》，《财政监督》2022 年第 3 期。

王汉平、殷苏穗：《部门整体支出绩效管理探索》，《行政事业资产与财务》2016 年第 10 期。

王家合、伍颖：《我国当代行政成本测度与治理——基于政府预算管理的视角》，《新视野》2017 年第 3 期。

王淑慧、周昭、胡景男、李辉：《绩效预算的财政项目支出绩效评价指标体系构建》，《财政研究》2011 年第 5 期。

王文艳、姜丽艳：《绩效三棱镜：利益相关者价值取向的绩效评价体系》，《财会通讯》2010 年第 6 期。

王秀芝：《从预算管理流程看我国政府预算管理改革》，《财贸经济》2015 年第 7 期。

王艳艳：《绩效管理的理论基础研究：回顾与展望》，《现代管理科学》2011 年第 6 期。

王雁：《公共财政支出绩效评价体系的构建》，《西北师大学报》（社会科学版）2011 年第 4 期。

王莹、沈建新：《农业科技财政专项资金绩效评价的指标体系研究》，《江苏农业科学》2014 年第 2 期。

王玉明：《国外政府绩效评估模型的比较与借鉴》，《四川行政学院学报》2006 年第 6 期。

魏四新、郭立宏：《我国地方政府绩效目标设置的研究——基于目标设置理论视角》，《中国软件科学》2011 年第 2 期。

温素彬、黄浩岚：《利益相关者价值取向的企业绩效评价——绩效三棱镜的应用案例》，《会计研究》2009 年第 4 期。

文小玲：《基于模糊综合评价法的企业绩效评价》，《武汉理工大学学报》2006 年第 8 期。

巫朝辉：《高校预算绩效模糊综合评价研究》，《福州大学学报》（哲学社会科学版）2016 年第 1 期。

吴建南、孔晓勇：《地方政府绩效评价指标体系的构建：以乡镇政府为例》，《理论与改革》2005 年第 5 期。

吴建南、李贵宁：《教育财政支出绩效评价：模型及其通用指标体系构建》，《西安交通大学学报》（社会科学版）2004 年第 2 期。

吴建南、刘佳：《构建基于逻辑模型的财政支出绩效评价体系》，《中南财经政法大学学报》2007 年第 2 期。

吴建南、杨宇谦、阎波：《政府绩效评价：指标设计与模式构建》，《西安交通大学学报》（社会科学版）2007 年第 5 期。

吴建南、章磊、李贵宁：《地方政府绩效指标设计框架及其核心指标体系构建》，《管理评论》2009 年第 11 期。

吴勋：《绩效预算改革的理论支撑：一个整合视角的解析》，《地方财政研究》2013 年第 6 期。

伍海泉、戴罗仙、田秋蓉：《公共部门资产管理的国际经验比较研究》，《经济纵横》2005 年第 12 期。

夏和飞：《刍议部门职能、活动、目标、预算的分解与匹配——以 X 地区安全生产监督管理局部门整体支出绩效评价为例》，《财政监督》2016 年第 20 期。

夏先德：《全过程预算绩效管理机制研究》，《财政研究》2013 年第 4 期。

肖海翔、葛薇：《构建我国农村义务教育财政支出绩效评价指标体系》，《经济导刊》2007年第S3期。

肖鸣政：《正确的政绩观与系统的考评观》，《中国行政管理》2004年第7期。

肖田野、张衡、卢进：《财政项目预算绩效评价指标体系的构建》，《财会月刊》2008年第12期。

徐艳晴、周志忍：《大部制改革整合评估框架：要素、理念与效用》，《北京行政学院学报》2015年第4期。

徐艳晴、周志忍：《公民满意度数据失真现象考察：信任赤字、博弈策略、理论意涵》，《公共行政评论》2014年第6期。

许一：《目标管理理论述评》，《外国经济与管理》2006年第9期。

颜志刚：《业绩三棱镜：一种以利益相关者为中心的业绩评价体系》，《企业经济》2004年第6期。

杨秀君：《目标设置理论研究综述》，《心理科学》2004年第1期。

伊安红：《基于平衡计分卡的绩效评价指标体系构建》，《财政监督》2011年第12期。

俞立平、潘云涛、武夷山：《科技评价中指标初步筛选的实证研究》，《科技进步与对策》2010年第5期。

俞学慧：《科普项目支出绩效评价体系研究》，《科技通报》2012年第5期。

郁建兴、高翔：《中国服务型政府建设的基本经验与未来》，《中国行政管理》2012年第8期。

贠杰：《中国地方政府绩效评估：研究与应用》，《政治学研究》2015年第6期。

岳玲：《管理控制和绩效管理关系的文献综述》，《改革与战略》2010年第3期。

张帆、张友斗：《预算绩效目标管理在我国的实践与探索》，《财政研究》2013年第12期。

张国清：《我国政府资产管理难题分析及其应对策略》，《会计之友》2017年第5期。

张美兰、车宏生：《目标设置理论及其新进展》，《心理学动态》1999年第2期。

张丽：《基于模糊综合评价法的高校财务预算绩效评价研究》，《会计之友》2017年第6期。

张明：《国家治理与财政监督探讨》，《财政监督》2016年第6期。

张清廉、于传岗、于长立：《我国地方财政支出绩效评价研究——以因子分析法为基础的分析》，《河南社会科学》2009年第6期。

张翔：《基于逻辑模型的海外发电运营项目的绩效影响因素研究》，《西安交通大学学报》（社会科学版）2012年第32期。

张晓庆：《浅析地方政府部门整体支出绩效评价实践中出现的问题和对策——以Y市交通运输管理局部门整体支出绩效评价为例》，《中国资产评估》2015年第12期。

张欣：《部门整体支出绩效评价探析》，《新理财》2015年第6期。

章磊、张艳飞、李贵宁：《财政支出项目绩效评价指标体系设计框架及其应用研究》，《当代财经》2008年第8期。

赵保卿：《基于价值链理论的目标控制》，《北京工商大学学报》（社会科学版）2004年第2期。

郑方辉、廖逸儿、卢扬帆：《财政绩效评价：理念、体系与实践》，《中国社会科学》2017年第4期。

郑方辉、邱佛海：《法治政府绩效评价：目标定位与指标体系》，《政治学研究》2016年第2期。

郑芳：《海南省居民福利指标体系构建其筛选方法选择》，《统计与决策》2012年第3期。

周超、马海群：《基于模糊综合评价法的高校信息公开绩效评价研究》，《图书馆理论与实践》2014年第2期。

朱艳苹、尉京红：《基于平衡计分卡的财政农业支出项目绩效评价指标构建》，《财会通讯》2013年第14期。

卓萍：《公共项目绩效评估指标特性及构建标准》，《行政论坛》2013年第3期。

卓越：《政府绩效评估的模式建构》，《政治学研究》2005年第2期。

（五）外文著作

R. Edward Freeman, *Strategic Management: A Stakeholder Approach*, New York: Cambridge University press. 2010, p. 32.

Simons R, *Levers of Control: How Managers Use Innovative Control Systems to Drive Strategic Renewal*, Boston: Harvard Business Press, 1995.

T. Fenrick, *An Overiew of The Performance Indicators in Local Government*, Oxford: Black well Publisher, 1995.

（六）外文论文

Albrecht W. G., Hingorani V. L., "Effects of Governance Practices and Investment Strategies on State and Local Government Pension Fund Financial Performance", *International Journal of Public Administration*, Vol. 27, No. (8 - 9), Aug. 2004, pp. 673 - 700.

Antonio Afonso, Ludger Schuknecht, Vito Tanzi, "Public Sector Efficiency: An International Comparsion", *Public Choice*, Vol. 123, No. (3 - 4), June 2005, pp. 321 - 347.

Arnold M. C., Gillenkirch R. M., "Using Negotiated Budgets for Planning and Performance Evaluation: An Experimental Study", *Accounting Organizations and Society*, Vol. 43, No. 1, Feb. 2015, pp. 1 - 16.

Ben Angelo, Douglas Ayres, Jason Stanfield, "Power from the Ground up: Using data Analytics in Capital Budgeting", *Journal of Accounting Education*, Vol. 42, Mar. 2018, pp. 27 - 39.

Carl G. Thor, "How to Find, Select and Display Performance Measures in Government", *Journal of Cost Management*, Vol. 17, No. 3, 2003, pp. 31 - 38.

Chang L., "New Public Governance, Government Performance Measurement and Improvement on Government Financial Reporting", *Accounting Research*, Vol. 21, No. 4, Apr. 2008, pp. 19 - 24.

Elena, Sharipova, "The Efficiency of Public Expenditure in Russia", *Russian Economic Trends*, Vol. 10, No. 2, June 2001, pp. 27 - 33.

Fehr E. and Karla H., "Tastes, Castes, And Culture: The Influence of Society on Preferences", *Economic Journal*, Vol. 112, No. 556, Nov. 2011, p. F396 – F412.

Giovanna D Inverno, Laura Carosi, Letizia Ravagli, "Global public spending efficiency in Tuscan municipalities", *Socio-Economic Planning Sciences*, Vol. 61, Mar. 2018, pp. 102 – 113.

Gomez J., Insua D. R., Alfaro C., "A Participatory Budget Model Under Uncertainty", *European Journal of Operational Research*, Vol. 249, No. 1, Feb. 2016, pp. 351 – 358.

G. P. Latham, E. A. Locke, "Self-regulation through Goal Setting", *Organizational Behavior and Human Decision Processes*, Vol. 50. No. 2, Dec. 1991, pp. 212 – 247.

Hidalgo-Hidalgo M., Iturbe-Ormaetxe I., "Long-run Effects of Public Expenditure on Poverty", *The Journal of Economic Inequality*, Vol. 16, No. 1, July 2017, pp. 1 – 22.

Klaus Derfuss, "Reconsidering the Participative Budgeting-performance Relation: A Meta-analysis Regarding the Impact of Level of Analysis, Sample Selection, Measurement, and Industry Influences", *The British Accounting Review*, Vol. 48, No. 1, Mar. 2016, pp. 17 – 37.

Knight, Brian, "Endogenous Federal Grants and Crowd-out of State Government Spending: Theory and Evidence from the Federal Highway Aid Program", *American Economic Review*, Vol. 92, No. 1, Jan. 2002, pp. 71 – 92.

Lauth T. P., "Performance Evaluation in the Georgia Budgetary Process", *Public Budgeting & Finance*, Vol. 5, No. 1, Mar. 1985, pp. 67 – 82.

Lidia, Gabriela T., "An Analysis of the Existence of a Link Between Budgets and Performance in Economic Entities", *Procedia Economics and Finance*, Vol. 32, Dec. 2015, pp. 1794 – 1803.

Mikkel Bruun, Pascal Laumet, "Managing Asset Maintenance Needs and Reaching Performance Goals within Budgets", *Transportation Research Procedia*, Vol. 14, May 2016, pp. 2976 – 2984.

O. Blanchard, R. Perotti, "An Empirical Characterization of the Dynamic Effects of Changes in Government Spending and Taxes on Output", *The Quarterly Journal of Economics*, Vol. 117, No. 4, Nov. 2000, pp. 1329 – 1368.

RJ Barro, "Government Spending in a Simple Endogenous Growth", *Journal of Political Economy*, Vol. 98, No. 5, Jan. 1990, pp. 103 – 125.

Sampaio, Filho, et al., "A Unified Solution in Fuzzy Capital Budgeting", *Expert Systems with Application*, Vol. 98, May 2018, pp. 27 – 42.

Sandra Cohen, "Identifying the Moderator Factors of Financial Performance in Greek Municipalities", *Financial Accountability & Management*, Vol. 24, No. 3, Aug. 2008, pp. 265 – 294.

Sanjeev Gupta, Marijn Verhoeven, "The Efficiency of Government Expenditure: Experiences from Africa", *Journal of Policy Modeling*, Vol. 23, No. 4, May 2001, pp. 433 – 467.

Sijuola Orioye Olanubi, Oluwanbepelumi Esther Osode, "The Efficiency of Government Spending on Health: A Comparison of Different Administrations in Nigeria", *Journal of Policy Modeling*, Vol. 39, No. 1, Jan. 2017, pp. 79 – 98.

Zafra-Gomez J. L., Lopez-Hernandez A. M., Hernandez-Bastida A., "Evaluatingfinancial Performance in Local Government: Maximizing the Benchmarking Value", *International Review of Administrative Science*, Vol. 75, No. 1, Mar. 2009, pp. 151 – 167.

后　　记

　　本书是在博士学位论文的基础上修改完成的。在图书馆写下"后记"两字时，回想似乎刚踏入厦门大学的校门，可已然博士毕业。博士研究生四年，让我收获了许多、改变了许多、长进了许多。其间，要感谢的事、感恩的人真的太多。

　　感谢我的博士导师卓越老师。本书是在卓老师的悉心指导下完成的。在论文一团烂泥，尤其在思路被卡住，让人抓狂之时，与老师讨论完，总能让我豁然开朗，如获珍宝。特别感谢老师给我论文定的时间节点，每个时间点就像一面旗帜，警醒我一步步完成论文，所以没有老师的指导与督促，论文不可能顺利完成。在厦门大学四年，感谢老师对我无限的宽容、帮助、鼓励与理解。我的师母吴晓霞女士则是我生活中的导师，每次和师母聊天，师母总能用身边的例子、自己的人生阅历，来鼓励和帮助我解决生活中的困扰和难题，真心感激！

　　感谢陈振明老师、黄新华老师。记忆最为深刻的就是：在读博士期间专题讨论课时，轮到我做专题汇报时的窘境，感谢陈老师的耐心引导和鼓励；还有出国前，找黄老师签字时，感谢老师的关心和叮嘱。感谢书稿写作过程中给我提出修改意见的漆亮亮老师、魏丽艳老师、朱林彬老师、高和荣老师、李艳霞老师，尤其感谢朱林彬老师给我提供的宝贵资料。感谢研究生秘书林艾老师的辛苦付出。

　　感谢我的外导 Coral Ebdon 老师。在我状态最差的那个时段，感恩老师给我这么宝贵的机会，不仅让我可以见识外面不一样的世界，体会不一样的民族文化；而且让我有足够的时间和空间调整好心态。在国外那段时间，外导对我无微不至的关怀，从生活到学习的各种，尤其感动和感恩。

感谢我的硕士导师杨龙芳老师。没有杨老师的鼓励和支持，我可能考不上博士，也不敢想现在的我会流落何方。在读博士期间，感谢杨老师对我一如既往的关心与鼓励。

感谢公共事务学院14级博士班的同学，铭记那段一起上课、一起玩耍的快乐时光。还有感谢一起为论文并肩作战的友人巧珍和巧云。感谢我的师弟苏寻、昭腾、马万里、张兴等对我的帮助。另外，特别感谢我的本科同学曹静青、张辉等，真心感谢他们不厌其烦地回答我论文中的疑问，通过了解她们的实践工作和经验，让我更为深刻地认识和理解论文。

感谢厦门大学给我提供如此之好的学习环境，以及出国访学的机会。感恩，厦大！同时，也非常感谢江西师范大学给我提供的宝贵工作机会。感谢江西师范大学青年英才培育资助计划资助。感谢中国社会科学出版社的编辑孔继萍老师，没有她认真、耐心负责的工作，这本书也许要更久之后才能出版。

最后，感谢我的家人，谢谢你们一直以来对我的鼓励和付出，感恩你们对我的包容与爱。

凤凰花开的路口，向左，还是向右……艰难之时，请记得抬头看看星空。是终点，也是起点，期待越来越精彩的人生！

陈招娣
2022 年 5 月 20 日